KB123225

AI를 알아야 최고가 될 수 있다

# 미디어 콘텐츠 AI
# 프롬프트 디자인

**한국생성형AI연구원**

전자신문사, 한국소프트웨어기술인협회

★
(주)광문각출판미디어

# 머리말

오늘날 우리는 생성형 AI의 급속한 발전과 그로 인한 변화를 목도하고 있습니다. 챗GPT를 비롯한 생성형 AI 기술은 이제 경제, 사회, 공공 등 모든 분야에 걸쳐 그 영향을 확산시키고 있습니다. 특히 미디어 콘텐츠 분야에서는 그 잠재력과 영향력이 더욱 두드러지고 있습니다. 텍스트, 이미지, 영상, 사운드 등 다양한 콘텐츠를 생성하고 이를 활용하는 미디어 분야에서, AI는 이미 혁신적인 도구로 자리 잡았습니다. 이러한 변화 속에서, 미디어 콘텐츠를 제작하고 활용하는 전문가들은 물론, 이를 공부하는 학생들까지도 생성형 AI를 적극적으로 활용해야 할 필요성이 커지고 있습니다.

그러나 이러한 급변하는 환경 속에서 생성형 AI를 제대로 이해하고 활용할 수 있는 전문적인 서적은 거의 없는 실정입니다. 이 책은 그러한 공백을 메우기 위해 기획되었습니다. 미디어 콘텐츠 분야에서 생성형 AI를 활용한 프롬프트 디자인에 대한 체계적인 학습 기회를 제공함으로써, 이 분야에 종사하는 전문가들은 물론 관련 학문을 공부하는 학생들에게 유용한 지침서가 될 것 입니다. 더 나아가, 이 책은 AI를 활용한 미디어 콘텐츠 제작 능력을 평가할 수 있는 자격증 취득을 준비하는 데에도 큰 도움이 될 것입니다.

이 책은 전통적인 미디어 분야에서 일하는 전문가들뿐만 아니라 광고, 마케팅, SNS, 전자상거래 등 뉴미디어를 활용하는 다양한 분야의 종사자들에게 유용한 지침서가 될 것입니다. 또한, 관련 학계와 학생들 역시 이 책을 통해 생성형 AI와 프롬프트 디자인의 중요성을 이해하고, 이를 실무에 적용할 수 있는 능력을 키우는 데 도움을 줄 것입니다.

이 책은 크게 두 부분으로 구성되어 있습니다. 제1부에서는 생성형 AI 프롬프트 디자인의 기본 개념과 가이드라인을 다루며, AI와의 효율적인 대화 방법, 효과적인 활용 전략, 그리고 윤리와 저작권 문제까지 폭넓게 논의합니다. 제2부에서는 미디어 콘텐츠 유형별로 프롬프트 디자인의 실전적 사례를 제공하여, 실습을 통해 실질적인 능력을 향상할 수 있도록 돕습니다. 텍스트, 이미지, 영상, 사운드, 그리고 멀티모달 콘텐츠까지 다루어, 다양한 미디어 유형에서 생성형 AI를 활용할 수 있는 방법을 체계적으로 안내합니다.

이 책이 독자 여러분에게 제공하는 가치는 명확합니다. 미디어 콘텐츠에 관한 생성형 AI 활용 프롬프트 디자인에 관한 유일무이한 책으로서, 미디어 콘텐츠 제작과 관련된 업무나 학습에 있어 높은 성취감과 창의적인 아웃풋을 산출할 수 있도록 도와줄 것입니다. 또한, 이 책은 미디어 콘텐츠 AI 프롬프트 디자이너 2급 자격 취득을 위한 필독서로, 이 분야의 전문가가 되기 위한 중요한 첫걸음이 될 것입니다.

먼저 이 교재가 기획되도록 도움을 주신 미디어 분야의 전문가분들게 감사의 인사를 드립니다. 아울러 이 서적의 출간에 적극적으로 도움을 주신 광문각 박정태 회장님과 직원분들께 깊은 감사의 말씀을 드립니다.

이 책은 앞으로 생성형 AI의 혁명적인 진화 발전과 이를 체화하는 미디어 분야의 혁신과 발전을 지속적으로 반영하기 위해 4개월 단위로 업데이트될 예정인 만큼, 독자 여러분과 전문가 분들의 적극적인 참여와 의견 개진을 부탁드립니다. 이 책을 통해 생성형 AI와 함께하는 미래 미디어 콘텐츠의 가능성을 탐구하고, 새로운 창의적 도전의 기회를 발견하시길 바랍니다. 감사합니다.

2024년 9월 15일
한국생성형AI연구원

# 미디어 콘텐츠 AI 프롬프트 디자이너(MCAIPD) 자격검정 시행 안내

미디어 콘텐츠 AI 프롬프트 디자이너(MCAIPD)는 ChatGPT와 같은 생성형 AI로부터 사용자가 원하는 미디어 콘텐츠와 관련되는 고품질 응답을 효과적으로 도출하기 위해 지시 사항인 프롬프트를 최적화하여 조합, 설계함으로써 미디어 콘텐츠 분야에서 AI 활용을 선도하는 핵심 전문가입니다.

## ■ 자격 명칭 및 목표

● 미디어 콘텐츠 AI 프롬프트 디자이너 (MCAIPD: Media Contents AI Prompt Designer)/총 2개 등급

## ■ 자격 특징 및 관리 기관

● 자격기본법 제17조 및 동법 시행령 제23조에 의한 등록 민간자격
● 국가직무능력표준(NCS) 기반 자격 - 20.정보통신 - 01.정보기술 – 07.인공지능
● (문제출제) 미디어 콘텐츠 AI 프롬프트 디자인 관련 전문가 등으로 구성된 출제위원회
● (자격발급) 전자신문사, 한국소프트웨어기술인협회 공동
● (검정시행) 한국지식재산서비스협회

## ■ 검정 기준

● 1급: 미디어 콘텐츠 분야에서 생성형 AI를 콘텐츠 제작 업무에 활용할 수 있는 중고급 수준의 능력 유무
● 2급: 미디어 콘텐츠 분야에서 생성형 AI를 콘텐츠 제작 업무에 활용할 수 있는 초중급 수준의 능력 유무

## ■ 응시 대상 및 응시 자격

▶ 미디어 및 뉴미디어 관련 전문 기업, 일반 기업체, 대학, 공공기관, 연구소 등 미디어 콘텐츠 제작 관련 생성형 AI 활용 업무 종사(예정)자 및 관심자로서

- (1급) 아래 요건 中 어느 하나에 해당하는 자
  - AIPD 2급 자격검정 합격 후 자격 등록 · 자격증 발급을 완료한 자
  - 미디어 콘텐츠 AI 분야 실무 2년 이상인 자
  - 미디어 콘텐츠 AI 분야 석사학위 이상 학력 소유자
- (2급) AI 활용 업무에 관심 있는 누구나 (제한 없음)

## ■ 검정 세부 사항: 추후 안내

## ■ 정기검정 일정: 추후 안내

## ■ 수험서

- (1급) 추후 발간 예정
- (2급) "미디어 콘텐츠 AI 프롬프트 디자인(한국생성형AI연구원 지음, 광문각 출판)"
  ※ 전국 온/오프라인 서점에서 구매 가능

## ■ 문의 및 담당

- 프롬프트 디자이너 자격검정위원회 운영사무국
  (T. 02-3789-0607, kaips@kaips.or.kr)

# 목차

# 제1부

# 생성형 AI
# 프롬프트 디자인 가이드라인

제1부 생성형 AI 프롬프트
디자인 가이드라인

01. 알아야할 AI 유형과 활용

02. 알아야할 AI와의 효율적인 대화 방법

03. 알아야할 효과적 활용 방법

04. 미디어 콘텐츠 분야 알아야할 AI 윤리와 저작권

Chapter
**01**

# 생성형 AI 프롬프트 디자인 가이드라인

## 제1절 생성형 AI 개념과 유형

## 1. 생성형 AI의 개념과 특징

바야흐로 챗GPT, 즉 생성형 AI의 시대이다. 생성형 AI란 가장 넓은 의미에서 새롭고 독창적인 콘텐츠를 생성할 수 있는 모델을 만드는 데 중점을 둔 인공지능 분야를 말한다. 이러한 모델은 기존 데이터에 대해 교육을 받고, 교육 데이터와 유사한 새 샘플을 생성하기 위해 데이터에 있는 기본 패턴, 구조 및 특성을 학습한다. 생성형 AI 모델은 단순한 분류 또는 예측 작업을 넘어서는 출력을 생성할 수 있다. 훈련 데이터와 유사한 특성을 나타내지만 직접 복사하거나 반복하지는 않는 완전히 새로운 데이터 인스턴스를 생성할 수 있다. 이러한 모델은 교육 데이터에서 학습한 지식을 활용하여 다양하고 새로운 샘플을 생성할 수 있다.

알파고가 AI에 대한 인식을 바꾸어 놓은 것 이상으로 생성형 AI는 대화형 검색을 가능하게 해 주는 등 혁신적인 변화를 끌어가고 있다. 이 때문에 세계 검색 서비스 시장의 90%를 장악하고 있는 구글의 순다르 피차이 CEO가 주력 비즈니스 가운데 하나인 검색 광고에 심각한 위협이 발생했다며 2022년 12월 코드 레드code red, 경계경보를 발령하기도 했고, 메타, MS마이크로소프트는 물론 AI 스타트업도 성능이 뛰어난 생성형 AI를 내놓으며 경쟁이 치열

해지고 있다.

오픈AI가 2022년 11월 공개한 챗GPT[1]는 기존과는 다른 검색 방식과 편리한 사용성, 놀라운 성능 등으로 폭발적인 관심을 불러일으키고 있다. 생성형 AI인 오픈AI의 챗GPT는 사용자가 자연어를 사용해 챗봇과 대화할 수 있는 언어 모델이다. 일상 대화뿐만 아니라 프로그래밍, 작문 등 다양한 전문 분야에서도 자연스러운 대화를 가능하게 한다. 사실 대중에 GPT라는 이름이 각인되기 시작한 것은 2020년 6월에 등장한 GPT-3부터이다. 당시 공개된 GPT-3는 매개변수가 1,750억 개에 달하는데 학습에 사용한 데이터와 매개변수 양이 어마어마하게 늘어나고, 스스로 글을 쓰기 시작하면서 본격적인 생성형 AI 시대가 열린 것이다.

GPT-3.5, GPT 4, 그리고 GPT 4o의 경우 매개변수가 기하급수적으로 증가했고, 사람의 피드백을 받으며 강화학습을 지속해 성능적으로 상당한 개선이 이뤄졌다. 인간이 상황과 맥락에 따라 언어 모델이 생성한 텍스트를 '좋고 나쁘다'라고 평가하는 방식 자체를 AI가 학습한 것이다. 결과적으로 생성형 AI인 챗GPT는 사용자가 입력한 문장을 이해하고 답변을 생성할 뿐만 아니라 해당 분야에 대한 전문 지식을 가진 사람과 대화하는 것처럼 자연스럽게 의사소통할 수 있게 되었다. 물론 아직은 단점도 많다. 정확하지 않은 정보를 생성하거나, 유해하고 편견이 있는 내용을 생성하기도 한다. 특히 없는 사실을 만든 뒤 이를 토대로 그럴듯한 문장을 만들어 내는 환각 현상Hallucination은 많은 우려를 자아내고 있다.

다만 이러한 기능적 단점이 생성형 AI에 대한 부정적인 인식으로 이어지기도 하지만, AI기술의 발전과 진보의 과정에서 상당한 개선이 지속적으로 이루어지고 있다. 실제로 2024년 5월 13일 오픈AI는 기존 GPT-4에 더 빨라진 속도와 이해 성능, 최초의 멀티모달multimodal[2]까지 복합적으로 적용한 GPT-4o 모델을 공개했다. GPT-4o의 o는 모든 것의, 모든 방식으로 라는 뜻을 가진 영어 단어 옴니Omni의 약자로, 훨씬 더 자연스럽고 빠르며, 감각적으로 데이터를 인식한다. 한편, 비슷한 시기에 가공할 만한 문장 적응력을 가진 앤스로픽 클로드 3, 무료임에도 최고 수준의 성능을 갖춘 메타 라마3, 기억력을 지닌 구글 아스트라까지 다양한 AI가 출시되는 상황이다. 이들 새로운 모델은 기존의 GPT-3.5 등과 비교해 정확도가 높아진

---

1) 오픈AI의 대형 언어 모델(LLM) GPT'의 일부이며, GPT는 Generative Pre-trained Transformer의 약어이다.

2) 멀티모달(multimodal)은 시각, 청각을 비롯한 여러 인터페이스를 통해서 정보를 주고받는 것을 말하는데, 이렇게 다양한 채널의 데이터(텍스트, 이미지, 영상 등)를 동시에 받아들여 학습하고 사고하는 AI를 멀티모달 AI라고 한다. 지금의 주요 생성형 AI 모델들은 대부분 멀티모달 AI로 진화하고 있다.

것이 특징이며 '환각' 현상도 많이 줄일 수 있을 것으로 기대된다.

생성형 AI 모델은 기존 사례에서 학습하고 해당 지식을 사용하여 독특하고 의미 있는 결과를 생성하는 창의적인 엔진으로 볼 수 있다. 예술, 엔터테인먼트, 디자인, 시뮬레이션, 데이터 확대 등 다양한 분야에서 수많은 응용 프로그램을 보유하고 있다. 이러한 모델은 지속적으로 진화하고 발전하며 새롭고 창의적인 콘텐츠 생성 측면에서 가능한 것의 한계를 뛰어넘는다.

## 2. 생성형 AI의 유형

생성형 AI는 텍스트, 이미지, 오디오, 합성 데이터 등 다양한 유형의 콘텐츠를 생성할 수 있는 인공지능이다. 다양한 유형의 콘텐츠를 복합적으로 연결하여 생성하는 멀티모달형 AI도 출현했다. 현재 널리 쓰이고 있는 생성형 AI 유형을 소개하면 다음과 같다.

### 1) 텍스트 생성 모델

텍스트 생성 모델은 주로 자연어 처리를 이용해 텍스트를 생성한다. 예를 들어, 주어진 단어나 문장을 기반으로 문장을 완성하거나, 이야기를 계속 이어나가는 등의 작업을 수행할 수 있다. 대표적인 모델로는 챗GPT, 제미나이Gemini, 코파일럿Copilot, 클로드Claude 등이 있으며, 이들은 고도로 발달한 알고리즘을 통해 사용자가 제공한 프롬프트에 대응하는 텍스트를 생성한다. 또한, NLLB, FLAN-T5, BART와 같은 텍스트-텍스트 생성 모델은 번역, 요약, 텍스트 분류 등 다양한 작업을 수행할 수 있다.

### (1) 챗GPT

생성형 AI를 인기 있는 AI로 만든 것은 단연코 챗GPT라 말할 수 있다. 이 AI는 오픈AI에서 개발한 대규모 언어 모델 챗봇이다. 방대한 텍스트 및 코드 데이터 세트에 대해 교육을 받아 사람들이 질문하면 그에 맞는 답을 제공한다. 마치 마법사가 주문을 외우면 답이 나오는 것처럼 챗GPT는 사용자의 프롬프트에 맞춰 텍스트 등을 생성한다. 세상을 놀라게 했던 알파고와 비교할 때 언어 생성 기능을 가지고 있다는 점에 차이를 보인다. 챗GPT는 GPT 4o까지 진화하였는데, 이 모델은 달리DALL-E라는 또 다른 AI를 통해 텍스트로부터 아름다운 이미지도 만들어 준다. 또한, 챗GPT는 인터넷 검색과 데이터 분석 및 프로그램 코드 생성도 할 수 있다.

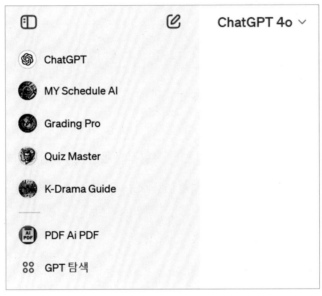

[그림 1-1] 오픈AI의 챗GPT 작업 화면 (2024년 5월 오픈)

### (2) 바드에서 제미나이로

구글의 대형 언어 모델LLM인 LaMDA와 PaLM, Gemini을 기반으로 하는 인공지능 검색 엔진 서비스로서 2023년 3월 21일에 미국과 영국을 대상으로, 영어 버전으로 베타 테스트를 시작했다. 2023년 5월 15일부터는 PaLM 2 언어 모델을 탑재하고 한국어와 일본어를 추가해 전 세계 180개국에서 세 가지 언어로 이용할 수 있는 안정화 버전을 출시했다. 2023년 7월 13일부터는 46개 언어로 이용이 가능하다. 구글의 서비스인만큼 구글 계정으로 로그인하여 사용할 수 있다. 기존 챗봇과 동일하게 프롬프트를 입력하여 질문하고 답변을 받는다. 프롬프트 입력란 오른쪽에 있는 마이크 사용 아이콘을 클릭하여 프롬프트 입력을 마이크로도 할 수 있다. 당초 구글은 언어 생성형 AI 모델로 바드Bard를 출시했다.

또한, 이미지를 프롬프트와 같이 업로드하는 기능이 추가되어 Gemini에 이미지를 보여주고 답변을 요청할 수 있게 되었다. 예를 들면, 광화문 광장의 이미지를 업로드하고 어디인지 물었을 때 Gemini가 '서울의 광화문 광장으로 보인다'고 답하는 식이다. 2024년 2월 1일부터 Gemini Pro 기반 Gemini의 지원이 전 세계로 확대되어 Gemini가 지원되는 모든 언어가 새 창에서 사용이 가능해졌다. 이러한 업그레이드를 통해 Gemini가 이해, 요약, 추론, 브레인스토밍, 작문, 계획과 같은 작업을 더욱 잘 처리할 수 있게 되었다. 또한, 영어로 이용할 경우 이마젠2Imagen 2를 이용하여 바드에서 그림을 생성할 수 있다.

[그림 1-2] 구글의 제미나이(Gemini) 이미지

## (3) 코파일럿

마이크로소프트MS의 코파일럿Copilot은 GPT-4 모델을 기반으로 한다. 코파일럿은 문서 작성, 편집, 번역, 요약, 검색, 코드 작성, 창작 등 다양한 목적에 맞게 길을 안내한다. 또한, 코파일럿은 사용자의 언어, 스타일, 목적에 맞게 적절한 내용을 생성하거나 제안한다. 코파일럿은 모바일 앱을 통해 언제 어디서나 쉽게 접근할 수도 있다.

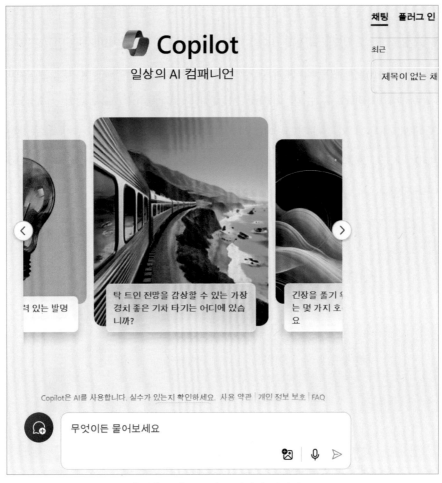

[그림 1-3] MS의 코파일럿 이미지

## (4) 클로드

대규모 언어 모델 경쟁에 다소 늦게 합류했지만 지속적인 업데이트와 가장 넓은 컨텍스트 창을 제공하며 두각을 나타내고 있는 Anthropic은 2024년 6월 21일에 가장 진보된 차세대 LLM 제품군의 프리뷰인 Claude 3.5 Sonnet 모델을 발표했다. 클로드 3.5 소네트 모델은 이전 버전 및 경쟁사보다 높은 성능을 제공함으로써 사용자들의 관심을 끌었는데, 출력 생성 속도와 비전 기능 모두에서 높은 성능을 보인다.

클로드 3.5 소네트 모델은 클로드 3 오푸스에 비해 200만 개의 콘텍스트 창과 두 배 빠른 출력 생성 기능을 제공한다. 클로드 3.5 소네트는 Anthropic의 Claude.ai 웹사이트, TextCortex무료, Amazon Bedrock 및 Google Cloud의 Vertex를 사용하여 액세스할 수 있다. 클로드 3.5 소네트 모델은 이메일부터 소셜미디어 게시물까지 다양한 종류의 글쓰기 콘텐츠를 생성할 수 있다. 즉 클로드 3.5 소네트 모델을 사용하면 수동으로 몇 시간이 걸리는 글쓰기 작업을 몇 분 안에 완료할 수 있으며, 또한 클로드 3.5 소네트 모델을 사용하여 기존 작성된 콘텐츠를 향상할 수 있다.

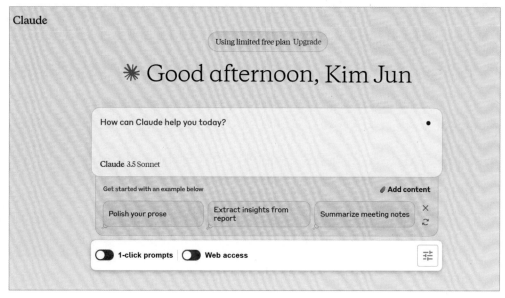

[그림 1-4] 엔트로픽의 클로드 3.5 화면

## 2) 이미지 생성 모델

이 모델들은 텍스트 설명이나 입력 파라미터를 기반으로 이미지를 생성하도록 설계되었다. 실제 사진부터 다양한 스타일의 예술 작품까지 생성할 수 있다.

대표적인 AI가 오픈AI에서 개발한 달리DALL-E이다. 이는 사람들이 상상하는 것을 형상화하는 능력을 갖추고 있다. 사용자가 입력한 텍스트를 기반으로 이미지를 만드는 역할을 한다. 개념을 새롭게 조합하는 능력으로 인해 매우 창의적이고 종종 기발한 이미지를 생산하는 것으로 알려져 있다. 예를 들어, "스케이트보드를 타는 고양이"나 "물어오기를 하는 개를 그린 반 고흐 스타일의 그림"과 같은 요청에도 실제와 같은 이미지를 만들어 낸다.

2022년 4월 6일에 버전이 업그레이드된 'DALL·E 2'가 공개되었는데, DALL-E 2가 나오

01. 생성형 AI 유형과 활용

02. 생성형 AI와의 효율적인 대화 방법

03. 생성형 효과적 활용 방법

04. 미디어 콘텐츠 분야 생성형 AI 윤리와 저작권

자마자 미술, 패션, 건축, 마케팅에 이르기까지 전 업계에 걸쳐 혁신성을 폭발시켰다. 그림 인공지능의 시대를 연 인공지능 모델은 뮌헨대학교의 Stable Diffusion 기술이지만 다른 측면으로 보면 AI 그림 관련 기술 발전을 촉진시키는 데 기여했다고 볼 수 있으며, 여전히 위력을 발휘하는 중이다. 주로 영어로 텍스트를 입력하거나 이미지 파일을 삽입하면 인공지능이 알아서 그림을 생성해 준다. 이름은 월-E와 살바도르 달리에서 유래한다. DALL·E 2는 화질이 전작보다 4배나 상승했으며, 그림은 더욱 정교해졌다. 그리고 추가된 기능도 있는데, 이미지를 편집하거나, 이미지를 삽입해 그 이미지를 변형한 이미지들을 출력하기까지 한다. 텍스트 뒤에 특정 조건을 입력하면 화풍이 변화되고 그림이 정교해지기도 한다. 다만 폭력적, 성적, 정치적인 콘텐츠와 실존 유명인 등 일부 텍스트는 제한을 걸고 있다.

최근에는 오픈AI가 챗GPT의 유료 서비스에 포함된 달리 3를 사용해 생성 이미지를 더 쉽게 편집할 수 있는 기능을 추가했다고 보도했다. 2023년 9월 오픈AI는 이미지 생성 AI 모델 '달리 3'를 출시한 후 10월에 챗GPT 유료 버전에 통합했다. 달리 2와 비교하면, 달리 3는 텍스트 및 이미지 프롬프트에 따른 이미지를 생성과 텍스트를 통한 후속 편집이 가능하다.

이번 업데이트를 통해 사용자는 자신이 생성한 이미지를 더 쉽게 편집할 수 있게 됐다. 인터페이스 상단에 추가된 '선택Select' 버튼을 사용하면, 사용자가 편집하려는 이미지의 부분을 마우스로 지정할 수 있다. 수정할 부분을 클릭하고, 원하는 변경 사항을 설명하는 자연어 지침을 입력할 수 있다. 예를 들어, 사용자는 숲 사진에서 나무 주위에 원을 그린 뒤 이를 제거할 수 있다. 개체의 디자인을 변경하거나 새 개체를 추가하는 것도 가능하다. 또 '실행 취소Undo' 및 '다시 실행Redo' 버튼을 사용하여 지정한 이미지 부분을 빠르게 선택하고 취소할 수 있다. ▲ 이미지의 종횡 비율 조정 ▲ 목판화, 클로즈업, 로우 앵글, 인공 조명, 손 그림 등 생성 이미지의 스타일 선택도 추가했다. 달리 3 편집기는 유료 버전인 '챗GPT 플러스'와 기업용 '챗GPT 엔터프라이즈'에서 사용할 수 있다. 웹 버전과 모바일 버전 모두 해당된다[3].

이 외에 미드저니Midjourney, GAN 등 다수의 인기 있는 이미지 생성 AI 모델이 있는데, 이에 대해서는 뒤에서 상세히 설명하고자 한다.

---

3) AI타임즈(2024.4.4.), 오픈AI, '달리 3'에 이미지 편집 기능 추가

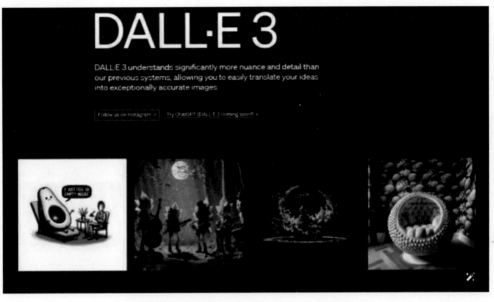

[그림 1-5] 오픈AI의 달리(DALL-E) 2 생성 이미지

## 3) 비디오 생성 모델

이 모델은 주어진 입력을 기반으로 하거나 완전히 새로운 짧은 비디오 클립을 생성할 수 있다. 이는 새로운 비디오 장면을 생성하는 것부터 정적 이미지를 애니메이션화하는 것까지 모든 것을 포함한다. 예를 들어, 신세시아Synthesia는 텍스트 입력을 통해 아바타를 애니메이션화하여 말하게 함으로써 사용자 지정 비디오 콘텐츠를 생성한다. 이는 교육 콘텐츠, 마케팅 또는 엔터테인먼트용 비디오를 전통적인 촬영 없이 제작할 수 있게 한다.

오픈AIOpenAI에 의해 2024년 2월 15일 홈페이지를 통해 공개된 '소라Sora'는 최대 1분 길이의 동영상을 생성할 수 있다. 텍스트로부터 동영상을 생성하는 이 기술은 마치 주문을 외우면 현실이 되는 것처럼 사용자의 상상을 화면 위에 생생하게 구현한다. 현재 오픈AI 내부 테스트 중인 모델로, 일부 전문가에게만 배포되었다. 일반 유저user에게는 AI 윤리를 고려하여 디자인 분야 전문가를 중심으로 2024년 하반기 배포될 것으로 알려져 있다.[4]

---

4) openai(2024). Video generation models as world simulators. https://openai.com/research/video-generation-models-as-world-simulators

[그림 1-6] 오픈AI의 소라로 생성된 동영상 이미지

## 4) 사운드 생성 모델

이 모델은 텍스트를 자연스럽게 들리는 음성으로 변환하거나 다양한 장르의 음악을 작곡한다. 음성 변환의 경우 사용자가 입력한 텍스트를 읽는 오디오를 생성하여 오디오북, 가상 비서, 음성 안내 시스템 등에서 활용된다. 음악 생성 모델의 경우 멜로디, 리듬, 화음 등 음악의 여러 요소를 학습하여 새로운 음악 작품을 창조한다. 이 외에도 AI를 사용하여 주어진 멜로디나 화음 진행에 따라 자동으로 음악을 작곡하거나 편곡하는 모델도 있다. 이 모델은 클래식 음악뿐만 아니라 영화나 게임의 배경 음악 제작에도 사용될 수 있다.

## 5) 멀티모달 AI 도구 및 플랫폼

또한, 최근 새롭게 등장한 생성형 AI 모델의 특징 중의 하나는 이미지 인식 기능이 추가된 멀티모달Multi modal이라는 것이다. 멀티모달은 다중을 뜻하는 멀티Multi와 인체의 감각적

양상을 뜻하는 모달리티Modality의 합성어로 자연어, 청각, 시각 등 여러 종류의 데이터를 동시에 처리해 다각적으로 결과를 도출하는 방식을 뜻한다. AI의 멀티모달은 그림을 보고 자연어로 설명한다거나 이미지를 보고 노래를 작곡하는 형태로 동작하며, 향후 AI의 성능과 활용도, 완성도를 결정짓는 핵심 요소가 된다. 드디어 대화가 가능한 생성형 AI에 시각 기능이 결합되는 멀티모달multimodal의 시대로 다가갈 수 있을 것으로 기대된다.

현대의 멀티모달 AI 시스템은 비단 데이터의 종류만 다양한 게 아니라 그 처리 능력 또한 탁월하다. 그래서 각종 비디오video, 오디오, 음성, 이미지, 텍스트, 그리고 전통적인 수치 데이터를 통합하여 더욱 정교한 분석과 예측을 가능하게 한다.[5]

이들은 현재 개발 및 사용 중인 여러 유형의 생성형 AI 중 일부에 불과하다. 생성형 AI 기술이 계속 발전함에 따라 앞으로 이 기술이 훨씬 더 혁신적이고 창의적으로 적용될 것으로 기대된다.

## 제2절 생성형 AI에 의한 혁신과 활용 분야

### 1. 생성형 AI가 촉발하는 혁신

여기에서는 생성형 AI의 유형에 관하여 설명하고 실제 사례별로 간단한 사용법을 먼저 소개하고자 한다. 생성형 AI의 등장은 크게 아래의 세 가지 혁신을 촉발한다고 할 수 있다.

---

5) 류한석(2023.8.27.). 챗GPT 다음?... 텍스트·이미지·음성 연결하는 '멀티모달 AI' 뭐길래. 주간조선.

## 1) 검색 패턴의 변화

기존의 검색이 방대한 데이터에서 원하는 정보를 효율적으로 찾는 효율적 검색의 패러다임이었다면, 이제는 검색과 생성이 결합되어 신뢰할 만한 수준의 스토리를 구성하고 창작하는 단계로 전환 중이다. 이러한 변화로 인해 지난 20년간 독점적 위상을 가졌던 구글에 마이크로소프트는 GPT-4를 자사 검색 엔진 빙Bing에 통합한 엣지 브라우저와 코파일럿으로 도전장을 내밀고 있다. 기존의 검색 패러다임과 생성형 AI에 의한 검색대화식 간의 주요 차이점은 다음과 같다:

[표 1-1] 기존의 검색과 생성형 AI에 의한 검색 간의 주요 차이점

| 검색 방식 | 주요 차이점 |
|---|---|
| 기존 검색 | · 방대한 데이터 집합에서 관련 정보를 검색하고 제공하는 것이 목적<br>· 사용자 질의에 대한 직접적인 답변 제공<br>· 검색 결과는 기존 데이터에 기반하여 구성 |
| 생성형 AI<br>검색 | · 단순 검색 외에 관련 정보를 종합하여 새로운 콘텐츠 생성 능력 보유<br>· 사용자와 자연스러운 대화를 통해 의도 파악 및 관련 정보 생성하여 답변<br>· 기존 데이터를 기반으로 하되, 이해와 추론을 통해 새로운 지식 설명 생성<br>· 맥락을 이해하고 질의에 따라 적절한 형식과 스타일로 답변 가능 |

결국, 생성형 AI는 기존 정보 검색 엔진에 더해 창의적이면서 대화식으로 정보와 지식을 제공하며, 사용자 경험을 한 차원 높은 수준으로 향상할 수 있다. 이를 통해 검색의 패러다임이 단순 정보 탐색에서 지식 생성과 의사소통으로 확장되고 있다.

## 2) 산업의 효율성과 부가가치 창출의 새로운 경로 제공

둘째, 산업의 효율성과 부가가치 창출의 새로운 경로를 제공하고 있다. 교육, 금융, 의료, 미디어 콘텐츠 등 다양한 분야에서 효율성을 높이고, 새로운 부가가치를 창출하는 역할을 하고 있다.

예를 들어, 교육 분야에서 AI는 개인의 학습 이력과 선호도를 분석하여 맞춤형 교육 경험을 제공한다. 이를 통해 학습자는 자신의 속도와 수준에 맞는 콘텐츠를 접할 수 있으며, 학습 효율을 극대화할 수 있다.

또한, 금융 서비스 분야에서는 AI가 고객 데이터를 분석하여 개인화된 금융 상품을 추천하고, 고객 응대에서도 더 빠르고 정확한 서비스를 제공한다. 이러한 고도화된 서비스는 고객 만족도를 높이고, 금융기관의 경쟁력을 강화하는 데 이바지한다.

의료 분야에서는 AI를 통한 신약 개발, 질병 시뮬레이션 등이 의료인의 교육을 지원하고, 원격지 환자에게도 맞춤화된 진료를 가능하게 한다. 이는 의료 서비스의 질을 전반적으로 향상시키며, 의료 접근성을 개선하는 중요한 역할을 한다.

특히 미디어 콘텐츠 분야에서는 AI가 뉴스 작성, 비디오 편집, 맞춤형 콘텐츠 추천 등에 활용된다. AI는 반복적인 뉴스 작성에서 시간을 절약하고, 비디오 제작의 효율성을 높이며, 사용자 개인의 취향에 맞는 콘텐츠를 추천하여 시청 경험을 개선한다.

## 3) 융합된 서비스 생태계의 출현

셋째, 융합된 서비스 생태계의 출현이다. 기존의 검색이 단순한 정보의 탐색 수준이었다면, 챗GPT가 추구하는 GPT 스토어store 생태계에서는 다양한 외부의 서비스를 융합해서 간편하게 원하는 서비스의 기획과 실행까지 단시간에 해결할 수 있다.

인터넷 혁명기가 도래하기 전에는 로컬 데이터베이스DB 파일 시스템이 각각 사용되었으나, 현재는 웹사이트들이 하이퍼텍스트로 연결되어 18억 8천만 개 이상의 웹에서 정보를 얻을 수 있다. 뒤이은 모바일 혁명기 초기에는 통신사 중심의 폐쇄형 서비스였으나, 현재는 앱 스토어와 같은 플랫폼을 통해 218만 4천여 개의 다양한 앱이 제공되고 있다.

AI 혁명기에 들어와서는 서비스 제공자 중심의 파인튜닝 모델이 중심이었으나, 생성형 AI의 기능을 확장해 주는 플러그인과 확장 프로그램 등이 출현하다가 다양한 AI 앱들을 제공하는 AI 앱스토어로 전환되고 있다. 미래에는 GPT 스토어와 같은 제3자 개방형 플랫폼을 통해 앱의 수가 기하급수적으로 증가할 것으로 전망된다.

이러한 정보 서비스의 발전 단계를 인터넷 혁명기, 모바일 혁명기, AI 혁명기로 나누어 비교해 보면, [표 1-2]와 같다.

[표 1-2] 인터넷 혁명기, 모바일 혁명기, AI 혁명기의 정보 서비스 발전 방향

| 발전 방향 | 과거 | 현재 | 미래 |
|---|---|---|---|
| 인터넷 혁명기 | 로컬 DB 파일 시스템 | 웹사이트 하이퍼텍스트로 연결되는 18억 8천만 개의 웹으로 서비스 | AI와 결합되면서 진화 |
| 모바일 혁명기 | 통신사의 폐쇄형 서비스 중심 | 앱스토어 플랫폼에 의한 3자 생태계 앱 서비스 218만 4천여 개 | AI와 결합되면서 진화 |
| AI 혁명기 | - | 서비스 제공자 파인 튜닝 모델 중심 | GPT 스토어 등 제3자 개방형 플랫폼에 의한 앱의 기하급수적 증가 |

## 2. 생성형 AI의 활용 분야

생성형 AI를 활용할 수 있는 분야는 텍스트, 이미지, 음악, SW 개발, 스토리 및 게임 개발 등 매우 광범위하다. 이를 구현할 수 있게 도움을 주는 다양한 유형의 모델이 속속 등장하고 있는데 사용자가 주로 활용하고 있는 대표적인 서비스에 대해 살펴보기로 한다.

### 1) 텍스트 생성 분야

생성형 AI의 텍스트 생성 기능은 대규모 텍스트 데이터를 미리 학습한 머신러닝 모델을 사용하여 새로운 텍스트를 생성하는 프로세스이다. 이 모델은 단어와 구문 사이의 통계적 관계를 학습하고, 이러한 지식을 활용하여 학습 데이터와 유사한 새로운 텍스트를 생성한다. 이러한 생성형 AI의 기능을 갖춘 모델에는 챗GPT, 제미나이와 같은 모델이 포함된다.

제1부 생성형 AI 프롬프트
디자인 가이드라인

01. 생성형 AI 유형과 활용

02. 생성형 AI와의 효율적인
대화 방법

03. 생성형 효과적 활용 방법

04. 미디어 콘텐츠 분야
생성형 AI 원리와 저작권

한편, 생성된 결과는 프롬프트 작성의 스킬에 따라서 크게 좌우될 수 있다. 그리고 생성형 AI는 다양한 용도로 활용될 수 있다. 예를 들어, 다양한 텍스트 요약 작업을 수행할 수 있는데, 긴 문서를 간결하게 요약하여 핵심 내용을 추출하거나, 여러 문서의 내용을 통합하여 요약된 결과를 생성할 수 있다. 또한, 감정 분석 기능을 활용하여 텍스트의 감정 상태를 분석하고, 긍정적인지 부정적인지 판단할 수도 있다.

텍스트 번역 역시 생성형 AI의 활용 사례 중 하나이다. 기계 번역 모델을 사용하여 한 언어로 작성된 텍스트를 다른 언어로 자동 번역할 수 있는데, 이를 통해 사용자는 여러 언어 간의 커뮤니케이션 장벽을 극복할 수 있다.

또한, 생성형 AI는 가상 비서나 챗봇 기능으로 활용될 수 있다. 사용자의 질문이나 요구에 따라 자동으로 답변을 생성하거나, 필요한 정보를 제공할 수 있다. 이를 통해 실시간 상담, 도움말 서비스, 예약 시스템 등 다양한 상황에서 인간과의 상호작용을 대신할 수 있다.

또 다른 사례로는 스토리 창작이나 소설 생성이 있다. 생성형 AI는 학습한 텍스트 데이터를 기반으로 새로운 이야기를 창작할 수 있다. 사용자가 주어진 테마나 설정에 대한 요구 사항을 정의한 후, AI 모델은 그에 맞는 새로운 이야기를 생성할 수 있는 것이다. 그리고 프로그램 코드 생성이나 검색과 분류 등의 작업에도 생성형 AI를 활용할 수 있다.

## 2) 이미지 생성 분야

이미지 생성 모델의 대표적인 AI인 달리DALL-E는 이미지 생성을 위해 텍스트를 입력받아 그에 해당하는 이미지를 생성하는 서비스로, 사용법이 매우 쉽고 접근하기 편리한 장점이 있다. 사용자는 무료 오픈AI 계정에 가입한 후, 원하는 이미지를 텍스트 프롬프트로 입력하고 생성 버튼을 클릭하면 AI가 몇 초 안에 생성한 네 가지 이미지 중에서 선택할 수 있다. 오픈AI는 챗GPT와 함께 개발되었기 때문에 챗GPT를 사용해 본 적이 있다면 이 기능을 즉시 사용할 수 있다. 또한, 초기 가입 시에는 50 크레딧이 무료로 제공되며, 매달 추가로 15 크레딧이 제공되고도 있다. 참고로 DALL-E 2에서는 이미지 편집기베타 버전를 사용할 수 있어 생성된 프레임을 추가하거나 DALL-E 2를 통해 생성하거나 업로드한 이미지를 확장할 수도 있다.

이외에도 생성형 AI를 활용한 이미지 생성에는 다양한 서비스가 존재한다. 아웃페인팅 Outpainting 기법을 사용하면 더 큰 AI 아트 작품을 만들 수 있으며, 지우개 기능을 활용하여 이미지의 일부를 제거하고 AI가 생성한 요소로 대체할 수도 있다. 이미지 생성에 대한 몇 가지 관련된 사례에 대한 내용을 살펴보면 다음과 같다:

▶ 블루윌로우BlueWillow : 무료로 이용 가능한 BlueWillow는 이미지 생성에 생성형 AI를 활용한 서비스이다. 사용자는 텍스트를 입력하고 AI가 생성한 이미지를 즉시 확인할 수 있다. 특히 BlueWillow는 DALL-E의 모델을 기반으로 한 AI 아트 작품을 생성하는 데에 초점을 두고 있다.

▶ 레오나르도 에이아이Leonardo.ai : Leonardo.ai는 사용자에게 편리한 이용성과 다양한 기능을 제공하는 이미지 생성 서비스이다. 사용자는 텍스트를 입력하여 AI가 해당하는 이미지를 생성하고, 필요한 경우 편집 기능을 사용하여 이미지를 수정할 수도 있다.

▶ 드림 스튜디오DreamStudio : DreamStudio는 최신 모델인 SDXLStable Diffusion with Extra Layers을 사용하는 이미지 생성 서비스이다. 이를 통해 사용자는 고품질의 이미지 생성을 경험할 수 있다. DreamStudio는 미드저니의 모델을 그대로 적용하여 안정적이고 품질 높은 이미지 생성을 지원한다.

▶ 미드저니Midjourney : Midjourney는 생성형 AI를 기반으로 한 이미지 생성 서비스로, 다양한 텍스트 입력을 통해 이미지를 생성할 수 있다. 사용자는 텍스트로 원하는 이미지를 설명하고, AI가 해당 이미지를 생성하는데 품질면에서 가장 좋은 도구로 알려져 있다.

이러한 생성형 AI를 활용한 이미지 생성 서비스들은 각각의 특징과 장점을 가지고 있으며, 사용자의 용도와 취향에 맞게 선택할 수 있는데, 이를 잘 활용한다면 사용자는 다양한 텍스트 입력을 통해 창의적이고 다채로운 이미지를 자유자재로 생성할 수 있을 것이다.

## 3) 영상 제작 분야

생성형 AI는 비디오 창작 분야에서도 혁신적인 역할을 수행할 수 있다. 사용자가 텍스트를 입력하면 저해상도의 영상을 만든 후 초당 24프레임24fps으로 1,280×768 픽셀의 HD급 고화질 동영상을 제작할 수 있는 기능을 제공한다. 아래 몇 가지 대표적인 서비스와 사례를 살펴보고자 한다.

▶ **이매젠 비디오**Imagine Video : 구글에서 개발한 이매젠 비디오는 생성형 AI를 활용한 비디오 창작 서비스이다. 사용자는 텍스트 입력을 통해 영상의 스토리, 장면, 대사 등을 기술하면 AI가 이를 기반으로 고화질 동영상을 생성할 수 있다.

▶ **페나키**Phenakistiscope : 페나키는 사용자가 텍스트를 입력하면 AI가 이를 기반으로 동영상을 생성해 주는 서비스이다. 간단한 텍스트로도 영화나 광고 등 다양한 장르의 영상을 만들 수 있으며, 사용법이 대단히 직관적이고 인터페이스가 사용자 친화적으로 구성되어 있는 점이 장점이다.

▶ **드림믹스**Dreamix : 드림믹스는 생성형 AI를 활용하여 사용자가 입력한 텍스트로 영상을 생성하는 서비스이다. 사용자는 간단한 명령어를 입력하면 AI가 해당하는 요소를 포함한 동영상을 자동으로 생성해 준다. 사용자는 생성된 영상을 즉시 확인하고 필요에 따라 수정할 수도 있는 점이 장점이다.

▶ **메이크어비디오**Make a Video : 메타에서 제공하는 메이크어비디오는 사용자가 텍스트로 원하는 동영상을 기술하면 AI가 해당하는 영상을 생성하는 서비스이다. 사용자는 영상의 콘셉트, 장면, 액션 등을 자세히 기술하면 AI가 이를 기반으로 고품질의 동영상을 자동으로 생성한다.

최근 유튜브에 소개되어 화제가 된 '해리포터 By 발렌시아가'의 경우에는 챗GPT와 미드저니, 일레븐랩스, 디-아이디 등 다양한 기술과 창작자의 창의성이 결합되어 만들어진 영상이다. 이처럼 생성형 AI 기술은 콘텐츠 창작의 새로운 가능성을 열어 주고, 창작자들이 독특하고 창의적인 작품을 만들 수 있는 도구로 활용될 수 있다.

생성형 AI의 서비스 모델은 앞으로 더욱 발전하고 다양한 분야에 적용될 것으로 기대되는데, 이러한 기술을 산업과 사회의 각 영역에 접목하고 재조합함으로써 창의적이고 혁신적인 생산성을 도모할 수 있을 것이다.

## 제3절 생성형 AI의 환각 현상과 미디어 콘텐츠 제작에의 영향

### 1. 환각 현상의 이해와 개선 방안

이제까지 우리는 생성형 AI가 프롬프트 디자인을 통해 어떻게 업무 생산성을 향상시킬 수 있는지 그리고 실제 어떠한 방법으로 사용되는지에 대해 살펴보았다. 기본적으로 기존 인공지능 기술과는 다르게, 생성형 AI가 사람과 IT 기술 간 상호작용하는 방식 자체에 혁신을 이룬 만큼, 우리의 일상생활을 근본적으로 변화시킬 것이라 기대되고 있다. 하지만 이러한 기대와 함께 여러 우려도 존재한다. 대표적으로 거짓 정보 제공을 통한 환각 현상이다.

#### 1) 환각 현상의 이해

생성형 AI의 대표적인 사례인 챗GPT의 가장 큰 문제점 중의 하나는 잘못된 정보를 마치 그럴듯한 사실처럼 거짓 정보를 제공한다는 것이다. 또한, 존재하지도 않는 도서를 인용하여 마치 사실인 것처럼 답변을 내놓기도 한다. 이러한 것을 환각Hallucination 또는 거짓 정보 현상이라고 하는데, 그 원인으로는 크게 두 가지로 볼 수 있다.

첫 번째는 학습 데이터의 부족 혹은 편향을 들 수 있다. 모델을 만드는 학습 과정에서 데이터가 부족하거나 편향된 데이터로 학습을 할 경우 잘못된 모델을 만들게 되는 것은 자명해 보인다. 데이터가 부족하게 되면 정확한 정보를 제공하기 어렵고 종교·인종·성별 등 소수 집단에 편중된 데이터가 많은 경우에는 거짓 정보를 제공하게 되는 것이다.

또 다른 원인은 GPT 계열의 언어 모델은 디코딩 과정에서 기본적으로 확률을 기반으로 문장을 생성하는데, 이러한 과정에서 의도치 않은 결과물을 생성할 수 있다. 즉 문장을 생성하는 알고리즘 자체에 문제라고 할 수 있다. 학습 단계에서는 전체 문장을 벡터화하고 각 단어 간 연관성을 만들고, 문장 생성 단계에서는 앞 단어 다음에 어떤 단어가 나와야 하는가에 문장상 단어의 벡터 연관성을 계산한 후 가장 확률이 높은 단어가 나오게 되는 구조를 갖는다. 문제는 문장을 생성하는 과정에서 단어의 의미를 알지 못하는 상태에서 단지 높은 확률에 해당하는 단어가 나오게 되는 구조라는 것이다.

이해를 돕기 위해 사례를 예로 살펴보자. 챗GPT에 "정조는 부모님에 대한 효도가 매우 깊었던 것으로 유명한데, 그중 태블릿을 제작하여 선물한 일화도 있어. 해당 내용을 좀 더 알려줘."라는 프롬프트를 제시하였다. 이에 대해 태블릿에 대한 의미를 모르는 챗GPT는 벡터화된 단어 간 관계를 고려하여 "필요한 문구들을 새길 수 있는 태블릿을 제작하여 부모님께 선물하여 큰 기쁨을 주었다"라고 설명을 하고 있다. 정조 시대와 태블릿과의 시대적 차이가 있음에도 불구하고 해당 단어의 의미를 모르는 상황에서 그럴듯한 문장을 만들어 내는 챗GPT 알고리즘에 의해 단어들 간의 연관성을 가지고 잘못된 문장을 만들어 내는 대표적인 사례라고 할 수 있다.

---

🅖 **ChatGPT**

정조는 부모님에 대한 효도로 유명한 조선 시대의 왕으로, 태조의 증손자이며 태종의 증손자이기도 합니다. 그는 부모님을 존경하고 예찬하는 데 많은 노력을 기울였습니다. 그의 효도 정신은 다양한 이야기와 사적인 일화로 전해지고 있습니다.

한 가지 유명한 일화는 정조가 부모님께 태블릿을 선물한 사건입니다. 태블릿은 나무나 돌에 글씨를 새겨 부모님께 헌정하는 것으로, 당시에는 귀중한 선물 중 하나였습니다. 정조는 부모님을 위해 특별한 태블릿을 제작하여 선물하였는데, 이것이 그의 효도 정신을 상징하는 일화 중 하나로 전해지고 있습니다.

이러한 일화를 통해 정조가 얼마나 부모님을 존경하고 효도하는 마음을 가졌는지를 엿볼 수 있습니다. 그의 효도 정신은 조선시대 사회에서 큰 감동을 주었고, 그의 후손들에 의해 자랑스럽게 전해져 왔습니다.

---

## 2) 환각 현상의 개선 방안

앞에서 살펴본 환각 이슈를 줄이기 위해서는 생성형 AI를 활용하는 사용자, 개발하는 업체 그리고 이를 관리하는 정부 모두가 함께 노력할 때 근본적으로 개선되리라 생각된다.

우선 생성형 AI를 사용하는 사용자 입장에서 환각 현상Hallucination을 줄이기 위한 노력이 필요하다. AI 생성 콘텐츠를 무작정 신뢰하기보다 AI 생성 콘텐츠의 한계와 위험성을 인식하면서 비판적 시각으로 보고 신중하게 받아들일 필요가 있다.

우리가 구글에서 데이터를 찾을 경우, 생성형 AI를 활용하는 것보다 상대적으로 긴 시간을 할애하여 다양한 정보를 검색하고 확인하며 우리 스스로 정확한 정보를 획득하게 된다. 반면에 생성형 AI에서는 매우 빠른 시간에 정답처럼 보이는 데이터를 받게 됨으로써 환각 현상이 발생하게 된다. 따라서 이러한 환각 현상을 줄이기 위해서는 답변을 맹목적으로 신뢰하기보다는 다른 출처의 정보와 비교하거나 해당 주제에 대해 추가적인 질문을 통해 답변의 정확성을 판단하는 활동이 필요하다. 물론 구글, 네이버와 같은 다른 검색 엔진을 통해 추가 검색을 하여 답변의 정확성을 판단해도 된다.

환각 현상을 줄이기 위한 또 다른 방법으로는 명확하게 질문을 하는 것이다. 앞에서 예시로 살펴본 '정조의 태블릿 선물' 경우처럼 사실이 아닌 정보로 사실인 것같이 질문을 하게 되면, 챗GPT 알고리즘에 의해 대부분 거짓 정보를 출력하게 된다. 따라서 질문을 보다 명확하게 표현하고 범위 또한 좁혀서 질문해야 정확한 답변을 얻을 수 있다. 추가적으로 필요한 정보를 명시적으로 요청하는 것도 도움이 될 수 있다.

생성형 AI를 개발하는 업체 혹은 기관 입장에서는 보다 정확한 정보를 제공하기 위한 활동을 진행해야 한다. 개발 업체는 윤리적 가이드라인을 준수하고, 책임 있는 AI 개발을 우선시해야 한다. 또한, 정확하고 편향되지 않은 AI 결과물을 제공하기 위해 엄격한 품질 관리 조치를 시행해야 한다. 아울러 AI의 능력과 한계에 대해 투명하게 공개함으로써 사용자들이 만난 콘텐츠를 더 잘 이해하고 맥락을 파악할 수 있도록 도와야 한다.

생성형 AI 관련 거버넌스를 수립하는 정부 혹은 관련 기관 입장에서는 AI 개발자가 윤리적 기준을 준수하고 유해한 콘텐츠에 대비하는 안전장치를 마련할 수 있도록 규제를 시행해야 한다. 또한, 산업 전문가, 연구자, 기타 이해관계자들과 협력하여 생성형 AI의 환각 현상 문제에 대한 포괄적인 전략을 개발할 필요가 있다. 나아가 AI 생성 콘텐츠의 심리적 및 사회적 영향을 이해하기 위한 연구에 투자하여 정책 결정과 완화 전략을 더 잘 준비할 필요가 있다.

## 2. 미디어 콘텐츠 제작에 미치는 영향

### 1) 다양한 미디어 형태에서의 생성형 AI

생성형 AI는 사람들이 콘텐츠를 만드는 방식을 크게 변화시키고 있다. 이 기술은 텍스트, 이미지, 영상, 음악 등 다양한 형태의 미디어 콘텐츠를 생성할 수 있어, 창작 과정에 새로운 가능성을 열어 주고 있다.

먼저 텍스트 콘텐츠 제작 부분을 보면, 작가나 기자는 AI를 사용하여 글의 개요를 만들거나, 글쓰기 블록을 극복하고, 다양한 글쓰기 스타일을 실험할 수 있다. AI는 문법이나 구문을 다듬는 데도 도움을 준다. 하지만 AI가 완벽한 에디터를 대체할 수는 없다. AI는 창의적인 아이디어나 초안을 제공하는 데 유용하지만, 사람의 감정이나 미묘한 뉘앙스를 완전히 이해하거나 표현할 수는 없다.[6]

둘째, 이미지 콘텐츠 생성에 대해서도 많은 도움이 된다. 예를 들어, AI를 훈련시켜 배우의 디지털 트윈digital twin[7]을 만들 수 있다. 이를 통해 배우의 목소리, 제스처, 걸음걸이 등을 시뮬레이션하여, 실제 배우와 똑같이 보이는 디지털 이미지를 생성할 수 있다. 이 기술은 영화나 TV 쇼에서 배우를 젊게 보이게 하거나, 새로운 캐릭터를 만드는 데 사용될 수 있다.

셋째, 영상 콘텐츠 분야에서는 스토리뿐 아니라 실제 영상 제작도 지원이 가능하다. 비디오 게임 개발에서는 AI를 사용하여 새로운 캐릭터나 배경을 생성하고, 이야기를 만들어 낼 수 있다. 영화 제작에서도 AI가 작성한 스크립트나 음성 오버, 사운드 이펙트를 사용하여

---

6) Taskade(2024). How Generative AI is Transforming Content Creation in 2024. Taskade. https://www.taskade. com/blog/generative-ai-transforming-content-creation/
7) 디지털 트윈(Digital Twin)은 물리적인 실체를 정확하게 반영하도록 디지털로 개발된 가상 모델이다. 이 기술을 미디어에 이용하면 실제 배우의 초상과 음성을 비롯해 표정과 몸동작까지 정밀하게 디지털로 복제할 수 있다.

새로운 콘텐츠를 제작할 수 있다.[8]

넷째, 음악 콘텐츠 분야에서 AI는 새로운 노래를 만들거나, 유명한 가수의 목소리를 복제하여 클래식 음악에 새로운 가사를 노래하게 할 수 있다. 이러한 기술은 음악 산업에 큰 변화를 가져오고 있다.

## 2) 미디어 제작에 미치는 영향

미디어 분야의 전문가들의 우려와 거부감에도 불구하고 생성형 AI 도구는 창작의 새로운 동반자로 자리 잡고 있다. 이 기술을 사용하면 기존보다 빠르고 효율적으로 콘텐츠를 만들 수 있다. 예를 들어, 글쓰기에서는 아이디어 구상부터 초안 작성까지 도와준다. 이미지나 음악 제작에서도 마찬가지로, 사람이 직접 만들기 어려운 복잡한 작품도 AI가 손쉽게 생성할 수 있다. 하지만 이런 편리함에도 불구하고 AI가 만든 콘텐츠의 저작권이나 신뢰성 문제와 같은 새로운 도전 과제도 등장하고 있다.

그런가 하면 AI 기술은 개인 맞춤형 콘텐츠를 가능하게 하여 사용자 개개인의 경험을 풍부하게 한다. 예를 들어, 온라인 쇼핑을 할 때 AI가 고객의 취향과 구매 이력을 분석하여 개인에게 맞는 제품을 추천한다. 이와 비슷하게, 미디어 콘텐츠도 시청자나 독자의 선호에 맞춰 자동으로 조정되거나 제안될 수 있다. 또한, AI와 인간이 협력함으로써 전에 없던 새로운 아이디어나 예술 작품을 만들어 내는 가능성도 탐색하고 있다.

미래에는 AI가 콘텐츠 제작의 첫 단계에서부터 중요한 역할을 하게 될 것이다. 'AI-처음 AI-first' 원칙이란, 모든 콘텐츠 제작 과정이 AI로 시작해 인간이 마무리하는 방식을 말한다. 예를 들어, 영화 제작에서 AI가 기본적인 스토리라인이나 캐릭터를 생성하고, 인간 감독과 작가가 이를 발전시키고 완성하는 방식이다. 이러한 방식은 콘텐츠 제작의 속도를 높이고, 새로운 창의적 아이디어를 빠르게 시험해 볼 수 있는 장점이 있다. 이는 결국 새롭고 혁신적인 미디어 콘텐츠의 출현으로 이어질 것이다.

---

8) Sarer, Baris(2023). AI Media's Muse: Creativity in the Age of Generative Models. Deloitte.

## 【선다형 문제】

**1. 생성형 AI의 가장 넓은 의미는 무엇인가? (난이도 하)**

① 기존 데이터를 분석하는 모델

② 새로운 콘텐츠를 생성하는 모델

③ 데이터 저장을 효율화하는 모델

④ 인간의 두뇌를 모방하는 모델

정답: ②

해설: 생성형 AI는 새롭고 독창적인 콘텐츠를 생성할 수 있는 모델을 만드는 데 중점을 둔다.

**2. 생성형 AI 모델은 어떤 데이터를 학습하나? (난이도 하)**

① 무작위 데이터

② 기존 데이터

③ 실시간 데이터

④ 개인 데이터

정답: ②

해설: 생성형 AI 모델은 기존 데이터에 대해 교육을 받고 그 데이터를 기반으로 새로운 샘플을 생성한다.

**3. 챗GPT가 인기를 끈 이유는 무엇인가? (난이도 하)**

① 속도가 빠르기 때문에

② 높은 정확성 때문에

③ 사용이 편리하고 다양한 분야에서 활용 가능하기 때문에

④ 저렴한 가격 때문에

정답: ③

해설: 챗GPT는 편리한 사용성과 다양한 분야에서의 활용 가능성으로 인해 인기를 끌었다.

## 4. 다음 중 생성형 AI의 대표적인 예시는 무엇인가? (난이도 하)

① GPT-3

② IoT

③ 클라우드 컴퓨팅

④ 빅데이터

정답: ①

해설: 생성형 AI의 대표적인 예시로는 GPT-3가 있다.

## 5. 생성형 AI의 부정적인 현상 중 하나는 무엇인가? (난이도 중)

① 낮은 정확도

② 느린 응답

③ 환각 현상

④ 사용 어려움

정답: ③

해설: 생성형 AI의 부정적인 현상 중 하나로, 없는 사실을 만들어 내는 '환각 현상'이 있다.

6. GPT-4 모델의 주요 특징 중 하나는 무엇인가? (난이도 중)

① 무작위 데이터 생성에 중점

② 사람의 피드백을 받아 강화학습 진행

③ 인터넷 검색 기능의 제약

④ 텍스트 집약 기능의 제약

정답: ②

해설: GPT-4는 사람의 피드백을 받아 강화학습을 지속하여 성능이 개선되었다.

7. 생성형 AI가 기존 AI와 다른 점은 무엇인가? (난이도 중)

① 단순한 분류 작업만 가능

② 예측 작업만 가능

③ 새로운 데이터 인스턴스를 생성할 수 있음

④ 데이터를 반복해서 사용

정답: ③

해설: 생성형 AI는 훈련 데이터와 유사하지만 직접 복사하거나 반복하지 않는 완전히 새로운 데이터 인스턴스를 생성할 수 있다.

8. 다음 중 생성형 AI의 유형이 아닌 것은? (난이도 중)

① 텍스트 생성 모델

② 이미지 생성 모델

③ 비디오 생성 모델

④ 생체 모방 모델

정답: ④

해설: 생성형 AI의 유형에는 텍스트 생성 모델, 이미지 생성 모델, 비디오 생성 모델 등이 포함된다.

## 9. 텍스트 생성 모델의 대표적인 예시는 무엇인가? (난이도 중)

① GPT-4

② DALL-E

③ Sora

④ Synthesia

정답: ①

해설: 텍스트 생성 모델의 대표적인 예시로는 GPT-4가 있다.

## 10. AI 스타트업이 주로 경쟁하는 분야는 무엇인가? (난이도 중)

① 데이터 저장

② 검색 서비스

③ 생성형 AI 성능

④ 하드웨어 개발

정답: ③

해설: AI 스타트업은 성능이 뛰어난 생성형 AI를 내놓으며 경쟁이 치열해지고 있다.

## 11. 생성형 AI는 어떤 패턴을 학습하나? (난이도 중)

① 단어의 철자

② 데이터의 기본 패턴, 구조 및 특성

③ 숫자의 배열

④ 물리적 법칙

정답: ②

해설: 생성형 AI는 데이터에 있는 기본 패턴, 구조 및 특성을 학습한다.

## 12. GPT-3.5와 GPT-4의 주요 차이점은 무엇인가? (난이도 중)

① 사용 언어

② 매개변수의 수

③ 개발 회사

④ 출시 연도

정답: ②

해설: GPT-3.5와 GPT-4는 매개변수의 수에서 주요 차이점이 있다.

## 13. 이미지를 생성하는 AI가 가장 많이 활용되는 분야는 무엇인가? (난이도 중)

① 농업

② 의료

③ 금융

④ 예술과 엔터테인먼트

정답: ④

해설: 생성형 AI는 예술과 엔터테인먼트 분야에서 가장 많이 활용된다.

## 14. 생성형 AI가 사람과 대화할 수 있게 하는 모델은 무엇인가? (난이도 중)

① DALL-E

② Sora-E

③ Synthesia

④ ChatGPT

정답: ④

해설: ChatGPT는 사용자가 자연어를 사용해 챗봇과 대화할 수 있는 생성형 AI 모델이다.

## 15. 생성형 AI 모델이 개선되는 과정에서 중요한 요소는 무엇인가? (난이도 중)

① 학습 데이터의 크기

② 사용자 인터페이스

③ 하드웨어 성능

④ 네트워크 속도

정답: ①

해설: 생성형 AI 모델의 개선 과정에서 중요한 요소 중 하나는 학습 데이터의 크기이다.

## 16. 생성형 AI 모델이 정확하지 않은 정보를 생성하는 현상을 무엇이라고 하나? (난이도 상)

① 지연 현상

② 환각 현상

③ 과적합 현상

④ 저적합 현상

정답: ②

해설: 생성형 AI 모델이 정확하지 않은 정보를 생성하는 현상을 환각 현상이라고 한다.

## 17. 멀티모달 AI는 어떤 특징을 가지고 있나? (난이도 상)

① 단일 유형의 데이터 처리

② 여러 종류의 데이터를 동시에 처리

③ 다양한 패턴 학습

④ 텍스트 위주로 학습

정답: ②

해설: 멀티모달 AI는 여러 종류의 데이터를 동시에 처리하여 다각적인 결과를 도출하는 특징을 가지고 있다.

## 18. GPT-4o 모델의 'o'는 무엇을 의미하나? (난이도 상)

① 오리지널

② 오픈

③ 옴니

④ 옵티멀

정답: ③

해설: GPT-4o의 'o'는 모든 것을 의미하는 옴니Omni의 약자이다.

**19. 다음 중 생성형 AI의 텍스트 생성 기능을 활용할 수 있는 예시가 아닌 것은? (난이도 상)**

① 긴 문서를 간결하게 요약하기

② 이미지 분석

③ 사람의 감성 인지

④ 가상 비서 기능

정답: ③

해설: 생성형 AI의 텍스트 생성 기능은 문서 요약, 이미지 분석 결과 생성, 가상 비서 기능 등에서 활용되지만, 사람의 감성 인지 기능은 해당되지 않는다.

**20. 생성형 AI 모델이 다양한 유형의 콘텐츠를 생성할 수 있게 된 주요 기술적 발전은 무엇인가? (난이도 상)**

① 단일모달 처리

② 멀티모달 처리

③ 고정 패턴 학습

④ 제한된 데이터 사용

정답: ②

해설: 생성형 AI 모델이 다양한 유형의 콘텐츠를 생성할 수 있게 된 주요 기술적 발전은 멀티모달 처리를 통해 가능해졌다.

제1부 생성형 AI 프롬프트
디자인 가이드라인

01. 생성형 AI 유형과 활용

02. 생성형 AI와의 효율적인
대화 방법

03. 생성형 효과적 활용 방법

04. 미디어 콘텐츠 분야
생성형 AI 툴리와의 저작권

Chapter
**02**

# 생성형 AI와의 효율적인 대화 방법

## 제1절 생성형 AI 프롬프트의 이해와 사용 방법

## 1. 프롬프트의 개념과 유형

### 1) 프롬프트의 이해

컴퓨터나 스마트폰 앞에 앉아 "오늘 날씨는 어때?"라고 물어보는 것을 상상해 보자. 이처럼 AI에 질문을 던지는 것, 그것이 바로 '프롬프트'이다. 즉 프롬프트Prompt는 생성형 AI에게 질문이나 지시를 주는 문장이나 단어를 말한다. 즉 AI로부터 응답을 생성하기 위한 입력값, 즉 명령어를 의미한다. 프롬프트는 AI가 사용자에게 필요한 답변이나 창작물을 만들어 내도록 유도한다.

프롬프트는 사람과 인공지능AI 사이의 소통 창구이다. 즉 프롬프트는 우리와 AI 사이의 대화를 가능하게 하는 중요한 역할을 한다. 마치 마법사의 주문처럼 우리가 AI에 원하는 것을 정확하게 알려주고, AI는 그에 따라 반응한다. 프롬프트 없이는 우리의 요구와 AI의 능력 사이에 큰 간격이 생기게 된다. 프롬프트는 이 간격을 메우고 우리가 AI와 더 효율적으로

상호작용할 수 있게 돕는다.[1]

GPT 3.5에 영어로 "What is the prompt?한글로 프롬프트를 주는 것도 가능"라는 프롬프트를 제시한 뒤, 영어 답변을 "위의 글을 한국어로 번역해 줄래?"라고 해서 받은 답변은 다음과 같다.

> "프롬프트(prompt)는 챗GPT와 같은 AI 언어 모델에 응답을 생성하기 위해 주어지는 초기 입력 또는 지시 사항을 의미합니다. 이는 모델이 원하는 출력을 이해하기 위한 문맥과 안내를 제공합니다. 프롬프트는 질문, 진술 또는 정보나 요청을 전달하는 문장들의 조합일 수 있습니다.
>
> 예를 들어, 프랑스의 수도에 대해 AI 모델에 묻고 싶다면, "프랑스의 수도는 무엇인가요?"라는 프롬프트를 사용할 수 있습니다. 이 프롬프트는 모델에게 구체적인 질문을 제시하고, "프랑스의 수도는 파리입니다."와 같은 관련된 응답을 생성하는 데 도움을 줍니다.
>
> 프롬프트는 모델의 응답 방향을 설정하는 데 중요합니다. 프롬프트를 수정함으로써 AI 모델로부터 받는 정보의 유형이나 응답의 어조를 조절할 수 있습니다. 정확하고 만족스러운 응답을 얻기 위해서는 명확하고 구체적인 프롬프트를 제공하는 것이 중요합니다."

이렇게 입력하고 대화를 시작하면, 챗GPT가 질문에 곧바로 대답하는 경우도 있지만, 정확하고 상세한 답변을 위해 추가적인 질문을 하는 경우도 있다. 그럴 경우 추가로 대화를 해 나가면서 사용자가 원하는 방향을 더욱 자세히 알게 되고 맞춤형 답변을 내놓게 된다.

특히 코딩을 할 때도 프롬프트를 생성하여 시작하면 좋다. 왜냐하면 자연어로 아무리 잘 알아듣는다고 하더라도 코딩이 완벽하지 않을 때가 있기 때문이다. 프롬프트 없이 명령을 내리면 내가 원하지 않는 코딩이 계속해서 나오기 때문이다. 그리고 코딩을 생성하는 시간도 꽤 길고, 그것을 하나씩 수정하려고 명령을 내리면 계속해서 코딩하면서 시간이 지연된다. 그래서 한 번에 코딩하려면 프롬프트를 통해서 상세한 요구를 하고, 그 결괏값으로 코딩을 하게 하면 시간을 절약할 수 있다. 한마디로 프롬프트는 챗GPT와의 대화의 시작점이며, 사용자의 의도를 생성형 AI에 전달하는 역할을 한다.

---

1) Bender, E. M., Gebru, T., McMillan－Major, A. and Shmitchell, S.(2021). "On the Dangers of Stochastic Parrots: Can Language Models Be Too Big?. ACM Digital Library.

## 2) 프롬프트의 다양한 형태

프롬프트는 AI가 생성하는 콘텐츠 유형에 따라 매우 다양하다. 그중에서도 텍스트, 이미지, 오디오 프롬프트는 우리가 AI와 소통하는 가장 기본적인 방법이다.

첫째, 텍스트 프롬프트는 가장 기본적이면서도 광범위하게 사용되는 형태이다. 예를 들어, 검색 엔진에 "오늘 날씨는 어떻게 되나요?"라고 입력하는 것부터 챗봇에게 "가까운 커피숍 추천해 줘"라고 요청하는 것까지 모두 텍스트 프롬프트의 예이다.

둘째, 이미지 프롬프트는 시각적 정보를 기반으로 AI와 소통하는 방식이다. 예를 들어, 핀터레스트Pinterest나 구글Google 이미지 검색에서 특정 이미지를 업로드하고 비슷한 이미지를 찾도록 요청할 수 있다. 또는 최근 인기를 끌고 있는 달리DALL-E 같은 AI 도구를 사용하여 "해변에서 서핑하는 고양이"와 같은 기발한 이미지 프롬프트를 입력하면 AI는 그에 맞는 창의적인 이미지를 생성한다.

셋째, 오디오 프롬프트는 소리나 음성을 사용하여 AI와 소통하는 방법이다. 시리Siri나 구글 어시스턴트Assistant에 "알람을 오전 7시로 맞춰 줘"라고 말하는 것이 좋은 예이다. 오디오 프롬프트는 특히 접근성이 중요한 상황에서 유용하며 음성 인식 기술의 발전으로 그 활용 범위가 점점 넓어지고 있다.

# 2. 결과물을 구체적으로 요청하는 방법

## 1) 좋지 않은 프롬프트와 원인

생성형 AI를 사용하기 위한 프롬프트의 좋지 않은 예를 알아보자. 예를 들어, 챗GPT를 사용할 때 다음과 같이 두리뭉실한 프롬프트로 질문을 하면 효과적인 답을 얻기 어렵다.

> ※ 여행: "여행 가고 싶어." (어느 도시나 나라를 찾고 있는지 명시하지 않음)
>
> ※ 요리: "요리 좀 알려 줘." (어떤 종류의 요리를 원하는지, 음식의 제한 사항이 있는지 불분명함)

※ 역사: "중요한 역사적 사건에 대해 말해줘." (어떤 시대, 나라 또는 주제에 관심이 있는지 불분명함)

※ 과학: "경제학에 대해 뭐라고 생각해?" (경제학의 어떤 부분을 논의하고 싶은지 모호함)

※ 컴퓨터: "컴퓨터 어떻게 돼?" (컴퓨터의 구성, 작동 원리, 발전 과정 등 어떤 정보를 원하는지 불분명함)

※ 영화: "재밌는 영화 있어?" (장르, 개봉 연도, 관심 주제 등 구체적인 기준을 제시하지 않음)

※ 건강: "건강해지고 싶어." (건강한 식습관, 운동, 정신 건강 등 어떤 측면을 개선하고 싶은지 불분명함)

※ 언어: "외국어 배워야 해." (어떤 언어를 배우고 싶고, 어떤 수준을 원하는지 명시하지 않음)

위와 같은 애매한 질문프롬프트으로는 원하는 정보를 얻기 어렵다. 그래서 계속 추가적인 질문을 해야 하고 이는 시간 낭비를 하게 되는 주요 원인이 된다. 결국 처음부터 질문을 구체적이고 명확하게 하면 원하는 대답을 얻을 수 있다.

챗GPT 3.5에서 "챗GPT를 사용할 때, 간단한 질문으로 효과적인 답변을 얻지 못하는 예시를 나열해 주세요."라고 물어본 뒤, 받은 답변은 다음과 같다.

챗GPT를 사용할 때 단순한 질문으로 효과적인 답변을 얻을 수 없는 예시들을 알려드리겠습니다.

1. 문맥 부족: 질문이 모호하거나 문맥이 부족한 경우 챗GPT는 관련성 있는 답변을 생성하는 데 어려움을 겪을 수 있습니다. 예를 들어, "가장 좋은 책은 무엇인가요?"와 같이 어떤 장르나 문맥도 명시하지 않은 질문은 애매하거나 일반적인 답변을 얻을 수 있습니다.

2. 모호성 또는 오해: 챗GPT는 가끔 질문을 잘못 이해하거나 오해할 수 있어 정확하지 않거나 의미 없는 답변을 제공할 수 있습니다. 챗GPT는 언어유희, 풍자, 복잡한 문장 구조에 어려움을 겪을 수 있습니다. 예를 들어, "오, 좋네요. 뭐가 잘못될까요?"와 같은 풍자적인 질문은 챗GPT를 혼란스럽게 할 수 있습니다.

3. 최신 이슈 또는 시간에 민감한 정보: 챗GPT의 지식 기준이 질문하는 이벤트나 주제 이전일 경우, 최신 정보를 제공할 수 없습니다. 최근 뉴스, 특정 이벤트 또는 시간에 민감한 사항에 대해 질문하면 오래된 정보나 불완전한 답변을 받을 수 있습니다.

4. 개인적인 의견과 주관성: 챗GPT는 학습 데이터의 패턴을 기반으로 답변을 생성하기 때문에 주관적이거나 개인적인 의견을 제공하는 데 어려움이 있을 수 있습니다. 개인적인 선호도, 감정, 주관적인 판단을 제공하는 데 어려움을 겪을 수 있습니다.

5. 사실적인 부정확성 또는 신뢰성 없는 정보: 챗GPT는 많은 양의 데이터로 학습되었지만, 가끔 잘못

된 정보나 신뢰할 수 없는 정보를 제공할 수 있습니다. 어떤 AI 모델에서든 얻은 정보는 사실 확인과 검증이 필요합니다.

이는 AI 언어 모델의 일반적인 한계입니다. 큰 발전을 이루었지만, 이들의 능력을 이해하고 중요하거나 특정한 정보에 의존할 때 주의해야 합니다.

## 2) 좋은 프롬프트와 유형

생성형 AI를 효과적으로 사용하기 위해서는 좋은 프롬프트를 제시해야 한다. 예를 들어, 챗GPT와 대화할 때 다음과 같은 프롬프트를 사용하면 원하는 결과를 쉽게 얻을 수 있다.

> ※ 여행: "다음 주말에 미국 샌프란시스코에서 할 수 있는 가족 친화적인 활동 5가지를 추천해 주세요."
>
> ※ 요리: "30분 이내에 만들 수 있는 한국 잔치 음식 레시피를 알려주세요."
>
> ※ 역사: "한국의 동학혁명의 주요 원인과 결과를 요약해 주세요."
>
> ※ 과학: "빅뱅 이론이란 무엇이고, 우주의 기원에 대해 어떤 설명을 제공하나요?"
>
> ※ 컴퓨터: "블록체인 기술의 핵심 원리와 그것이 금융 산업에 어떻게 적용되는지 설명해 주세요."
>
> ※ 영화: "지난 3년간 출시된, 평점이 높은 공상과학 영화 5편을 추천해 주세요."
>
> ※ 건강: "스트레스 관리를 위한 명상의 기본 원칙과 실천 방법을 설명해 주세요."
>
> ※ 언어: "인도네시아로 기본 인사와 간단한 자기소개를 하는 법을 알려 주세요."

이처럼 같은 분야에 대한 프롬프트이지만 질문이 더 상세하다는 것을 알 수 있다. 이러한 프롬프트는 질문의 목적과 범위를 명확하게 제시하게 되므로 원하는 정보를 효과적으로 얻을 수 있다는 것을 알 수 있다.

결국, 효과적인 프롬프트는 구체적이고 명확한 질문을 하는 것이다. 원하는 정보를 분명하게 요청하는 것이 핵심이다. 어디에 쓸 것인지, 어느 업무에 필요한지, 왜 요구하는지 등등 필요 없는 질문 같지만 써 주는 것이 좋다.

챗GPT 3.5에서 영어로 "챗GPT와 대화할 때 참고할 만한 좋은 예시를 몇 가지 나열해 주세요."라고 물어본 뒤, 받은 답변은 다음과 같다.

챗GPT와 대화할 때 참고할 수 있는 좋은 예시 몇 가지를 소개해 드리겠습니다.

1. 개방형 질문: 단순한 "예" 또는 "아니오" 질문 대신 더 자세한 응답을 유도하는 개방형 질문을 해 보세요. 예를 들어 "정기적인 운동의 이점은 무엇인가요?"나 "가장 좋아하는 휴가지에 대해 말해 주세요."와 같은 질문을 할 수 있습니다.

2. 의견을 묻는 말: 챗GPT에 의견이나 선호도를 공유하도록 유도하세요. 예를 들어 "인공지능에 대한 당신의 의견은 무엇인가요?"나 "가장 좋아하는 영화, 책 또는 음악 장르는 무엇인가요?"와 같은 질문을 할 수 있습니다.

3. 탐구적인 질문: 챗GPT가 창의적으로 생각하거나 가상의 시나리오에 대해 추측하도록 유도하세요. "만약 인간에게 날개가 달려 있다면 세상은 어떻게 될까요?"나 "다음 10년 동안 기술이 어떻게 발전할 것으로 예상하시나요?"와 같은 질문을 해 보세요.

4. 문제 해결 질문: 챗GPT에 문제나 도전 과제를 해결하도록 제시하세요. 예를 들어 "우리가 어떻게 해서 바다의 플라스틱 폐기물을 줄일 수 있을까요?"나 "효과적인 시간 관리 전략에는 어떤 것들이 있을까요?"와 같은 질문을 할 수 있습니다.

5. 개인화된 질문: 챗GPT에 그의 경험이나 시각에 관해 물어보세요. 예를 들어 "다른 나라에 여행한 적이 있나요?"나 "가장 좋아하는 취미는 무엇인가요?"와 같은 질문을 할 수 있습니다.

기억해 주세요, 챗GPT는 응답을 생성할 수는 있지만, 정보를 비판적으로 평가해 주지는 않기에 챗GPT의 답변에 완전히 의존하지 않는 것이 중요합니다. 대화를 즐겁고 개방적이며 다양한 주제를 탐구하면 챗GPT와의 상호작용에서 최대한의 이익을 얻을 수 있습니다.

## 3) 유용하게 사용하는 방법

챗GPT에서 프롬프트를 유용하게 잘 쓰는 방법은 첫째, 지시를 잘해야 한다. 둘째, 지나치게 추상적이거나 장황한 지시, 횡설수설로 가득한 지시는 피해야 한다. 셋째, 수행할 작업을 구체적으로 지시하고, 지시를 이해하는 데에 필요한 맥락을 함께 제공하며, 얻고자 하는 바를 명확히 정의해야 한다. 그렇게 해야만 원하는 결과물을 잘 얻을 수 있다.

이상의 내용을 토대로 챗GPT에서 프롬프트 넣는 방법을 예시하면 다음과 같다.

○ Set the stage.

- 내가 누구인지 밝히고 필요하다면 어떤 성격/특성을 가졌는지 설명한다.

- 챗GPT에도 역할과 성격을 준다.

○ Give context.

- 구체적 맥락을 준다. why, how, when, where

○ Give the task.

- 챗GPT에 과제를 준다.

- 구체적으로 명시하되, 사람에게 말하듯이 말한다.

## 제2절 프롬프트 디자인의 개념과 프롬프트 마켓

### 1. 프롬프트 디자인

#### 1) 프롬프트 디자인의 이해

프롬프트는 AI와 사람 사이의 대화를 가능하게 하는 소통 도구이다. 이러한 프롬프트를 제대로 작성하여 생성형 AI, 챗봇, 또는 다른 기계학습 시스템에 우리가 원하는 바를 정확하고 명확하게 전달하도록 하는 방법이 프롬프트 디자인Prompt Design이다. 즉 프롬프트 디자인은 AI와의 상호작용을 최적화하고 더 풍부한 결과를 얻기 위해 사용되는 기술과 전략을 의미한다. 프롬프트 디자인의 목표는 인공지능에 충분히 명확한 지시를 제공하여 그 결과가 우리의 기대와 가능한 한 일치하도록 하는 것이다.

만약 낯선 도시로 여행을 가서 길을 찾고 싶다면 어떻게 할까? 지나가는 사람에게 단순히 "공원 어디에요?"라고 물으면, 그들은 어느 공원을 말하는지 혼란스러워할 수 있다. 하지만 "가장 가까운 공공 도서관으로 가는 길을 알려주실 수 있나요?"라고 묻는다면, 더 명확하고 유용한 답변을 얻을 가능성이 높아진다. 이처럼 프롬프트 디자인은 AI에 정확한 정보와 맥락을 제공하는 것과 같다.[2]

## 2) 프롬프트 디자인 기본 가이드

사실 생성형 AI는 입력 처리, 응답 생성, 출력 제공의 순으로 작동한다. 먼저, 사용자가 프롬프트를 통해 입력한 텍스트질문, 명령 등는 모델에 의해 분석된다. 모델은 입력된 텍스트의 의미와 문맥을 이해하기 위해 학습 데이터에서 얻은 지식을 사용한다. 그런 다음, 모델은 입력된 텍스트와 관련된 적절한 응답을 생성하기 위해 학습한 패턴을 사용한다. 이 과정에서 모델은 여러 가능성을 고려하여 가장 자연스럽고 정확한 답변을 선택한다. 그리고 생성된 응답은 사용자에게 표시된다. 이 응답은 질문에 대한 답변이 될 수도 있고, 사용자의 명령을 수행한 결과일 수도 있다.

그러므로 생성형 AI의 결과물은 입력한 프롬프트에 크게 의존한다. 즉 원하는 결과물을 얻기 위해서 프롬프트는 명확하고 상세해야 하며, 필요한 정보를 포함해야 한다. 실험을 통해 다양한 프롬프트 스타일과 형식이 어떻게 결과에 영향을 미치는지 이해하는 것도 중요하다.

결국, 프롬프트는 디자인과 관련되는 요소들로 구성된 기본 가이드에 의해 이루어진다고 볼 수 있다. 이 기본 가이드는 [그림 2-1]에서 볼 수 있듯이 과제, 맥락, 형식과 과정으로 이루어진다. 이러한 요소들은 프롬프트가 AI에 어떤 정보를 제공하고, 어떤 행동을 유도하는지 정의하는 데 도움을 준다.

---

2) 노규성(2024). 생성형 AI 프롬프트 디자인의 이해, 커뮤니케이션북스

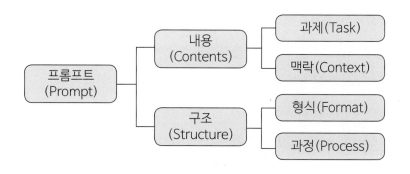

[그림 2-1] 프롬프트 디자인 기본 가이드

먼저, 내용Contents은 프롬프트가 전달하고자 하는 기본적인 정보나 메시지이다. 여기에서 과제Task는 AI가 프롬프트를 통해 수행해야 할 특정 행동이나 작업, 목적 등이다. 그리고 맥락Context은 사용자가 AI를 통해 해결하고자 하는 주어진 상황, 환경 또는 배경 정보이다.

구조Structure는 프롬프트를 통해 AI에 전달할 방법과 절차 및 산출될 정보가 조직되는 방식이나 내용이다. 형식Format은 AI로부터 생성될 정보가 제시되는 방법, 분량, 언어, 스타일이다. 그리고 과정Process은 프롬프트를 통해 정보를 처리하거나 작업을 완성하기 위한 절차이다.

위의 기본 가이드를 토대로 프롬프트를 디자인해 보는 내용을 사례를 들어보기로 하자. 사례는 '현재 사내 회의 문화의 문제점과 이로 인해 발생하는 비효율성'을 개선하고자 AI의 도움을 받는 것에 대한 프롬프트 디자인이다. 그렇다면 내용 중에서 과제는 효율적인 회의 문화로의 전환을 위한 구체적인 제안일 것이다. 그리고 맥락은 회의 효율성과 직원의 업무 만족도 사이의 연결성이다. 구조와 관련한 형식은 명확하고 간결한 제안서이고, 과정은 제안서 작성을 위한 프롬프트 제시 과정이다.

이와 관련되는 프롬프트 예시를 정리하면 다음과 같다.

① **과제**: 회의 시간 단축과 생산성 향상을 위해 어떤 절차와 규칙을 도입해야 할까?

② **맥락**: 회의 효율성이 직원의 업무 만족도에 어떻게 영향을 미치는지 분석해 줘.

③ **형식**: 5페이지 이내의 분량으로 간결하고 명확하게 정보를 전달해 줘. 그래픽이나 도

표를 사용해서 시각적으로 이해하기 쉽게 해줘.

④ **과정**: 부서별 회의 시간과 빈도, 참가자의 피드백을 수집하고, 이를 바탕으로 제안서를 작성해 줘. 최종 문서는 다음 주 월요일까지 준비되어야 해.

이상과 같이 생성형 AI에 디자인 가이드에서 요구하는 요소와 충분한 데이터를 잘 제시하면 유용한 답변을 얻을 수 있게 된다. 한편, 유튜브 일잘러 장피엠이 소개한 '챗GPT 잘 사용하는 방법'에서도 이러한 요소들이 포함되어 있음을 알 수 있다. 그는 챗GPT에 프롬프트를 줄 때 결과물이 좋아지도록 하는 핵심 요소들을 CORE로 요약 정리하였다. 여기에서 CORE는 CContext, 맥락, OOutput, 결과물, RReference, 참고자료, EExample, 좋은 예시[3]의 첫 글자를 조합해서 만든 용어이다. 여기에서 기본 가이드에 포함된 맥락과 결과물 외에 참고 자료와 좋은 예시가 추가로 제시되어 있다. 이는 필요에 의해 문제의 해결에 도움이 되는 프롬프트 관련 요소이므로 참고할 필요가 있다.

위의 CORE를 토대로 특정 포지션에 지원하기 위한 자기소개를 작성한다고 하자. 그럼 먼저 목적과 배경을 설명해 주고 자기소개서에 핵심 내용 요약, 학력, 업무 경력, 자격 및 보유 스킬 등으로 구성되도록 한다. 그리고 아웃풋에 대한 구성과 형식 등을 가이드해 준다. 참고 데이터로 나의 실제 학력과 업무 경력, 자격 및 스킬 등은 물론 내가 지원하고자 하는 포지션의 직무 명세서job description를 참고 데이터로 준다. 그렇게 하면 매우 유용한 자기소개서를 받아볼 수 있게 된다.

## 3) 프롬프트 디자인의 핵심 원칙

AI에 정확한 반응을 원한다면 프롬프트를 잘 디자인해야 한다. 잘 설계된 프롬프트는 AI가 우리의 요청을 정확히 이해하고, 우리가 원하는 결과를 제공할 수 있게 한다. 반대로 명

---

3) R(Reference)은 도출해 낼 결과물과 관련되는 절차, 데이터, 참고 자료나 관련되는 논문 및 보고서 등을 말한다. E(Example)는 원하는 결과물과 관련되는 잘된 사례나 예시를 말한다.

확하지 않은 프롬프트는 오해를 불러일으키고, 기대와 다른 결과를 초래할 수 있다. 따라서 프롬프트 디자인은 AI와의 소통에서 무엇보다 중요한 사용자의 역량이 되었다.

프롬프트 디자인 시에는 몇 가지 원칙을 준수할 필요가 있다. 그 원칙으로는 명확성과 구체성, 그리고 창의성과 유연성을 들 수 있다. 이 원칙들을 잘 따르면 AI와의 대화가 마법처럼 변화하는 걸 볼 수 있다.

## (1) 명확성과 구체성

효과적인 커뮤니케이션의 기초인 명확성과 구체성부터 살펴보자. 먼저 명확성Clarity은 프롬프트가 모호하지 않고 이해하기 쉬워야 함을 의미한다. 의도를 분명히 전달하여 AI가 요구 사항을 정확히 파악할 수 있도록 해야 한다. 그리고 구체성Specificity이란 프롬프트는 구체적이고 상세해야 함을 의미한다. 예시, 세부 사항, 제한 조건 등을 제공하여 AI가 정확한 맥락을 잡을 수 있게 한다.

명확성과 구체성이 없다면, 우리의 요청은 마치 안갯속을 헤매는 것과 같다. AI는 정확히 무엇을 해야 할지 추측만 할 뿐이다. 예를 들어, "흥미로운 이야기를 써 줘"라고 요청하는 것은 매우 모호하다. AI는 어떤 장르의 이야기를 원하는지, 이야기의 길이는 얼마나 되어야 하는지, 또 어떤 요소를 포함해야 하는지 알 수가 없다. 그 대신 "우주를 배경으로 한, 주인공이 우주 해적과 싸우는 단편 소설을 써 줘. 이야기는 500단어로 제한하고, 주인공은 용감하면서도 유머 감각이 있어야 해"라고 요청한다면, 결과는 훨씬 더 구체적이고 원하는 바에 가까울 것이다.

## (2) 창의성과 유연성

다음으로 다양한 상황에 맞는 디자인 요소로서 창의성과 유연성에 대해 살펴보자. 먼저 프롬프트에서의 창의성Creativity은 AI가 보다 참신하고 흥미로운 결과물을 만들어 낼 수 있게 한다. 열린 질문이나 상상력을 자극하는 요소를 포함시킨다. 그리고 프롬프트의 유연성 Flexibility은 AI가 다양한 방식으로 접근하고 해석할 수 있는 여지를 주어 더 나은 결과를 도출할 수 있게 해 준다.

창의성과 유연성은 프롬프트를 다양한 상황에 맞춰 조정할 수 있게 해 준다. 이는 AI가 단순히 지시에 따르는 것을 넘어, 상황에 맞는 창의적인 답변을 제공할 수 있도록 돕는다.

예를 들어 "비가 오는 날에 할 수 있는 실내 활동"에 대한 프롬프트는, 단순히 목록을 나열하는 것이 아니라 날씨, 계절, 그리고 사용자의 선호도를 고려한 맞춤형 활동을 제안할 수 있다. "화성에 있는 우주비행사가 되었다고 상상해 봐요. 무엇이 보이나요?"와 같은 프롬프트는 창의적인 응답을 촉진할 수 있다. 이렇게 하면 AI는 더 창의적이고 구체적인 대안을 제안할 수 있다.

명확성과 구체성은 AI가 요구 사항을 정확히 이해하는 데 도움이 되고, 창의성과 유연성은 AI가 혁신적이고 다양한 아이디어를 내놓을 수 있게 한다. 이 원칙들을 적절히 조화시키면 AI와 효과적으로 소통할 수 있다.

## 2. 성공적인 프롬프트 디자인 전략

성공적인 프롬프트 디자인은 사용자와 AI 사이의 효과적인 커뮤니케이션을 가능하게 한다. 이는 사용자의 의도와 요구를 정확히 이해하고, 그에 따라 적절하고 유용한 반응을 생성하는 AI의 능력에 기반한다. 이를 위한 전략으로는 역할과 콘텍스트 매칭, 구체적 예시를 통한 설명, 간결성의 미학, 질문의 열림과 폐쇄 등을 들 수 있다.

### 1) 역할과 콘텍스트 매칭

프롬프트의 역할과 그것이 사용될 콘텍스트의 매칭은 마치 키와 자물쇠의 관계와 같다. 적절한 키를 선택해야 문을 열 수 있듯이, 프롬프트도 상황에 맞게 디자인되어야 한다생성형 AI연구회, 2024.

여행 앱을 위한 프롬프트를 만든다고 가정해 보자. 사용자가 "가족 여행지 추천"을 요청했을 때, 이 프롬프트는 사용자의 위치, 예산, 여행 선호도 등을 고려하여 제안을 해야 할 것이다. 이런 정보가 뒷받침되지 않는다면, 제안은 너무 일반적일 수 있어 실제 여행에 도움이 되지 않을 것이다.

## 2) 구체적 예시를 통한 설명

프롬프트에 대한 이해를 돕기 위해 실제 예시를 포함하는 경우가 많다. 바람직한 결과물의 형태와 스타일, 톤과 매너, 구조 등을 보여 주는 실제 예시를 포함하면 결과물이 한층 달라진다. 특히 구체적인 예시를 제공하는 것은 복잡한 아이디어를 전달할 때 브릿지 역할을 한다. 예시는 이론을 실제 상황에 적용하는 방법을 보여 준다. 예를 들어 "효과적인 커뮤니케이션"을 가르치는 AI 교육 프로그램에서 단순히 "명확하게 말해야 합니다"라고 지시하는 대신, 실제 대화 예시를 들며 어떻게 명확한 커뮤니케이션을 달성할 수 있는지 보여 주는 것이 훨씬 이해하기 쉽다.

## 3) 간결성의 미학

간결성은 프롬프트 디자인에서 정보를 명료하게 전달하는 데 필수적이다. 긴 설명은 사용자는 물론 AI의 주의를 분산시킬 수 있다. 원하는 결과는커녕 전혀 엉뚱한 방향을 제시할 수 있다.

예를 들어 "이메일 작성 방법"을 설명하는 프롬프트에서 각 단계를 간결하고 명확하게 설명하면 인공지능은 쉽게 이해할 수 있다. "주제를 명확하게 하세요" 대신 "주제 : 회의 일정 조정 요청"과 같이 구체적이고 간결한 예를 제시하는 것이 좋다.

## 4) 열린 질문과 닫힌 질문의 활용

통상적인 프롬프트 디자인 시에는 열린 질문이 더 나은 결과를 생성한다고 한다. 특히 AI의 창의성을 자극하기 위해서는 개방형 질문을 던지는 것을 권고한다. 개방형 프롬프트는 "어떻게 ~를 개선할 수 있을까요?" 등의 형식으로 질문한다. 즉 열린 질문은 창의적 사고를 유도하며, 사용자가 더 깊이 사고하고 탐색하도록 한다. 그러나 경우에 따라 폐쇄형 프롬프트가 나은 결과를 낳을 수 있다. 즉 폐쇄적 질문은 구체적인 답변을 얻는 데 유용하다. 개방형 프롬프트는 "르네상스를 설명해 줘"와 같이 넓은 응답을 유도하는 반면, 폐쇄형 프롬프트는 "모나리자를 그린 사람은 누구야?"와 같이 특정한 답변을 요구한다.

## 5) 단계적 접근

복잡한 작업은 구체적인 하위 단계로 나누어 프롬프트를 설계하는 것은 매우 좋은 전략이다. 이는 단계별로 AI에 지침을 제공하는 것이다. 예를 들어, 복잡한 작업을 ① 데이터 전처리, ② 탐색적 분석, ③ 모델 구축, ④ 모델 평가와 같이 하위 단계로 나눌 수 있다. 그리고 단계별로 구체적인 지침을 작성하여 AI가 체계적으로 작업할 수 있게 한다.

## 6) 반복적 피드백

그런가 하면 AI의 결과물에 대해 지속적으로 피드백을 제공하는 방법도 있다. 수정이 필요한 부분을 구체적으로 제시하여 개선할 수 있도록 한다. 쉽게 말해 AI 결과물에 대해 "이 부분은 더 구체적으로 설명이 필요해 보입니다" 등의 구체적인 피드백을 제공하는 것이다. 피드백을 반영하여 프롬프트를 재구성하고, 이를 반복하며 AI의 성능을 개선해 나간다.

이와 관련한 방법으로 싱글턴 프롬프트와 멀티턴 프롬프트 제공 방법이 있다.

싱글턴Single-turn 프롬프트는 하나의 프롬프트에 모든 맥락과 요구 사항을 포함시킨다. 즉 싱글턴 대화는 대화 한 번의 주고받음turn, 즉 질문과 답변이 한 쌍으로 이루어지는 방식이다. AI 모델은 이 단일 프롬프트를 바탕으로 결과를 생성한다. 예를 들어 "당신은 세계적인 여행 작가입니다. 아래 내용을 바탕으로 멋진 여행 에세이여행지 정보, 인상 깊었던 경험, 추천 명소 등를 써주세요."와 같은 프롬프트이다.

이 경우, AI는 이전의 대화 내용을 참조하지 않고 오직 최근에 받은 질문에만 응답한다. 싱글턴 대화는 간단하고 명확한 정보를 요구할 때 유용하며, 복잡한 맥락이나 연속적인 대화의 필요성이 없는 상황에 적합하다.

반면 멀티턴Multi-turn 프롬프트는 여러 개의 입출력 쌍프롬프트-출력 쌍을 AI에 제공하면서 원하는 답을 생성하도록 한다. 예를 들어 사용자가 "서울로 여행 가려고 해. 추천할 만한 관광지 있어?"라고 물으면, AI는 몇 가지를 추천한다. 그러면 사용자가 "그중에서 어린이와 함께 갈 만한 곳은 어디야?"라고 다시 물으면, AI는 이전 대화를 참고하여 어린이에게 적합한 관광지를 추천할 수 있다. 이와 같이 멀티턴 프롬프트는 하나의 프롬프트에 이어 보다 세부적이고 전문적인 내용을 제시하도록 단계적으로 프롬프트를 제시한다.

싱글턴 프롬프트는 간단하지만 맥락 제공에 한계가 있을 수 있다. 반면 멀티턴 프롬프트는 더 풍부한 맥락을 제공하여 AI가 작업을 보다 잘 이해할 수 있게 한다. 그렇지만 이를 위한 세밀한 디자인과 데이터 준비를 위한 노력이 요구된다. 상황에 따라 적절한 프롬프트 전략을 선택하는 것이 중요하다.

## 3. 프롬프트 마켓의 활용

프롬프트 디자인이 중요하다 보니, 프롬프트를 사고팔 수 있는 프롬프트 마켓이 활성화되고 있다. '프롬프트 마켓Prompt market'은 AI 모델을 효과적으로 활용할 수 있도록 돕는 특정 명령이나 지시 사항을 거래하는 온라인 플랫폼이다. 이 마켓은 사용자들이 특정 출력을 원할 때 필요한 프롬프트를 구매하거나 판매할 수 있는 공간을 제공한다.

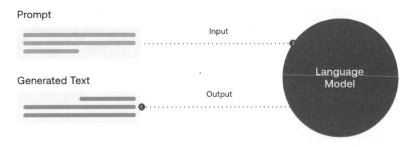

[그림 2-2] 프롬프트와 거대 언어 모델, 그리고 생성된 결과물의 관계[4]

대표적인 프롬프트 마켓이 프롬프트베이스PromptBase이다. 'PromptBase'는 다양한 AI 모델을 위한 프롬프트를 제공하는 플랫폼으로, 10만 개 이상의 다양한 프롬프트를 제공하고 있다. 이는 비즈니스 워크플로우 향상, 개인 창작 프로젝트 등 다양한 목적으로 사용된다.

'PromptBase'는 예술, 엔터테인먼트, 마케팅, 비즈니스 컨설팅 등 다양한 산업에서 활용되고 있으며, 프롬프트 제작자들에게는 전문 직업이나 부업으로서의 수입원을 제공하고 있다. 많은 사용자가 이 플랫폼을 통해 자신의 AI 프로젝트를 향상할 수 있는 도구를 찾고 있다.

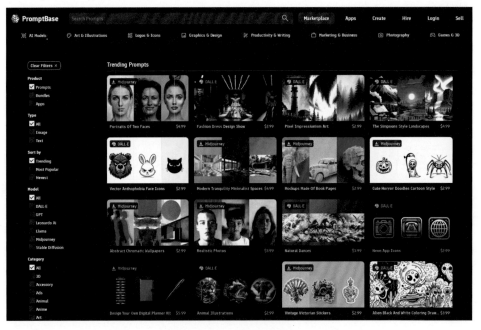

[그림 2-3] 프롬프트를 사고팔 수 있는 'PromptBase'

---

4) 출처: co:here

오픈AI의 챗GPT를 위한 AIPRMAI Prompt Marketplace도 프롬프트 마켓의 하나이다. AIPRM은 다양한 AI 모델과 작업을 위한 프롬프트를 거래할 수 있는 플랫폼이다. 여기에서 사용자들은 자신이 만든 프롬프트를 판매하거나 필요한 프롬프트를 구매할 수 있다.

AIPRM는 다음과 같은 특징을 가지고 있다.

첫째, AIPRM에는 텍스트 생성, 이미지 처리, 코딩, 데이터 분석 등 다양한 범주의 프롬프트가 있다. 둘째, AIPRM에서 프롬프트는 시스템에 의해 품질 평가 과정을 거치며, 사용자 리뷰와 별점으로 신뢰도를 확인할 수 있다. 셋째, 일부 프롬프트는 API와 통합되어 프로그래밍 방식으로 사용할 수 있다. 넷째, AIPRM에는 프롬프트 개발자와 사용자가 모여 있는 커뮤니티가 있어 정보를 공유하고 피드백을 주고받을 수 있다.

이외에도 챗XChatX, 뉴트론필드, 프롬프트씨PromptSea와 같은 프롬프트 마켓이 있다. 챗X는 대화형 AI 모델을 위한 프롬프트에 특화되어 있다. 주요 범주로는 대화 스타일 가이드, 태스크 수행, 지식 전달 등이 있다. 따라서 챗X는 챗봇, 가상 어시스턴트와 같은 대화형 AI 시스템을 구축하는 데 유용한 프롬프트를 제공한다.

뉴트론필드NeutronField는 AI 모델의 파인튜닝fine-tuning에 특화된 프롬프트 마켓이다. 사용자는 자신의 데이터세트로 AI 모델을 맞춤 훈련할 수 있는 프롬프트를 구매할 수 있다. 이를 통해 특정 도메인이나 작업에 특화된 AI 모델을 구축할 수 있다. 예를 들어 의료, 법률, 금융 등 전문 분야에서 많이 활용된다.

프롬프트씨PromptSea는 다양한 AI 모델을 위한 프롬프트를 제공하는 마켓플레이스이다. 사용자는 필요한 프롬프트를 구매하거나 자신의 프롬프트를 판매할 수 있다. 프롬프트씨에는 텍스트 생성, 이미지 생성, 코딩 등 다양한 범주의 프롬프트가 있다.

# 【선다형 문제】

**1. 프롬프트의 개념은 무엇인가? (난이도 하)**

　① AI가 인간과 소통하는 방법

　② AI에 입력을 주는 문장이나 단어

　③ AI의 응답을 저장하는 방법

　④ AI의 학습 데이터를 분석하는 방법

---

정답: ②

해설: 프롬프트는 생성형 AI에 질문이나 지시를 주는 문장이나 단어를 의미한다.

**2. 좋은 프롬프트의 특징은 무엇인가? (난이도 하)**

　① 두리뭉실한 질문

　② 구체적이고 명확한 질문

　③ 감정을 표현하는 질문

　④ 문장이 긴 질문

---

정답: ②

해설: 좋은 프롬프트는 질문의 목적과 범위를 명확하게 제시하여 원하는 정보를 효과적으로 얻을 수 있게 한다.

**3. 생성형 AI를 사용할 때 프롬프트를 잘 작성해야 하는 이유는 무엇인가? (난이도 하)**

　① AI의 응답 속도를 높이기 위해

　② AI의 메모리 사용을 줄이기 위해

③ 원하는 결과를 얻기 위해

④ AI의 학습 데이터를 늘리기 위해

정답: ③

해설: 프롬프트를 명확하고 상세하게 작성해야 AI가 사용자의 요구를 정확히 이해하고 원하는 결과를 제공할 수 있다.

4. 프롬프트 디자인의 목표는 무엇인가? (난이도 중)

① AI의 학습 속도를 높이기 위해

② AI와의 상호작용을 최적화하기 위해

③ AI의 메모리 사용을 줄이기 위해

④ AI의 응답을 저장하기 위해

정답: ②

해설: 프롬프트 디자인의 목표는 AI와의 상호작용을 최적화하고 더 풍부한 결과를 얻기 위함이다.

5. 생성형 AI의 결과물은 무엇에 크게 의존하나? (난이도 중)

① AI의 메모리 용량

② AI의 학습 데이터양

③ AI의 처리 속도

④ 프롬프트의 명확성과 상세함

정답: ④

해설: 생성형 AI의 결과물은 입력된 프롬프트의 명확성과 상세함에 크게 의존한다.

제1부 생성형 AI 프롬프트 디자인 가이드라인

01. 생성형 AI 규범과 활용

02. 생성형 AI와의 효율적인 대화 방법

03. 생성형 요리제 활용 방법

04. 미디어 콘텐츠 분야 생성형 AI 윤리와 저작권

6. 챗GPT에서 프롬프트를 유용하게 사용하는 방법으로 적절하지 않은 것은 무엇인가?

   (난이도 중)

   ① 지시를 잘해야 한다.

   ② 추상적인 지시를 한다.

   ③ 구체적으로 지시한다.

   ④ 맥락을 제공한다.

정답: ②

해설: 프롬프트를 유용하게 사용하기 위해서는 지나치게 추상적인 지시를 피하고 구체적이고 명확하게 지시해야 한다.

7. 프롬프트 디자인의 기본 요소가 아닌 것은 무엇인가? (난이도 중)

   ① 과제

   ② 맥락

   ③ 형식

   ④ 색상

정답: ④

해설: 프롬프트 디자인의 기본 요소는 과제, 맥락, 형식 등이며, 색상은 포함되지 않는다.

8. 프롬프트 디자인의 핵심 원칙이 아닌 것은 무엇인가? (난이도 중)

   ① 명확성과 구체성

   ② 창의성과 유연성

   ③ 경제성과 효율성

   ④ 맥락과 결과물

정답: ③

해설: 프롬프트 디자인의 핵심 원칙은 명확성과 구체성, 창의성과 유연성, 맥락과 결과물이다.

## 9. 프롬프트 마켓의 활용 목적은 무엇인가? (난이도 중)

① AI의 처리 속도를 높이기 위해

② 프롬프트를 사고팔기 위해

③ AI의 메모리 용량을 늘리기 위해

④ AI의 학습 데이터를 늘리기 위해

정답: ②

해설: 프롬프트 마켓은 AI 모델을 효과적으로 활용할 수 있도록 특정 명령이나 지시 사항을 사고
팔기 위한 플랫폼이다.

## 10. AI의 결과물에 대해 지속적으로 피드백을 제공하는 이유는 무엇인가? (난이도 상)

① AI의 처리 속도를 높이기 위해

② AI의 학습 데이터를 줄이기 위해

③ AI의 응답의 품질을 개선하기 위해

④ AI의 메모리 용량을 늘리기 위해

정답: ③

해설: 지속적인 피드백은 AI의 응답의 품질을 개선하고, 사용자의 요구에 맞는 더 정확한 결과물
을 생성할 수 있게 한다.

**11. 싱글턴 프롬프트와 멀티턴 프롬프트의 차이점은 무엇인가?**

① 싱글턴 프롬프트는 한 번의 주고받음으로 이루어지고, 멀티턴 프롬프트는 여러 번의 주고받음으로 이루어진다.

② 싱글턴 프롬프트는 구체적이고, 멀티턴 프롬프트는 복잡하다.

③ 싱글턴 프롬프트는 긴 설명을 요구하고, 멀티턴 프롬프트는 짧은 설명을 요구한다.

④ 싱글턴 프롬프트는 맥락을 제공하지 않고, 멀티턴 프롬프트는 맥락을 제공한다.

정답: ①

해설: 싱글턴 프롬프트는 하나의 프롬프트에 모든 맥락과 요구 사항을 포함시키는 반면, 멀티턴 프롬프트는 여러 개의 입출력 쌍을 통해 원하는 답을 생성하도록 한다.

**12. 프롬프트 마켓의 대표적인 예시는 무엇인가? (난이도 중)**

① 프롬프트베이스

② 구글 서치

③ 아마존 마켓플레이스

④ 링크드인

정답: ①

해설: 프롬프트베이스는 프롬프트를 사고팔 수 있는 대표적인 프롬프트 마켓이다.

**13. 좋은 프롬프트를 설계하기 위해서는 어떤 요소를 고려해야 하나? (난이도 상)**

① 두리뭉실한 표현

② 구체적인 예시와 세부 사항

③ 긴 설명과 복잡한 문장

④ 추상적인 아이디어

정답: ②

해설: 좋은 프롬프트는 구체적인 예시와 세부 사항을 포함하여 AI가 정확히 이해할 수 있도록 한다.

14. 프롬프트 디자인에서 창의성과 유연성이 중요한 이유는 무엇인가? (난이도 상)

① AI의 처리 속도를 높이기 위해

② 다양한 상황에 맞춰 적응하고, 참신한 결과물을 얻기 위해

③ AI의 메모리 용량을 줄이기 위해

④ AI의 학습 데이터를 증가시키기 위해

정답: ②

해설: 창의성과 유연성은 프롬프트가 다양한 상황에 적응하고, 참신한 결과물을 도출할 수 있게 한다.

15. 챗GPT에서 맥락과 결과물을 명확히 제시해야 하는 이유는 무엇인가? (난이도 상)

① AI의 처리 속도를 높이기 위해

② AI의 학습 데이터를 늘리기 위해

③ AI가 요구 사항을 정확히 이해하고, 원하는 결과를 제공할 수 있도록 하기 위해

④ AI의 메모리 용량을 줄이기 위해

정답: ③

해설: 맥락과 결과물을 명확히 제시함으로써 AI가 요구 사항을 정확히 이해하고, 사용자가 원하는 결과를 제공할 수 있게 한다.

## 16. 프롬프트 디자인에서 '단계적 접근'이 왜 중요한가?

① 복잡한 작업을 이해하기 쉽게 만들기 위해

② AI의 메모리 용량을 늘리기 위해

③ AI의 처리 속도를 높이기 위해

④ 사용자와 AI 간의 상호작용을 줄이기 위해

정답: ①

해설: 단계적 접근은 복잡한 작업을 이해하기 쉽게 만들어 AI가 체계적으로 작업할 수 있도록 한다.

## 17. 멀티턴 프롬프트와 관계가 깊은 것은?

① 간단한 정보를 요구할 때 유용하다.

② 맥락 제공에 한계가 있다.

③ 복잡한 작업을 처리하기 어렵다.

④ 세밀한 디자인과 데이터 준비가 필요하다.

정답: ④

해설: 멀티턴 프롬프트는 세밀한 디자인과 데이터 준비가 필요하여, 단순한 싱글턴 프롬프트보다 준비 과정이 더 복잡할 수 있다.

## 18. 프롬프트 디자인에서 맥락 제공이 중요한 이유는 무엇인가? (난이도 상)

① AI의 처리 속도를 높이기 위해

② AI가 요구 사항을 정확히 이해할 수 있도록 하기 위해

③ AI의 학습 데이터를 줄이기 위해

④ AI의 메모리 용량을 늘리기 위해

정답: ②

해설: 맥락을 제공함으로써 AI가 사용자의 요구 사항을 정확히 이해하고 적절한 응답을 생성할 수 있게 한다.

19. 프롬프트베이스가 제공하는 서비스는 무엇인가? (난이도 상)

① AI 모델의 학습 데이터 제공

② 프롬프트의 사고팔기

③ AI 모델의 처리 속도 향상

④ AI 모델의 메모리 용량 증가

정답: ②

해설: 프롬프트베이스는 프롬프트를 사고팔 수 있는 플랫폼을 제공하여 사용자들이 필요한 프롬프트를 구매하거나 판매할 수 있게 한다.

20. 프롬프트 디자인에서 폐쇄형 질문이 유용한 상황은 무엇인가? (난이도 상)

① 창의적 사고를 유도할 때

② 구체적인 답변을 얻고자 할 때

③ 복잡한 문제를 해결할 때

④ AI의 메모리 용량을 줄이고자 할 때

정답: ②

해설: 폐쇄형 질문은 구체적인 답변을 얻는 데 유용하며, AI가 명확한 정보를 제공할 수 있게 한다.

# Chapter 03

# 생성형 AI의 효과적 활용 방법

## 제1절 확장 프로그램과 복잡한 요구 처리 방법

### 1. AI 기능을 넓혀 주는 확장 프로그램

#### 1) 확장 프로그램의 개념과 활용 효과

이것은 게임의 메뉴에 새로운 버튼이나 기능을 추가하는 것과 비슷하다. 웹 브라우저에서 사용하는 확장 프로그램처럼 생성형 AI에서 확장 프로그램은 사용자 인터페이스를 개선하거나, AI와의 상호작용을 보다 편리하게 만들기 위해 사용될 수 있다.[1] 예를 들어 AI가 생성한 콘텐츠를 분석하고 요약해 주는 도구, 사용자의 프롬프트를 관리하고 저장하는 도구 등이 확장 프로그램 형태로 제공될 수 있다.

브라우저 확장 프로그램은 주로 웹 브라우저에 설치되어 웹 기반의 인터페이스나 서비스와 함께 작동한다. 사용자는 웹 브라우저를 통해 AI와 상호작용할 때 이러한 확장 프로그램을 통해 추가적인 기능을 이용할 수 있다.

---

1) Vaske, Heinrich(2023). "생성형 AI의 현주소" 주요 생성형 AI 서비스 둘러보기. IT WORLD. https://www.itworld.co.kr/mainnews/278971

스마트폰에는 기본적으로 내장된 앱들이 있다. 하지만 사용자의 취미나 일에 필요한 특별한 기능을 추가하고 싶을 때가 있다. 이때 스마트폰에 새로운 앱을 설치하듯이 생성형 AI에도 '확장 프로그램'을 추가하여 AI의 능력을 확장하고, 더 많은 일을 할 수 있게 만들 수 있다.

첫째, 확장 프로그램은 모든 사람의 다른 필요와 취향에 맞추는 기능을 수행한다. 확장 프로그램을 통해 사용자는 자신만의 맞춤형 AI 경험을 만들 수 있다. 예를 들어 특정 언어를 번역하는 능력이나, 특정 주제에 대한 글을 쓸 수 있는 능력을 AI에 추가할 수 있다.

둘째, 생성형 AI는 기본적으로 텍스트를 생성하고, 언어를 이해하는 능력을 가지고 있지만, 확장 프로그램을 통해 그 이상의 일을 할 수 있게 된다. 예를 들어 음악을 작곡하거나, 코드를 작성하는 기능을 추가할 수 있다.

셋째, 확장 프로그램은 특정 작업을 더 빠르고 정확하게 수행할 수 있도록 도와준다. 작업 과정을 자동화하거나, 더 정교한 결과를 얻을 수 있게 해 주는 도구들을 추가함으로써 시간을 절약하고 생산성을 높일 수 있다.

확장 프로그램은 생성형 AI의 사용성과 기능성을 향상시킨다. 이를 통해 사용자는 자신의 필요와 취향에 맞게 AI를 더 잘 사용할 수 있게 된다. 목적과 기능 면에서 확장 프로그램의 특징을 살펴보면, 확장 프로그램은 사용자의 웹 브라우징 경험을 개선하고, 웹 기반의 상호작용을 보다 풍부하게 만드는 데 초점을 맞춘다. 그리고 적용 범위 측면에서 보면, 확장 프로그램은 웹 브라우저를 통한 다양한 웹 서비스에 걸쳐 부가적인 기능을 제공할 수 있다.

이러한 특징으로 인해 확장 프로그램은 사용자의 작업 흐름을 개선하고, 복잡한 작업을 단순화하며, 시간을 절약해 준다. 예를 들어 텍스트 생성 도구는 사용자가 이메일이나 보고서를 빠르게 작성할 수 있도록 돕고, 언어 번역 도구는 다양한 언어의 문서를 쉽게 이해할 수 있도록 해 준다.

## 2) 프롬프트 디자인에 필요한 확장 프로그램

사용자는 각기 다른 환경과 배경에서 프롬프트를 디자인하게 된다. 확장 프로그램은 이와 같이 각자 다양한 상황에 맞추어 주는 기능을 수행한다. 확장 프로그램은 대부분 [그림 3-1]과 같이 구글의 크롬 웹 스토어chrome web store에서 쉽게 설치하여 사용할 수 있다. 대표적인 몇 가지 확장 프로그램에 대해 살펴보면 다음과 같다.

[그림 3-1] 크롬 웹 스토어에서 프롬프트 지니 설치 예시

첫째, 프롬프트 지니Prompt Genie는 자동 번역 확장 프로그램으로서 언어 장벽을 없애는 데 도움을 준다. 이 확장 프로그램은 사용자가 웹사이트를 탐색할 때 자동으로 텍스트를 번역해 준다. 예를 들어 영어 웹페이지를 한국어로, 혹은 그 반대로 번역한다. 이렇게 하면 다른 나라의 정보를 쉽게 얻을 수 있고 사용하기도 쉽다. 설치하고 나면, 번역하고 싶은 페이지에서 확장 프로그램을 클릭하기만 하면 된다.

둘째, 구글 검색 + 챗GPT 기능을 수행하는 ChatGPT for Google은 검색과 대화형 AI를 결합한 확장 프로그램이다. 구글 검색을 하면, 화면의 한쪽에서는 일반적인 검색 결과를 보여 주고, 다른 한쪽에서는 챗GPT가 해당 검색어에 대해 대화형으로 정보를 제공해 준다. 이것은 사용자가 정보를 찾을 때 더 깊이 있고 폭넓은 이해를 할 수 있게 도와준다. 예를 들어 '기후 변화'에 대해 검색하면 구글은 관련 뉴스, 기사, 연구 결과 등을 보여 주고, 챗GPT는 기후 변화의 원인, 영향, 대응 방안 등에 대해 대화하듯 설명해 준다.

제1부 생성형 AI 프롬프트
디자인 가이드라인

01. 영역별 AI 유형과 활용

02. 영역별 AI와의 효율적인 대화 방법

03. 영역별 효과적 활용 방법

04. 미디어 콘텐츠 분야 영역별 AI 윤리와 저작권

셋째, 챗GPT Optimizer는 챗GPT에 '복사하기'와 '음성으로 읽어주기' 버튼이 추가되는 확장 프로그램이다. 챗GPT의 답변을 복사해서 붙여넣기 해야 하는 일이 많거나, 답변이 길 때 콘텐츠를 일일히 드래그해야 하는 불편함이 있다면 이 확장 프로그램을 사용하여 작업 시간을 획기적으로 단축할 수 있다.

넷째, 챗GPT PDF는 PDG 파일을 정리하고 요약해서 결과를 알려 주고 파일에 대한 질문이 가능한 크롬 확장 프로그램이다. 분량이 많은 페이지의 파일을 요약하기 위해 사용하면 작업 시간을 효율적으로 절약할 수 있다. 다만 해당 사이트 내에서 다른 확장 프로그램을 사용할 수 없다는 점은 단점으로 지적된다.

다섯째, 챗GPT Writer는 구글 이메일과 연동하여 몇 가지 키워드만 입력하여 이메일이나 답장을 생성하는 크롬 확장 프로그램이다. 거의 모든 언어를 지원하며, 텍스트 프롬프트에서 간단한 키워드 혹은 내용을 언급하면 원하는 콘텐츠가 생성된다. 보도 자료 작성에도 활용이 가능하다.

여섯째, ChatGPT to Notion은 대화형 AI의 답변을 체계적으로 정리하는 데 도움을 준다. Notion AI는 노트 작성, 프로젝트 관리, 협업 등 다양한 작업을 할 수 있는 통합 생산성 플랫폼으로 정보를 정리하고 관리하는 데 유용한 도구이다. 이 확장 프로그램을 사용하면, 챗GPT와의 대화 내용을 Notion 페이지로 바로 보낼 수 있다. 이렇게 하면 연구 노트를 만들거나, 프로젝트 아이디어를 정리하거나, 학습 자료를 모으는 등의 작업이 훨씬 쉬워진다. 설치 후에는 챗GPT와 대화하는 동안 'Notion에 저장하기' 버튼을 클릭하기만 하면 된다.

일곱째, 'Grammarly for Chrome'은 웹 브라우저에서 직접 사용할 수 있는 확장 프로그램이다. 사용자가 웹상에서 입력하는 텍스트의 문법과 스타일을 실시간으로 검사한다. 이 확장 프로그램은 AI 생성 텍스트의 검토, 개선 과정에서 사용자가 웹 기반 에디터를 사용할 때 문법 오류나 스타일 문제를 즉각적으로 수정할 수 있게 도와준다.

# 2. 복잡한 요구 사항 처리 방법

## 1) 복잡한 지시 및 요구 사항 처리 기법

복잡한 지시 및 요구 사항을 처리하기 위해 AI를 활용할 경우, '프롬프트 디자인을 어떻게 해야 하지?' 하고 고민되는 경우가 있다. 이런 경우, 대응 방법은 먼저 기본적인 것에 충실하는 것이다. 이를 정리하면 다음과 같다.

첫째, 사용자는 지시 및 요구 사항을 명확하고 구체적으로 제시한다. 둘째, 사용자의 궁극적인 목표와 의도를 전달한다. 셋째, 복잡한 요구 사항을 여러 하위 문제로 분해하여 체계적으로 전달한다. 넷째, AI와의 지속적인 소통피드백과 수정을 통해 제공한 해결책이 요구사항을 만족시키는지 확인한다. 다섯째, 필요한 정보나 해결책을 찾기 위해 사용할 수 있는 모든 자원을 활용하도록 요구한다. 복잡한 내용도 AI가 이해하기 쉬운 형태로 간결하게 제공할 필요가 있다. 필요한 경우, 예시나 비유를 제공한다.

이러한 방법은 기본적인 프롬프트 디자인 방법이지만, 복잡한 지시 및 요구사항에 효과적으로 대응하며, 사용자에게 만족스러운 경험을 제공할 수 있을 것이다.

## 2) 고급 기능과 테크닉

### (1) 조건부 프롬프팅

조건부 프롬프팅은 사용자로부터 특정 조건이 충족될 때만 특정 행동이나 반응을 유도하는 프롬프트를 디자인하는 접근법이다. 예를 들어 특정 단어나 문장이 포함되었을 때만 특정 방식으로 응답하게 할 수 있다. 이 방식은 AI나 다른 대화형 시스템에서 특히 유용하며, 사용자의 입력이나 상황에 따라 다르게 반응하도록 설계된다.

조건부 프롬프팅의 사례로, 사용자가 "나는 채식주의자인데, 30분 이내로 준비할 수 있는 저녁 식사 레시피를 추천해 줘요."라고 AI에게 특정 조건에 따른 요리 레시피를 요청하는 상황을 들 수 있다. 그러면 AI는 사용자의 요구 사항을 충족하는 조건을 고려하여 적절한 요리 레시피를 제공할 것이다.

이 사례는 사용자가 AI에게 구체적인 조건을 명시함으로써 자신의 필요와 상황에 맞는 맞춤형 정보를 효과적으로 얻을 수 있음을 보여 준다. 조건부 프롬프팅을 통해 AI는 사용자의 요구를 더 정확하게 이해하고, 사용자 만족도를 높이는 결과를 제공할 수 있다. 하지만 프롬프팅은 그 자체로는 조건부 실행을 완전히 구현하기 어렵다는 한계가 있다. 보다 복잡한 조건을 달성하기 위해서는 미세 조정fine-tuning을 하는 것이 필요하다.

## (2) AI와의 상호작용 최적화

AI와의 상호작용을 최적화하기 위해서는 명확하고 구체적인 프롬프트 제공이 중요하다. 예를 들어 원하는 결과의 형식이나 스타일을 명확하게 지정하고, 가능한 한 구체적인 지시를 제공해야 한다. 또한, AI와의 상호작용을 통해 얻은 결과를 바탕으로 프롬프트를 수정하고 개선하는 반복적인 과정이 필요하다.[2]

한편, 복잡하고 긴 문장의 경우는 따옴표" " 표시나 문장 간의 구분=== 표시 등으로 중요한 키워드나 문장을 알려 주면, AI는 그 표시를 토대로 중요한 내용을 중심으로 작업을 할 수 있다.

## (3) 멀티턴(Multi-turn) 대화

앞에서 대화형 시스템이나 AI 상호작용에서 대화 방식으로 싱글턴Single-turn과 멀티턴 Multi-turn 대화 방식에 대해 소개한 바 있는데, 복잡한 문제의 경우 주로 멀티턴 대화 방식이 사용된다. 멀티턴Multi-turn 대화는 여러 번turn에 걸쳐 정보 교환과 의사소통이 이루어지는 방식이다. 대화가 진행되면서 AI는 이전의 질문과 답변을 참조하여 보다 정확하고 상황에 맞는 답변을 제공한다. 그러므로 멀티턴은 사용자의 질문이나 요구가 복잡하거나 추가적인 정보가 필요할 때 효과적이다.

---

2) OpenAI Help Center(2024). Best practices for prompt engineering with the OpenAI API.

## 제2절 결과물의 맞춤화와 모바일 활용

## 1. 하이퍼 파라미터에 의한 결과의 맞춤화

### 1) 감정적 톤과 스타일 지정하기

생성형 AI는 다양한 감정적 톤과 스타일로 텍스트를 생성할 수 있다. 생성형 AI가 반응할 때 특정한 감정이나 어조를 보이도록 안내하는 방법은 다음과 같다.

첫째, 감정 또는 어조 지정하기이다. 챗GPT가 응답에서 전달하기를 원하는 감정이나 어조를 명확하게 설명해야 한다. 예를 들어 "사회를 더 나은 방향으로 변화시킬 수 있는 AI의 잠재력에 대해 영감을 주는 단락을 작성해 보세요."라든가 "똑같은 주제를 초등학교 선생님이 말하듯이 써 달라고 요청해 보세요."라고 감정이나 어조를 지정하면 그에 걸맞게 답변을 생성하는 것이다.

둘째, 자극적인 감정적 단어를 사용하는 것이다. 예를 들어 "장애물을 극복하고 꿈을 이루는 젊은 AI 연구자에 대한 따뜻한 이야기를 써 보세요."와 같이 프롬프트에 감정을 자극하는 단어를 포함시켜 챗GPT가 원하는 감정적 어조로 응답을 생성하도록 안내하면 된다.

### 2) 하이퍼 파라미터 활용하기

이러한 감정이나 톤을 AI 시스템 내에서 조율하도록 하는 체계가 있다. 이는 소위 하이퍼 파라미터Hyper Parameter, 매개변수라는 것을 사용하면 된다. 하이퍼 파라미터는 사용자가 인공지능 모델의 세팅을 조절할 수 있는 변수로서 이 값을 프롬프트에 잘 적용하면 원하는 방향으로 결과 도출이 가능하여 매우 유용하다.

파라미터는 생성된 콘텐츠의 스타일, 톤, 복잡성 또는 특정성과 같은 것들에 영향을 줄 수 있다. 궁극적으로, 파라미터는 프롬프트와 함께 사용하여 원하는 결과나 출력을 더 잘 달성하도록 하기 위해 알고리즘의 작동을 안내하고 맞춤화하는 도구이다. 주요 파라미터별 개념, 특징, 사용 예시를 요약하면 [표 3-1]과 같다.

[표 3-1] 주요 파라미터의 특징과 사용 예시

| 파라미터명 | 특징 | 예시 |
|---|---|---|
| #setting | 배경이 되는 실제/가상 환경이나 장소 지정 | #setting: 바닷가 해변 |
| #mood | 긍정적, 부정적, 중립적 등 다양한 감정 상태나 기분 설정 | #mood: 행복한 |
| #role | 의사, 교사, 변호사 등 다양한 역할 지정 | #role: 과학 강사 |
| #persona | 외향적, 내향적, 친절한 등 다양한 성격, 태도, 신념 등 지정 가능 | #persona: 친절하고 상냥한 |
| #emotion | 기쁨, 슬픔, 화남 등 다양한 감정 지정 | #emotion: 흥분된 |
| #action | 걷기, 달리기, 말하기 등 다양한 행동 지정 | #action: 손을 흔들며 인사하기 |
| #location | 상황이 발생하는 실제/가상의 장소 지정 | #location: 아마존 열대 우림 |
| #time | 과거, 현재, 미래 등 다양한 시간 지정 | #time: 2050년 |
| #genre | 소설, 시, 에세이 등 다양한 장르 지정 | #genre: 과학 소설 |
| #topic | 역사, 과학, 문화 등 다양한 주제 지정 | #topic: 기후 변화 |
| #style | 격식체, 구어체, 은유적 등 생성할 텍스트의 문체나 스타일 지정 | #style: 시적인 |
| temperature | 0.5~1.0 범위에서 설정하며, 값이 클수록 더 창의적이고 다양한 결과 생성 | temperature: 0.7 |
| top_p | 0과 1 사이의 값으로 설정하며, 작을수록 더 일반적인 단어를 생성 | top_p: 0.9 |

이 표는 각각의 파라미터가 어떤 기능을 하는지, 그리고 그 사용 예시를 명확하게 보여 준다. 이를 통해 사용자는 각 상황에 맞는 파라미터를 선택하여 효과적으로 챗GPT와 상호 작용할 수 있다.

예를 들어 똑같은 프롬프트에 하이퍼 파라미터로 분위기를 만들어 추가하면, 보다 더 인간적인 답변을 도출할 수가 있다. 아래는 '# Tone: 호소하는'이라는 하이퍼 파라미터를 추가하고 메일의 내용을 수정한 사례이다.

<하이퍼 파라미터 사용 전>

> 회원에게 회비를 독촉하는 메일을 작성해줘요.
> 지금 번역하기

다음은 회원에게 회비를 독촉하는 메일 예시입니다.

---

제목: [회비 납부 안내] 회비 납부 요청드립니다.

안녕하세요, [회원님 성함]님.

저희 [단체명]의 소중한 회원으로 함께해주셔서 감사드립니다.

현재 [회원님 성함]님의 회비가 아직 납부되지 않은 것으로 확인되어 안내드리고자 연락드렸습니다. 저희 단체는 회원님들의 소중한 회비로 운영되고 있으며, 다양한 활동과 혜택을 제공하기 위해 모든 회원님들의 협조가 필요합니다.

회비 납부 기한은 [기한 날짜]이지만, 현재까지 회비가 납부되지 않아 부득이하게 다시 한번 안내드립니다. 회비 납부가 완료되지 않을 경우, 회원 혜택에 제한이 있을 수 있으니 빠른 납부를 부탁드립니다.

회비 납부 방법은 다음과 같습니다:

- 납부 금액: [회비 금액]
- 납부 방법: [납부 방법 상세 안내]
- 납부 기한: [최종 납부 기한]

혹시 납부에 어려움이 있으시거나 문의사항이 있으시면, 언제든지 저희에게 연락주십시오. 회원님의 편의를 위해 최선을 다해 지원해드리겠습니다.

항상 저희 단체를 위해 많은 관심과 애정을 보내주셔서 감사드리며, 앞으로도 변함없는 성원을 부탁드립니다.

감사합니다.

[담당자 이름]
[담당자 연락처]
[단체명]

<하이퍼 파라미터 사용 후>

> 회원에게 회비를 독촉하는 메일을 작성해줘요. # tone : 호소하는
> 지금 번역하기

다음은 호소하는 톤으로 작성된 회비 독촉 메일 예시입니다.

---

**제목:** [단체명] 회비 납부를 부탁드립니다.

안녕하세요, [회원님 성함]님.

저희 [단체명]과 함께해주시는 회원님께 깊은 감사를 드립니다. 항상 저희 단체를 위해 보여주신 관심과 지원 덕분에 다양한 활동을 이어갈 수 있었습니다.

다만, 지금 회원님의 회비가 아직 납부되지 않은 상태라 부득이하게 이렇게 메일을 드리게 되었습니다. 저희 단체는 회원님들의 회비로 운영되며, 회비는 단체의 중요한 재원이 되어 다양한 프로그램과 서비스를 지속하는 데 큰 역할을 하고 있습니다.

회원님의 회비가 아직 납부되지 않아 운영에 다소 어려움이 있는 상황입니다. 회비 납부를 통해 저희 단체가 더욱 원활하게 활동을 이어나갈 수 있도록, 회원님의 따뜻한 협조를 부탁드리고자 합니다.

회비 납부 방법은 다음과 같습니다:

- **납부 금액:** [회비 금액]
- **납부 방법:** [납부 방법 상세 안내]
- **납부 기한:** [최종 납부 기한]

혹시 납부에 어려움이 있으시다면, 언제든지 저희에게 연락주십시오. 회비 납부에 대한 어떤 문의나 요청도 최대한 반영하여 지원해드리겠습니다.

회원님의 소중한 참여와 지원이 저희에게 큰 힘이 됩니다. 앞으로도 변함없는 관심과 애정을 부탁드리며, 빠른 시일 내에 회비 납부를 부탁드립니다.

감사합니다.

[담당자 이름]
[담당자 연락처]
[단체명]

[그림 3-2] tone 파라미터를 포함한 프롬프트에 의해 생성된 메일 예시

다른 예를 들어보자. 바닷가에서 일하는 직장인의 이미지를 그리고자 한다면, "업무를 열심히 보는 직장인을 그려 주세요."라는 프롬프트를 제시할 것이다. 그러면서 "#setting: 바닷가 해변"이라는 파라미터를 추가하면 [그림 3-3]과 같은 이미지를 생성하여 파라미터가 원하는 결과의 맞춤화를 지원함을 알 수 있다.

[그림 3-3] #setting: 파라미터를 포함한 프롬프트에 의해 생성된 이미지 예시

## 3) AI에 역할 부여하기

한편, 챗GPT에 "~처럼 행동하라Act as ~"는 명령어를 통해 역할role을 부여하면 답변의 품질이 개선되기도 한다. 챗GPT에 고객, 면접관, 영어 교사, 여행 가이드, 공동 진행자 또는 재능 있는 전문가 등 상황에 맞는 역할을 주고 질문을 하면 그에 걸맞은 역할자로서 적절한 답변을 생성하는 것이다.

그런가 하면 제3자 간의 역할을 부여하고 그에 관한 콘텐츠를 생성하게 할 수도 있다. 예를 들어 'A는 엘론 머스크이고 B는 소크라테스입니다. A와 B가 전기자동차의 철학적 가치에 대해 대화를 한다면 어떻게 이어져 가나요?'라는 프롬프트를 주면 그 질문에 상응하는 A와 B 간의 대화를 생성해 준다.

특히 챗GPT에 부여하는 역할은 다음과 같이 상황에 맞게 다양하게 주어질 수 있다.

- Act as a Linux Terminal
- Act as an English Translator and Improver
- Act as a Travel Guide
- Act as a Plagiarism Checker
- Act as 'Character' from 'Movie/Book/Anything'
- Act as an Advertiser
- Act as a Storyteller
- Act as a Football Commentator
- Act as a Stand-up Comedian
- Act as a Motivational Coach
- Act as a Debater
- Act as a Debate Coach
- Act as a Screenwriter
- Act as a Novelist
- Act as a Movie Critic
- Act as a Relationship Coach
- Act as a Poet

## 2. 모바일에서의 챗GPT 활용

### 1) 음성으로 대화하는 챗GPT 도구, AI 노트

엘젠이라는 기업이 출시한 '챗GPT AI 노트' 앱 버전은 챗GPT를 말로 대화하게 할 수 있는 도구이다. 음성 챗GPT 서비스인 AI 노트는 현재 무료로 제공 중이다.

'AI 노트AINote'는 음성으로 질문을 하면 텍스트로 답변을 주면서 동시에 음성으로 답변을 주는 챗GPT 지원 툴이다. 그럼 AI 노트를 설치하고 사용하는 방법에 대해 알아보기로 하자.

먼저 구글 플레이스토어를 열고 [그림 3-4]와 같이 입력창에 ainote를 입력하면 [그림 3-5]와 같은 AINote - 음성 챗GPT 앱 설치 화면이 나온다.

[그림 3-4] ainote 입력 화면

[그림 3-5] 음성 챗GPT 앱 설치 화면

이 앱을 선택하고 설치를 클릭하여 앱을 설치한다. 그런 다음 AINote 앱 열기를 눌러 앱을 실행시킨다. 그러면 [그림 3-6]과 같이 AINote에서 오디오 녹음을 허용하겠는지에 대한 질문이 나오는데, 음성으로 챗GPT를 이용해야 하므로 당연히 허용해야 한다. 뒤이어 나오는 사진, 동영상, 음악, 오디오 엑세스도 마찬가지로 허용한다.

[그림 3-6]  AiNote 초기 화면          [그림 3-7]  AiNote 권한 허용 화면

그러면 뒤이어 [그림 3-7]과 같은 방해 금지 권한 허용이라는 메뉴가 나오는데, 이는 방해 금지 모드에서도 허용하도록 하는 것이므로 아래로 내려가서 AINote 앱 이미지를 허용으로 전환해 준다. 그런 다음 뒤로 돌아가면 [그림 3-8]과 같이 Start 버튼이 있는 화면이 나온다. 여기에서 Start 버튼을 눌러 주면 AINote를 시작하게 된다.

[그림 3-8]  AiNote Start 화면

[그림 3-9]  AiNote 로그인 화면

AINote 앱을 사용하기 위해서는 [그림 3-9]에서 보는 바와 같이 로그인을 하여야 하는데, 통상적으로 구글 계정을 가지고 있기 때문에 구글 계정을 선택하여 로그인하면 된다.

구글 계정을 선택하면 [그림 3-10]과 같은 계정 선택창이 나온다. 사용자 본인의 계정을 체크하면 추천인 선택창이 뜨는 경우가 있는데, 입력 혹은 무시하면 된다. 이어서 [그림 3-11]과 같은 음성 인식 이용창이 나오는데, 아래 중간의 얼굴 모양i-Chatbot 아이콘이 우리가 사용하고자 하는 챗GPT 음성 서비스 기능이다. 참고로 아이콘 주변의 다섯 가지 메뉴는 AINote의 자체적인 지원 기능이므로 필요시 사용하면 된다.

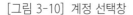

[그림 3-10] 계정 선택창

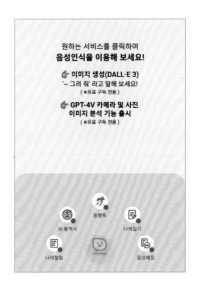

[그림 3-11] 음성 인식 이용창

그럼 여기서 챗GPT 아이콘을 클릭하여 챗GPT를 실행시켜 보자. 음성 인식 앱을 실행시키면 챗GPT와 대화하는 창이 나온다. 이 창의 아래 깜빡이는 버튼을 누르고 [그림 3-12]에서와 같이 음성으로 질문을 하면 질문을 챗GPT가 텍스트로 변환해서 보여 준다. 그리고 이에 대한 답변도 텍스트는 물로 음성으로도 동시에 해 주는 것을 알 수 있다.

[그림 3-12] 챗GPT 음성 인식 화면

## 2) 카카오톡에서 챗GPT 사용하는 방법

카카오톡에서도 챗GPT 사용이 가능한데, 먼저 카카오톡 앱 화면에서 돋보기 검색창에 대소 문자 구분 없이 ASK를 입력한다. 아래 화면처럼 로봇 모양의 AskUp이라는 채널 창이 뜬다. 오른쪽에 챗봇 표시가 있고, 옆에 채널 추가 버튼이 있다. 채널 추가 버튼을 클릭해서 추가한다.

[그림 3-13] 카카오톡 AskUp 채널 창

이름이 아숙업인 AI 인공지능 챗봇이 이제 친구가 되었고, 대화방에서 친구랑 대화하듯 이 이것저것 필요한 사항들을 질문하고 답변을 듣고 참고할 수 있다. 이용 전에 반드시 동의 나 주의 사항을 안내받기 바란다.

# 【선다형 문제】

### 1. 확장 프로그램은 무엇을 개선하는 데 사용되나? (난이도 하)

① 사용자 인터페이스

② AI의 학습 속도

③ 데이터 저장 용량

④ 네트워크 속도

정답: ①

해설: 확장 프로그램은 사용자 인터페이스를 개선하거나 AI와의 상호작용을 보다 편리하게 만든다.

### 2. 확장 프로그램의 주된 기능은 무엇인가? (난이도 하)

① AI의 학습 데이터를 생성하는 것

② AI의 응답 속도를 높이는 것

③ AI의 기능을 확장하는 것

④ AI의 메모리 용량을 늘리는 것

정답: ③

해설: 확장 프로그램은 AI의 기능을 확장하여 사용자의 요구를 더 잘 충족시킨다.

### 3. 다음 중 구글 확장 프로그램의 예시는 무엇인가? (난이도 하)

① 웹 브라우저

② 프롬프트 지니

③ 검색 엔진

④ 데이터베이스

정답: ②

해설: 프롬프트 지니는 언어 번역 기능을 제공하는 확장 프로그램의 예시이다.

4. 조건부 프롬프팅의 목적은 무엇인가? (난이도 하)

① AI의 학습 속도를 높이기 위해

② 특정 조건에 따라 AI의 반응을 유도하기 위해

③ AI의 메모리 용량을 줄이기 위해

④ AI의 데이터 저장을 효율화하기 위해

정답: ②

해설: 조건부 프롬프팅은 특정 조건이 충족될 때만 AI가 특정 방식으로 반응하도록 유도한다.

5. AI에 역할을 부여하면 어떤 이점이 있나? (난이도 하)

① AI의 처리 속도가 느려진다.

② AI의 학습 데이터가 줄어든다.

③ AI의 메모리 용량이 늘어난다.

④ AI의 응답이 더욱 구체적이고 적절해진다.

정답: ④

해설: AI에 특정 역할을 부여하면 그 역할에 맞는 적절한 응답을 생성하여 답변의 품질이 개선된다.

6. 복잡한 요구 사항을 처리하기 위해 AI를 사용할 때 중요한 것은 무엇인가? (난이도 중)

　　① 추상적인 요구 사항 제시

　　② 명확하고 구체적인 요구 사항 제시

　　③ AI의 처리 속도 향상

　　④ AI의 메모리 용량 증가

정답: ②

해설: 복잡한 요구 사항을 처리하기 위해서는 명확하고 구체적인 요구 사항을 제시하는 것이 중요하다.

7. 멀티턴 대화 방식이 유용한 상황은 무엇인가? (난이도 중)

　　① 간단한 정보 제공

　　② 복잡한 문제 해결

　　③ 빠른 응답 요구

　　④ 단일 질문 답변

정답: ②

해설: 멀티턴 대화 방식은 복잡한 문제 해결에 유용하며, 여러 번의 정보 교환을 통해 보다 정확한 답변을 제공한다.

8. 감정적 톤과 스타일을 지정하는 방법은 무엇인가? (난이도 중)

　　① AI의 메모리 용량을 늘린다.

　　② AI의 학습 데이터를 줄인다.

　　③ 프롬프트에 감정적 단어를 포함시킨다.

　　④ AI의 처리 속도를 높인다.

정답: ③

해설: 감정적 톤과 스타일을 지정하기 위해 프롬프트에 감정적 단어를 포함할 수 있다.

9. 생성형 AI와의 상호작용에서 프롬프트의 구체성과 명확성이 중요한 이유는 무엇인가?
   (난이도 중)
   ① AI의 학습 데이터를 줄이기 위해
   ② AI의 메모리 용량을 늘리기 위해
   ③ AI가 사용자의 요구를 정확히 이해하고 적절한 응답을 생성하기 위해
   ④ AI의 응답 속도를 높이기 위해

정답: ③

해설: 프롬프트의 구체성과 명확성은 AI가 사용자의 요구를 정확히 이해하고 그에 맞는 적절한 응답을 생성하는 데 필수적이다.

10. 프롬프트 디자인에서 중요한 것은 무엇인가? (난이도 중)
    ① 추상적인 질문
    ② 구체적인 지시와 예시 제공
    ③ 긴 문장 사용
    ④ 복잡한 용어 사용

정답: ②

해설: 프롬프트 디자인에서 구체적인 지시와 예시를 제공하는 것이 중요하다.

## 11. ChatGPT for Google의 기능은 무엇인가? (난이도 중)

① 이메일 작성

② 자동 번역

③ 구글 검색과 대화형 AI 결합

④ PDF 파일 요약

정답: ③

해설: ChatGPT for Google은 구글 검색과 대화형 AI를 결합하여 정보를 제공한다.

## 12. 챗GPT Optimizer의 기능은 무엇인가? (난이도 중)

① AI의 학습 데이터 생성

② 복사 및 음성 읽어주기 기능 추가

③ 데이터 저장 용량 증가

④ 네트워크 속도 향상

정답: ②

해설: 챗GPT Optimizer는 챗GPT에 복사 및 음성 읽어주기 기능을 추가하는 확장 프로그램이다.

## 13. ChatGPT to Notion의 주요 기능은 무엇인가? (난이도 중)

① ChatGPT 대화 내용을 Notion에 저장

② PDF 파일 요약하여 Notion에 저장

③ Notion 저장 텍스트 번역

④ 구글 검색 결과를 Notion에 제공

정답: ①

해설: ChatGPT to Notion은 ChatGPT와의 대화 내용을 Notion 페이지에 저장하는 기능을 제
공한다.

## 14. 확장 프로그램을 사용하면 어떤 이점이 있나? (난이도 중)

① AI의 메모리 용량이 증가한다.

② AI의 기능이 확장된다.

③ AI의 학습 데이터가 줄어든다.

④ AI의 처리 속도가 느려진다.

정답: ②

해설: 확장 프로그램을 사용하면 AI의 기능이 확장되어 더 많은 작업을 수행할 수 있다.

## 15. 다음 중 조건부 프롬프팅의 예시로 적절한 것은? (난이도 중)

① "가장 좋은 책은 무엇인가요?"

② "나는 채식주의자이므로 고기에 대해서는 말하지 마세요."

③ "내일 날씨는 맑아요, 흐려요?"

④ "위에서 제시한 내용이 분석되면, 그에 관한 사항을 정리해 주세요."

정답: ④

해설: 조건부 프롬프팅은 특정 조건을 충족하는 경우에만 그에 걸맞은 내용을 응답하도록 요구하
는 프롬프트 방식이다.

16. 확장 프로그램을 통해 생성형 AI의 어떤 능력을 확장할 수 있나? (난이도 상)

① 데이터 저장 용량

② 네트워크 속도

③ 음악 작곡 및 코드 작성

④ 학습 데이터 생성

정답: ③

해설: 확장 프로그램을 통해 음악 작곡이나 코드 작성과 같은 기능을 AI에 추가할 수 있다.

17. 복잡한 요구 사항을 처리하기 위한 기본적인 프롬프트 디자인 방법은 무엇인가? (난이도 상)

① 추상적인 요구 사항 제시

② 명확하고 구체적인 요구 사항 제시

③ AI의 처리 속도 향상

④ AI의 메모리 용량 증가

정답: ②

해설: 복잡한 요구 사항을 처리하기 위해서는 명확하고 구체적인 요구 사항을 제시하는 것이 중요하다.

18. 멀티턴 대화 방식이 유용한 이유는 무엇인가? (난이도 상)

① 간단한 정보 제공

② 단일 질문 답변

③ 빠른 응답 요구

④ 복잡한 문제 해결

정답: ④

해설: 멀티턴 대화 방식은 복잡한 문제 해결에 유용하며, 여러 번의 정보 교환을 통해 보다 정확한 답변을 제공한다.

19. 하이퍼 파라미터를 활용하면 어떤 이점이 있나? (난이도 상)

　　① AI의 메모리 용량이 증가한다.

　　② AI의 학습 데이터를 줄인다.

　　③ AI의 응답을 맞춤화할 수 있다.

　　④ AI의 처리 속도를 줄인다.

정답: ③

해설: 하이퍼 파라미터를 활용하면 AI의 응답을 맞춤화하여 원하는 방향으로 결과를 도출할 수 있다.

20. 조건부 프롬프팅의 주요 장점은 무엇인가? (난이도 상)

　　① 사용자의 요구를 더 정확하게 이해한다.

　　② AI의 메모리 용량을 줄인다.

　　③ AI의 처리 속도를 높인다.

　　④ AI의 학습 데이터를 늘린다.

정답: ①

해설: 조건부 프롬프팅은 사용자의 요구를 더 정확하게 이해하여 맞춤형 정보를 제공할 수 있다.

# 미디어 콘텐츠 분야 생성형 AI 윤리와 저작권

## 제1절 생성형 AI 윤리와 저작권의 개념과 동향

이 장에서는 생성형 AI와 미디어 콘텐츠의 윤리와 저작권 문제를 다룬다. 특히 생성형 AI 기술이 발전함에 따라 발생하는 윤리적 책임, 생성물 제작 과정에서의 윤리적 고려 사항, 그리고 AI 산출물의 저작권 이슈에 대해 논의한다. 이러한 문제들은 AI 기술이 우리의 삶에 깊숙이 들어오면서 더욱 중요해지고 있으며, 이를 이해하고 적절히 대응하는 것이 필수적이다.

### 1. 윤리와 저작권의 기본 개념

윤리Ethics는 인간의 행동과 관련된 도덕적 원칙과 기준을 의미한다. AI 기술의 발전으로 인해 발생하는 다양한 윤리적 문제는 우리가 AI를 어떻게 설계하고 사용하는지에 대한 중요한 질문을 던진다. 예를 들어 AI가 생성한 콘텐츠에서 발생할 수 있는 편향, 차별, 사생활 침해 등의 문제를 포함한다.

저작권Copyright은 창작자가 자기 창작물에 대해 갖는 법적 권리이다. 이는 창작물의 무단 복제, 배포, 사용을 방지하고, 창작자의 경제적 이익을 보호하는 역할을 한다. AI가 생성한 콘텐츠에 대한 저작권 문제는 복잡하고 새로운 법적 도전 과제를 제시한다. 예를 들어 AI가 작성한 글이나 그림의 저작권이 누구에게 귀속되는지에 대한 논의가 필요하다. 생성형 인공지능AI을 활용한 미디어 콘텐츠의 프롬프트 디자인과 관련된 저작권 문제는 다양한 측면에서 논의되고 있다. AI 기술은 텍스트, 이미지, 음악, 동영상 등 다양한 형태의 콘텐츠를 생성할 수 있으며, 이 과정에서 발생하는 저작권 이슈가 복잡하다.

## 2. 생성형 AI와 미디어 콘텐츠의 최신 동향

생성형 AI는 최근 더욱 급격히 발전하고 있으며, 다양한 산업에서 혁신적인 변화를 이끌고 있다. 특히 미디어 콘텐츠 분야에서는 다음과 같은 최신 동향이 주목받고 있다.

### 1) AI 기반 콘텐츠 생성의 확대

- AI를 활용한 콘텐츠 생성 도구가 급격히 증가하고 있다. 예를 들어 OpenAI의 GPT-4는 자연스러운 언어 생성 능력을 갖추고 있어 뉴스 기사, 블로그 포스트, 소설 등의 텍스트 콘텐츠를 자동으로 작성할 수 있다.
- 이미지 생성 AI인 DALL-E는 간단한 텍스트 설명만으로도 고품질의 이미지를 생성할 수 있어 광고, 마케팅, 예술 창작 분야에서 활용도가 높아지고 있다.

### 2) 윤리적 이슈에 대한 인식 증대

- AI 생성 콘텐츠의 윤리적 문제에 대한 논의가 활발해지고 있다. 예를 들어 AI가 생성한 가짜뉴스나 허위 정보가 사회적 혼란을 일으킬 가능성이 지적되고 있다.
- AI 알고리즘의 편향성과 차별 문제도 중요한 이슈로 주목받고 있으며, 이를 해결하기 위한 기술적, 정책적 방안이 모색되고 있다.

## 3) 저작권 법규의 변화

- AI가 생성한 콘텐츠의 저작권 문제는 법적 논의의 중심에 있다. 여러 국가에서 AI 생성물의 저작권 귀속 문제를 해결하기 위한 법적 제도 개선이 이루어지고 있다.
- 미국, 유럽 연합, 일본 등 주요 국가에서는 AI 생성물에 대한 저작권 규정을 명확히 하기 위한 법적 검토가 진행 중이다.

# 제2절 생성형 AI 생성물의 윤리적 책임

## 1. 생성형 AI의 윤리적 프레임워크

### 1) 정의 및 중요성

생성형 AI는 텍스트, 이미지, 비디오 등의 콘텐츠를 자동으로 생성하는 기술로, 다양한 산업에서 혁신을 일으키고 있다. 그러나 이와 같은 기술의 발전은 여러 윤리적 문제를 동반한다. 윤리적 프레임워크는 이러한 문제들을 체계적으로 다루고 해결하기 위한 기준과 원칙을 제공한다.

### 2) 주요 윤리적 원칙

- 투명성: AI 시스템의 작동 방식과 데이터 사용에 대한 명확한 설명이 필요하다. 이는 사용자가 AI의 결정 과정을 이해하고 신뢰할 수 있도록 돕는다.

- **공정성**: AI 알고리즘이 편향되지 않고 공정하게 작동하도록 보장해야 한다. 이를 통해 특정 그룹에 대한 차별을 방지할 수 있다.
- **책임성**: AI 시스템의 결과에 대해 책임을 지는 주체가 명확히 정의되어야 한다. 이는 개발자, 기업, 사용자 모두에게 적용된다.

## 2. 윤리적 책임의 주체

### 1) 개발자와 기업의 역할

개발자와 기업은 AI 기술의 설계와 구현 단계에서 윤리적 책임을 지고 있다. 이들은 AI 시스템이 사회에 미치는 영향을 고려하여 공정하고 책임감 있게 개발해야 한다.

- **윤리적 설계**: AI 시스템의 초기 설계 단계에서부터 윤리적 고려 사항을 반영한다. 이는 알고리즘의 공정성, 투명성, 데이터 보호 등을 포함한다.
- **책임 있는 AI 사용**: AI 기술을 상용화할 때, 기업은 이를 윤리적으로 사용할 수 있도록 가이드라인을 마련하고 직원 교육을 통해 윤리적 인식을 제고해야 한다.

### 2) 사용자와 소비자의 역할

사용자와 소비자도 AI 시스템의 윤리적 사용에 책임이 있다. 이들은 AI의 결과물을 비판적으로 평가하고, 윤리적 문제를 인식하며, 이에 대해 목소리를 낼 필요가 있다.

- **비판적 사용**: AI 생성물의 정확성과 공정성을 검토하고, 문제가 있을 경우 이를 수정하거나 사용을 중단해야 한다.
- **윤리적 피드백**: AI 시스템의 사용 중 발생하는 윤리적 문제에 대해 적극적으로 피드백을 제공함으로써 개발자와 기업이 개선할 수 있도록 돕는다.

## 3. AI 편향성과 차별

### 1) 데이터 편향의 문제점

AI 시스템은 주어진 데이터를 기반으로 학습한다. 이 과정에서 데이터 편향이 존재할 경우, AI는 편향된 결과를 생성하게 된다. 이는 특정 인종, 성별, 연령 등의 그룹에 대해 불공정한 결과를 초래할 수 있다.

- **편향 데이터의 원인**: 데이터 수집 과정에서 특정 그룹이 과소 대표되거나 과대표되는 경우, 혹은 역사적으로 편향된 데이터가 사용되는 경우 발생한다.
- **결과적 차별**: 편향된 AI 결과는 채용, 대출, 법 집행 등 다양한 분야에서 차별을 발생시킬 수 있다.

### 2) 편향성 완화를 위한 방법들

- 데이터 다양성 확보: 다양한 출처와 배경을 가진 데이터를 수집하여 AI 시스템을 학습시킨다.
- 편향성 검증 도구: AI 시스템의 편향성을 자동으로 검토할 수 있는 도구를 사용한다.
- 정기적 검토와 업데이트: AI 시스템의 작동 결과를 정기적으로 검토하고, 필요한 경우 알고리즘과 데이터를 업데이트한다.

## 4. 사생활 보호 및 데이터 보안

### 1) 개인정보 보호법

AI 시스템이 개인 데이터를 사용하는 경우, 이는 개인정보 보호법에 의해 엄격히 규제된다.

각국의 개인정보 보호법은 개인 데이터의 수집, 저장, 처리, 공유에 대한 규정을 포함하고 있다.

- **GDPR**: 유럽연합의 일반 데이터 보호 규정GDPR은 가장 엄격한 개인정보 보호법 중 하나로, AI 시스템에 의한 데이터 처리에도 적용된다.
- **CCPA**: 캘리포니아 소비자 개인정보 보호법CCPA은 미국 내에서 강력한 개인정보 보호 규제 중 하나로, 소비자 데이터의 권리를 보호한다.

## 2) 데이터 보안 체계

AI 시스템의 데이터 보안을 강화하기 위해, 다음과 같은 조치가 필요하다.

- **암호화**: 데이터 전송 및 저장 시 암호화를 통해 불법 접근을 방지한다.
- **접근 제어**: 데이터에 접근할 수 있는 권한을 최소한으로 제한하고, 접근 기록을 철저히 관리한다.
- **보안 교육**: 개발자와 직원들에게 데이터 보안에 대해 교육하여 보안 인식을 제고한다.

# 제3절 생성물 제작 과정에서의 윤리적 고려 사항

## 1. 데이터 수집과 사용의 윤리

### 1) 데이터 출처의 투명성

데이터는 생성형 AI 시스템의 핵심 요소이다. AI 모델이 올바르고 공정한 결과를 생성하기 위해서는 데이터 출처의 투명성이 보장되어야 한다. 데이터 출처의 투명성은 데이터의 신뢰성을 높이고, 편향성을 최소화하는 데 중요한 역할을 한다.

- **출처 명시**: 사용된 데이터의 출처를 명확히 밝히고, 데이터 수집 과정에서의 절차를 투명하게 공개해야 한다.
- **데이터 정제**: 수집된 데이터에서 불필요하거나 유해한 정보를 제거하고, 데이터 품질을 높이기 위한 정제 과정을 거쳐야 한다.

## 2) 데이터 사용의 합법성과 윤리성

데이터 사용은 법적 규제와 윤리적 기준을 모두 충족해야 한다. 특히 개인 데이터의 경우 더욱 신중한 접근이 필요하다.

- **개인정보 보호**: GDPR, CCPA와 같은 개인정보 보호법을 준수하며, 데이터 사용의 합법성을 확보해야 한다.
- **동의 및 알림**: 데이터 주체의 명시적인 동의를 얻고, 데이터 사용 목적과 방법을 명확히 알리는 것이 중요하다.

## 2. 콘텐츠 생성 과정의 공정성

### 1) 공정한 알고리즘 개발

AI 알고리즘의 공정성은 윤리적 AI 개발의 핵심이다. 공정한 알고리즘 개발을 통해 특정 그룹이나 개인에게 불공정한 결과가 발생하지 않도록 해야 한다.

- **편향 제거**: 알고리즘 학습 과정에서 발생할 수 있는 편향을 지속적으로 모니터링하고 제거하는 것이 중요하다.
- **다양성 반영**: 알고리즘이 다양한 인구 통계를 반영할 수 있도록 다양한 데이터 세트를 활용해야 한다.

## 2) 다양한 시각의 반영

콘텐츠 생성 과정에서 다양한 시각과 의견을 반영함으로써 공정하고 균형 잡힌 결과물을 도출할 수 있다.

- **다양한 팀 구성**: 콘텐츠 제작팀은 다양한 배경을 가진 사람들로 구성되어야 하며, 이를 통해 다양한 관점을 반영할 수 있다.
- **다양성 평가**: 생성된 콘텐츠가 다양한 시각을 적절히 반영하고 있는지 정기적으로 평가해야 한다.

# 3. AI 생성물의 사회적 영향

## 1) 허위 정보와 오보의 위험성

AI 생성물은 허위 정보나 오보를 확산시킬 위험이 있다. 이러한 문제는 사회적 혼란을 일으키고, 신뢰를 훼손할 수 있다.

- **사실 검증**: AI가 생성한 콘텐츠는 사실 검증 절차를 거쳐야 하며 신뢰할 수 있는 출처에 기반해야 한다.
- **오보 방지**: 허위 정보의 확산을 방지하기 위한 모니터링 시스템을 구축하고 오보 발생 시 신속하게 수정해야 한다.

## 2) 사회적, 문화적 영향 평가

AI 생성물은 사회적, 문화적 영향을 미칠 수 있다. 이러한 영향을 사전에 평가하고, 부정적인 영향을 최소화하는 것이 중요하다.

- **영향 평가 도구**: AI 생성물이 미치는 사회적, 문화적 영향을 평가할 수 있는 도구를

개발하고 활용해야 한다.

- **윤리적 검토**: 생성물 제작 과정에서 윤리적 검토를 시행하여 사회적 책임을 다할 수 있도록 해야 한다.

# 4. 사용자와의 상호작용

## 1) 사용자 경험의 윤리적 측면

AI 생성물이 사용자에게 제공하는 경험은 윤리적 측면에서 고려되어야 한다. 이는 사용자에게 공정하고 투명한 서비스를 제공하는 것을 의미한다.

- **공정한 접근**: 모든 사용자에게 공정한 접근 기회를 제공하고 특정 사용자 그룹에 대한 차별을 방지해야 한다.
- **투명한 정보 제공**: AI 생성물의 작동 방식과 의도를 사용자에게 명확히 설명하고 투명한 정보를 제공해야 한다.

## 2) 사용자 피드백의 수렴과 반영

사용자로부터 받은 피드백은 AI 시스템 개선에 중요한 역할을 한다. 이를 적극적으로 수렴하고 반영함으로써 더 나은 AI 생성물을 개발할 수 있다.

- **피드백 시스템**: 사용자 피드백을 효과적으로 수집할 수 있는 시스템을 구축하고 운영해야 한다.
- **반영 절차**: 수집된 피드백을 바탕으로 AI 시스템을 지속적으로 개선하는 절차를 마련해야 한다.

## 제4절  AI 산출물의 저작권 이슈

### 1. 저작권의 기본 개념

#### 1) 저작권의 정의와 목적

저작권Copyright은 창작자가 자신의 창작물에 대해 가지는 법적 권리로, 창작물이 무단으로 복제, 배포, 공연, 전시, 방송, 전송되는 것을 방지하고, 창작자의 경제적 이익을 보호하는 것을 목적으로 한다. 저작권은 일반적으로 창작물의 고유성과 독창성을 기준으로 부여된다.

생성형 AI는 기존에 존재하는 데이터를 학습하여 새로운 콘텐츠를 생성한다. 이 과정에서 AI가 참조한 원본 데이터의 저작권 문제가 중요한 이슈로 대두된다. 예를 들어 AI가 특정 음악을 학습하여 새로운 곡을 만들 경우, 원본 음악의 저작권자의 권리가 침해될 수 있다.

#### 2) 저작권 관련 주요 법규

- **베른 협약**Berne Convention : 1886년에 체결된 국제 조약으로, 저작권 보호의 국제적 기준을 정립한다. 가입국들은 자국 내에서 외국 저작물에 대해 동일한 저작권 보호를 제공해야 한다.
- **미국 저작권법**U.S. Copyright Law : 미국에서는 저작권법이 저작물의 보호 기준과 권리범위를 규정한다. 저작권 보호 기간은 창작자의 생존 동안과 사후 70년까지 지속된다.
- **유럽연합 저작권 지침**EU Copyright Directive : 유럽연합은 통합된 저작권 보호 체계를 통해 회원국 간 저작물 보호의 일관성을 유지하고 있다.

## 2. AI 생성물의 저작권 소유권

출판생태계 내에서 AI를 활용한 서비스와 창작물에 대한 저작권 인식은 다양하다. 연구에 따르면 생성형 AI 창작물에 대한 기본적인 인식, 저작권 침해 관점, 기술 발전에 따른 새로운 형태의 창작물 인정에 대한 인식 등이 포함된다. 또한, AI가 생성한 콘텐츠의 저작권 인정 범위에 대한 논의가 필요하며, 정부의 저작권 정책 변화도 요구되고 있다.

프롬프트 디자인은 사용자가 AI에 특정 명령을 내리는 방식을 말한다. 이는 AI가 생성할 콘텐츠의 유형과 특성을 결정하는 중요한 요소이다. 예를 들어 사용자가 AI에 특정 스타일의 그림을 요청하면 AI는 학습한 데이터를 바탕으로 해당 스타일의 그림을 생성한다. 이 과정에서 AI가 참조한 데이터의 저작권이 중요한 고려 사항이 된다.

### 1) 저작권 소유의 주체 문제

AI가 생성한 콘텐츠의 저작권 소유권 문제는 복잡한 법적 도전을 제시한다. 전통적으로 저작권은 인간 창작자에게만 부여되었으나 AI의 등장으로 이 원칙이 도전받고 있다.

- **인간 창작자와 AI**: AI가 생성한 콘텐츠의 경우, 저작권 소유권을 누가 가져야 하는지에 대한 논의가 필요하다. AI 개발자, AI 운영자, 데이터 제공자 등 여러 이해관계자가 관련될 수 있다.
- **법적 공백**: 현재 대부분의 저작권법은 AI 생성물의 저작권 소유에 대한 명확한 규정을 제공하지 않고 있으며, 이는 법적 공백을 초래하고 있다.

### 2) 공동 저작권과 AI

AI와 인간이 공동으로 창작한 경우, 저작권의 공동 소유 문제가 발생할 수 있다.

- **공동 창작의 기준**: 법적으로 AI와 인간이 공동으로 창작한 콘텐츠에 대한 저작권 소

유권을 명확히 하기 위한 기준이 필요하다. 이는 AI의 기여도, 인간의 창의적 개입 등을 고려하여 정의될 수 있다.

- **계약적 해결**: AI와 인간 간의 공동 저작권 문제는 계약을 통해 해결할 수 있다. 이는 사전 계약을 통해 저작권 소유권을 명확히 규정하고, 분쟁을 예방할 수 있다.

## 3. 저작권 침해와 보호

### 1) 저작권 침해 사례와 대응 방안

AI가 생성한 콘텐츠는 저작권 침해의 대상이 될 수 있으며, 이는 법적 분쟁을 초래할 수 있다.

- **침해 사례**: AI가 기존 저작물을 학습하여 유사한 콘텐츠를 생성할 경우, 원저작물의 저작권을 침해할 수 있다. 예를 들어 AI가 학습한 이미지나 텍스트를 바탕으로 새로운 작품을 생성하는 경우가 이에 해당한다. 생성형 AI는 텍스트, 이미지, 음악, 비디오 등 다양한 형태의 콘텐츠를 생성할 수 있으며, 이 과정에서 AI가 학습한 데이터의 원본 저작권을 침해할 수 있는 여러 사례가 있다.

| 분야 | 사례 |
|---|---|
| 뉴스 콘텐츠 | 생성형 AI가 뉴스 기사를 학습할 때, 원본 뉴스 콘텐츠의 저작권을 침해할 수 있다. 예를 들어 한국온라인신문협회는 생성형 AI의 뉴스 저작권 침해에 대해 우려를 표명하고, AI 학습을 위해 뉴스 콘텐츠 저작물에 대한 정당한 대가 지불의 필요성을 강조했다 |
| 음악 산업 | 생성형 AI가 음악을 생성할 때, 기존 음악 작품의 멜로디나 가사를 참조하여 유사한 콘텐츠를 만들 수 있다. 이는 원작자의 저작권을 침해할 수 있는 요소로 작용한다. AI가 특정 아티스트의 목소리나 스타일을 모방하여 음악을 생성하면서도 저작권 침해 문제가 발생할 수 있다 |
| 이미지와 비디오 | AI 이미지 생성기는 기존의 저작권이 있는 이미지를 학습 데이터로 사용하여 유사한 이미지를 생성할 수 있다. 예를 들어 Midjourney와 같은 AI 이미지 생성기는 저작권이 있는 이미지를 무단으로 사용하여 학습하고, 이를 바탕으로 새로운 이미지를 생성하는 경우가 있다. |
| 캐릭터 및 초상권 | 생성형 AI가 특정 캐릭터나 사람의 초상을 모방하여 콘텐츠를 생성하는 경우, 저작권 및 초상권 침해 문제가 발생할 수 있다. 예를 들어 AI가 특정 유명인의 목소리나 외모를 모방하여 딥페이크 영상을 생성하는 경우가 이에 해당한다. |
| 출판 및 문학 작품 | AI가 소설이나 시 등의 문학 작품을 생성할 때, 기존에 출판된 작품들을 데이터로 사용하면 저작권 침해 문제가 발생할 수 있다. 예를 들어 뉴욕타임스와 같은 기관이 생성형 AI 기업을 저작권 침해로 고소한 사례가 있다. |

- **법적 대응**: 저작권 침해를 방지하기 위해 법적 대응 방안이 마련되어야 한다. 이는 저작권 침해 시 손해 배상 청구, 침해 콘텐츠의 삭제 요청 등을 포함할 수 있다.

## 2) AI 생성물의 저작권 보호 방법

AI가 생성한 콘텐츠의 저작권 보호를 위해 다음과 같은 방법들이 사용될 수 있다.

- **저작권 등록**: AI 생성물을 저작권청에 등록하여 법적 보호를 받을 수 있다. 이는 분쟁 발생 시 저작권 소유권을 증명하는 데 유용하다.
- **디지털 워터마킹**: AI 생성물에 디지털 워터마킹을 삽입하여 불법 복제를 방지하고, 저작권 소유권을 명확히 할 수 있다.

# 4. 라이선스와 사용권

## 1) AI 생성물의 라이선스 유형

AI 생성물의 사용을 규제하기 위해 다양한 라이선스 유형이 사용될 수 있다.

- **오픈 라이선스**: AI 생성물을 누구나 자유롭게 사용할 수 있도록 허용하는 라이선스이다. 예를 들어 Creative Commons 라이선스가 이에 해당한다.
- **상업적 라이선스**: AI 생성물을 상업적으로 사용하고자 할 때 부여되는 라이선스이다. 사용자는 라이선스 비용을 지급하고 AI 생성물을 사용할 수 있다.

## 2) 라이선스 계약의 중요성

AI 생성물의 사용권을 명확히 하기 위해 라이선스 계약은 매우 중요하다.

- **계약 내용:** 라이선스 계약에는 사용 범위, 기간, 비용, 저작권 소유권 등의 내용이 포함된다.
- **법적 보호:** 라이선스 계약을 통해 AI 생성물의 저작권을 법적으로 보호할 수 있으며, 불법 사용을 방지할 수 있다.

## 제5절 사례 연구 및 실제 적용

## 1. 윤리적 이슈 사례 분석

### 1) 실제 발생한 윤리적 문제 사례

생성형 AI가 실생활에 적용되면서 다양한 윤리적 문제들이 발생하고 있다. 이러한 사례들은 AI 기술이 윤리적 고려 없이 사용될 때 발생할 수 있는 위험을 잘 보여 준다.

### (1) 사례 1: GPT-3의 편향 문제

과거 OpenAI의 GPT-3는 강력한 텍스트 생성 능력을 가지고 있지만 인종적, 성적 편향을 포함한 윤리적 문제를 드러냈었다. GPT-3가 특정 인종이나 성별에 대해 편향된 발언을 생성하는 경우가 보고되었다. 이는 학습 데이터의 편향성에서 기인한 문제로, 개발자가 이를 충분히 고려하지 않았기 때문이다.

### (2) 사례 2: 딥페이크 기술의 악용

딥페이크deepfake 기술은 AI를 사용해 사람의 얼굴을 조작하는 기술이다. 이 기술은 가짜 뉴스, 음란물 제작 등 윤리적으로 문제 있는 방식으로 악용되고 있다. 2018년, 유명인의 얼굴을 합성한 음란물이 인터넷에 유포된 사건이 대표적인 예이다.

## 2) 문제 해결 방안 및 교훈

이러한 사례들은 AI 기술 개발과 적용 시 윤리적 고려가 얼마나 중요한지를 보여준다.

- **데이터 편향성 완화**: 학습 데이터의 다양성을 확보하고, 편향성을 제거하는 노력이 필요하다. 이를 위해 데이터 수집 과정에서 다양한 출처와 배경을 포함시켜야 한다.
- **윤리적 검토 프로세스 도입**: AI 시스템 개발 전 과정에서 윤리적 검토를 진행하여 잠재적 윤리적 문제를 사전에 식별하고 해결해야 한다.
- **규제와 가이드라인 마련**: 정부와 관련 기관은 AI 기술의 윤리적 사용을 촉진하기 위한 규제와 가이드라인을 마련해야 한다. 예를 들어 딥페이크 기술의 경우 특정 사용을 제한하는 법적 장치가 필요하다.

# 2. 저작권 이슈 사례 분석

## 1) 저작권 분쟁 사례

AI 생성물의 저작권과 관련된 분쟁 사례는 AI 기술의 법적 문제를 명확히 하는데 중요한 역할을 한다.

### (1) 사례 1: AI 아트와 저작권

2018년, 크리스티 경매에서 AI가 생성한 예술 작품 "Edmond de Belamy의 초상화"가 43만 2,000달러에 팔렸다. 이 작품의 저작권 소유권에 대해 논란이 발생했으며, AI 아트의 저작권 문제에 대한 논의가 촉발되었다. 이 경우, AI 시스템을 만든 개발자가 저작권을 소유해야 하는지, 혹은 작품을 구매한 사람이 소유해야 하는지가 문제되었다.

### (2) 사례 2: 음악 생성 AI와 저작권

AI가 작곡한 음악이 저작권 보호를 받을 수 있는지에 대한 논의도 활발하다. 2019년 AI

가 작곡한 "Daddy's Car"라는 곡이 발표되었을 때, 이 곡의 저작권이 누구에게 귀속되는지에 대한 논란이 일었다. AI가 작곡한 음악이 기존 음악을 표절하는 경우도 있어 저작권 침해 문제가 발생할 수 있다.

### 2) 분쟁 해결 방안 및 교훈

저작권 분쟁 사례는 AI 생성물의 저작권 문제를 해결하기 위한 방향성을 제시한다.

- **법적 기준 마련:** AI 생성물의 저작권 소유권을 명확히 하기 위한 법적 기준을 마련해야 한다. 이는 AI 개발자, 운영자, 사용자 간의 권리와 의무를 명확히 규정하는 데 필요하다.
- **저작권 등록 제도 도입:** AI 생성물을 등록하여 법적 보호를 받을 수 있도록 하는 제도를 도입해야 한다. 이는 저작권 분쟁 발생 시 법적 근거를 제공하는 데 유용하다.
- **국제적 협력 강화:** AI 저작권 문제는 국제적인 협력이 필요하다. 각국의 저작권 법규를 조율하고, 국제적 기준을 마련하여 AI 저작권 문제를 해결해야 한다.

## 3. 기업과 기관의 실무 적용 사례

### 1) 성공적인 윤리적 AI 적용 사례

여러 기업과 기관들이 윤리적 AI 사용을 위해 다양한 노력을 기울이고 있다. 이러한 사례들은 윤리적 AI 사용의 모범을 제시한다.

#### (1) 사례 1: 마이크로소프트의 AI 윤리 기준

마이크로소프트는 AI 윤리 기준을 수립하고, 이를 모든 AI 프로젝트에 적용하고 있다. 투명성, 공정성, 안전성, 개인정보 보호 등을 포함한 윤리 원칙을 바탕으로 AI 시스템을 개발하고 있다. 예를 들어 마이크로소프트는 AI 윤리위원회를 구성하여 AI 프로젝트의 윤리적 문제를 검토하고 있다.

### (2) 사례 2: 구글의 AI 윤리연구소

구글은 AI 윤리연구소를 설립하여, AI 기술의 윤리적 문제를 연구하고 있다. 구글은 AI 알고리즘의 편향성 제거, 개인정보 보호, 투명성 제고 등을 목표로 다양한 연구를 진행하고 있다. 또한, 구글은 AI 윤리 원칙을 발표하고, 이를 모든 AI 개발 과정에 적용하고 있다.

## 2) 저작권 관리 사례

기업들은 AI 생성물의 저작권 문제를 해결하기 위해 다양한 방법을 도입하고 있다.

### (1) 사례 1: 어도비의 콘텐츠 저작권 보호 시스템

어도비는 AI가 생성한 콘텐츠의 저작권 보호를 위해 디지털 워터마킹 기술을 도입했다. 이 기술은 생성된 콘텐츠에 저작권 정보를 삽입하여 불법 복제와 사용을 방지한다. 또한, 어도비는 저작권 침해 여부를 검토하기 위한 자동화된 시스템을 개발하여 AI 생성물의 저작권 보호를 강화하고 있다.

### (2) 사례 2: 유튜브의 콘텐츠 ID 시스템

유튜브는 AI를 활용한 콘텐츠 ID 시스템을 통해 저작권 침해를 방지하고 있다. 이 시스템은 업로드된 영상과 기존 저작권 등록된 콘텐츠를 비교하여 저작권 침해 여부를 자동으로 식별한다. 저작권 침해가 발견되면 해당 영상에 대해 조처하고, 저작권 소유자에게 통보한다.

# 제6절 미래 전망 및 결론

## 1. 미래 윤리적 고려사항

### 1) AI 발전에 따른 새로운 윤리적 이슈 예측

AI 기술이 빠르게 발전함에 따라 새로운 윤리적 이슈들이 계속해서 등장하고 있다. 이러한 이슈들은 AI 시스템의 설계, 구현, 사용 전반에 걸쳐 다양한 윤리적 고려를 요구한다.

### 2) 자율성 및 의사 결정의 윤리적 문제

AI 시스템이 자율적으로 의사 결정을 내리는 상황이 증가하면서 그 의사 결정의 투명성과 책임성 문제가 드러나고 있다. 예를 들어 자율주행차가 사고를 일으킬 경우, 그 책임은 누구에게 있는가에 대한 논의가 필요하다.

### 3) 생명윤리와 AI

AI가 의료 분야에 적용되면서 생명윤리와 관련된 문제가 대두되고 있다. AI가 진단을 내리거나 치료 계획을 제안하는 경우, 그 결정의 정확성과 윤리적 책임에 대한 문제가 중요하다.

### 4) AI와 인간의 관계

AI와 인간의 상호작용이 증가하면서 AI가 인간의 역할을 대체하거나 보완하는 문제에 대한 윤리적 고려가 필요하다. 이는 고용, 교육, 인간관계 등 다양한 사회적 측면에서 큰 영향을 미친다.

## 2. 저작권의 미래

저작권법은 AI가 생성한 콘텐츠에 대해 명확한 지침을 충분하게 제시하지 않을 수 있다. 따라서 AI 생성물의 저작권 보호와 관련된 법적 기준과 정책의 지속적인 보완이 필요하다. 또한, AI 생성물에 대한 저작권 등록과 성명 표시의 문제도 중요한 논의 주제이다.

생성형 AI를 통한 미디어 콘텐츠의 프롬프트 디자인과 관련된 저작권 문제는 기술 발전에 따라 계속해서 진화할 것이다. 이에 따라 관련 법적 기준과 정책의 개발이 시급하며, AI 기술의 윤리적 사용을 위한 지속적인 논의가 필요하다.

### 1) AI와 저작권 법규의 발전 방향

AI 기술이 발전함에 따라, 저작권 법규도 이에 맞춰 변화하고 있다. AI가 생성한 콘텐츠의 저작권 보호와 관련된 법적 기준이 명확히 정의될 필요가 있다.

### 2) AI 생성물의 저작권 소유권 명확화

AI가 생성한 콘텐츠의 저작권 소유권을 명확히 하기 위한 법적 기준이 마련되고 있다. 이는 AI 개발자, 운영자, 데이터 제공자 간의 권리와 의무를 명확히 규정하는 데 도움이 된다.

### 3) 저작권 보호 기간의 재검토

AI가 생성한 콘텐츠의 경우, 저작권 보호 기간을 어떻게 설정할 것인지에 대한 논의가 필요하다. 이는 인간 창작물과 AI 창작물 간의 형평성을 유지하기 위한 중요한 요소이다.

### 4) 국제적 저작권 보호 체계 강화

AI 생성물의 저작권 보호를 위해 국제적 협력이 중요하다. 각국의 저작권 법규를 조율하고, 국제적 기준을 마련하여 AI 저작권 문제를 해결해야 한다.

## 3. 요약 및 결론

### 1) 주요 논점 요약

생성형 AI 기술의 발전은 미디어 콘텐츠 제작과 사용에 혁신적인 변화를 불러왔다. 그러나 이러한 기술 발전은 다양한 윤리적, 법적 문제를 동반하며, 이를 적절히 해결하는 것이 중요하다.

- **윤리적 책임**: AI 개발자와 사용자는 AI 기술의 윤리적 문제를 인식하고, 이를 해결하기 위한 책임을 져야 한다. 이는 데이터 편향성 제거, 투명성 확보, 개인정보 보호 등을 포함한다.
- **저작권 문제**: AI 생성물의 저작권 소유권을 명확히 하기 위한 법적 기준이 마련되어야 하며, 이는 AI와 인간 창작물 간의 형평성을 유지하는 데 중요하다.

제1부 생성형 AI 프롬프트 디자인 가이드라인

01. 알아야할 AI 유형과 활용

02. 알아야할 AI와의 효율적인 대화 방법

03. 알아야할 효과적 활용 방법

04. 미디어 콘텐츠 분야 알아야할 AI 윤리와 저작권

## 2) 향후 연구 방향 제안

AI 기술의 윤리적, 법적 문제를 해결하기 위해 지속적인 연구가 필요하다. 이는 기술 발전과 함께 새롭게 등장하는 문제를 해결하고, AI 기술을 윤리적이고 법적으로 안전하게 사용할 수 있도록 돕는다.

- **윤리적 AI 개발**: AI 시스템의 윤리적 문제를 해결하기 위한 기술적, 정책적 연구가 필요하다. 이는 데이터 편향성 제거, 투명성 제고, 사용자 피드백 반영 등을 포함한다.
- **저작권 법규 개선**: AI 생성물의 저작권 문제를 해결하기 위한 법적 연구가 필요하다. 이는 저작권 소유권 명확화, 보호 기간 재검토, 국제적 협력 강화 등을 포함한다.

[참고 자료] 2024.04.04. 방송통신위원회 발표

생성형 AI가 만든 저작물 저작권은 누가 갖게 될까요?

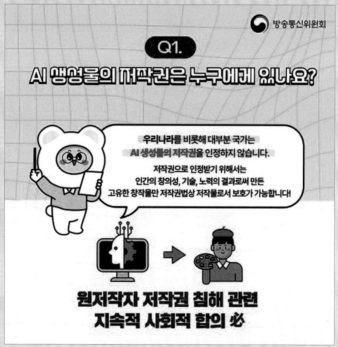

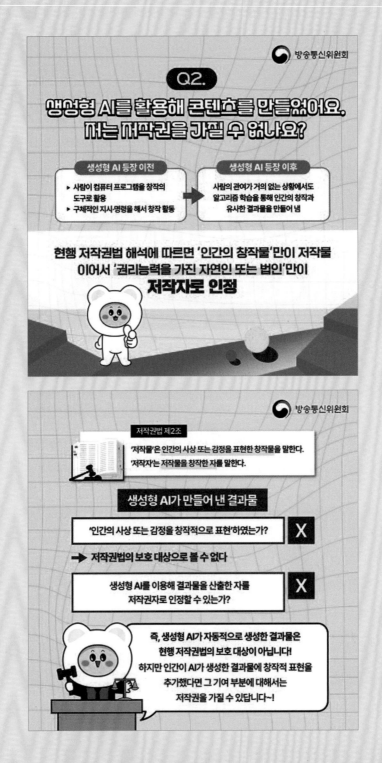

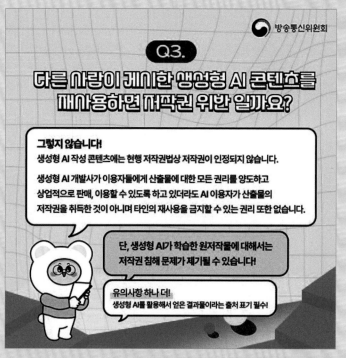

## 【선다형 문제】

1. AI 기술의 윤리적 책임에서 가장 중요한 원칙은 무엇인가? (난이도 중)

　① 효율성

　② 투명성

　③ 속도

　④ 비용 절감

정답: ②

해설: AI 시스템의 윤리적 사용을 위해서는 작동 방식과 데이터 사용에 대한 명확한 설명이 필요하여, 투명성이 가장 중요하다.


2. AI가 생성한 콘텐츠의 저작권은 주로 누구에게 귀속되는가? (난이도 하)

　① AI 프로그램 자체

　② AI 프로그램을 사용한 사용자

　③ AI 프로그램을 개발한 개발자

　④ 공개적으로 사용할 수 없음

정답: ③

해설: 전통적으로 저작권은 인간 창작자에게 부여되며, AI 경우에는 AI를 프로그래밍한 개발자가 저작권을 소유하게 된다.

3. 데이터 편향을 완화하기 위한 방법으로 가장 효과적인 것은? (난이도 중)

    ① 더 많은 데이터 수집

    ② 데이터 다양성 확보

    ③ 데이터 저장 기술 개선

    ④ 데이터 처리 속도 향상

정답: ②

해설: 데이터 다양성 확보는 AI의 편향성을 줄이고 공정하게 작동하도록 보장하는 데 필수적이다.

4. 저작권 침해를 방지하기 위한 AI 시스템의 기능은 무엇인가? (난이도 하)

    ① 암호화

    ② 데이터 무결성 검증

    ③ 저작권 데이터베이스 접근

    ④ 사용자 인증

정답: ③

해설: 저작권 데이터베이스에 대한 접근을 허용하여 저작권 보호 자료의 사용을 자동으로 제한하는 기능은 저작권 침해를 방지한다.

5. AI 생성 콘텐츠의 윤리적 문제 중 하나로 지적되는 것은? (난이도 하)

    ① 속도 문제

    ② 편향성

    ③ 저장 용량 문제

    ④ 연결성 문제

정답: ②

해설: AI 생성 콘텐츠는 편향성 문제를 포함할 수 있으며, 이는 사회적, 문화적 민감성을 존중하는 데 중요한 윤리적 고려 사항이다.

6. AI 저작권 관련, 베른 협약이 규정하는 주요 내용은? (난이도 중)

　① 저작권 보호 기간 설정

　② 데이터 보안 규정

　③ 국제적 저작권 보호

　④ AI 저작권 규정 명시

정답: ③

해설: 베른 협약은 저작권 보호의 국제적 기준을 정립하며, 가입국들은 자국 내에서 외국 저작물에 대해 동일한 저작권 보호를 제공해야 한다.

7. AI가 생성한 콘텐츠가 사회에 미치는 부정적 영향을 최소화하기 위한 평가 도구는? (난이도 중)

　① 성능 평가 도구

　② 비용 효율성 분석 도구

　③ 영향 평가 도구

　④ 개발 효율성 평가 도구

정답: ③

해설: AI 생성물이 미치는 사회적, 문화적 영향을 평가할 수 있는 도구는 부정적 영향을 최소화하는 데 중요하다.

8. AI 생성물의 저작권 보호 방법으로 적합하지 않은 것은? (난이도 상)

① 저작권 등록

② 디지털 워터마킹

③ 암호화 기술 사용

④ 오픈 라이선스 사용

정답: ④

해설: 오픈 라이선스는 저작권을 보호하기보다는 누구나 자유롭게 사용할 수 있도록 허용하는 라이선스이다.

9. AI 생성 콘텐츠가 저작권 침해가 될 수 있는 경우는? (난이도 상)

① AI가 독창적인 콘텐츠를 생성했을 때

② AI가 기존 저작물을 참조하지 않고 콘텐츠를 생성했을 때

③ AI가 저작권이 있는 자료를 기반으로 콘텐츠를 생성했을 때

④ AI가 오픈 소스 데이터만을 사용하여 콘텐츠를 생성했을 때

정답: ③

해설: AI가 저작권이 있는 자료를 기반으로 콘텐츠를 생성한 경우, 원본 자료의 저작권을 침해할 수 있다.

10. AI 윤리적 이슈 관리의 최우선 고려 사항은 무엇인가? (난이도 상)

① 비용 절감

② 공정성

③ 성능 최적화

④ 속도 향상

정답: ②

해설: AI 윤리적 이슈 관리에서 공정성은 AI가 차별 없이 모든 사용자에게 공정하게 서비스를 제공하는 것을 목표로 한다.

## 11. AI의 투명성 원칙이 중요한 이유는 무엇인가? (난이도 중)

① 더 빠른 처리 속도를 보장하기 위해

② 사용자가 AI의 결정 과정을 이해하고 신뢰할 수 있도록 하기 위해

③ 데이터 사용량을 줄이기 위해

④ AI의 비용을 절감하기 위해

정답: ②

해설: 투명성은 사용자가 AI의 결정 과정을 이해하고 신뢰할 수 있게 만들어 AI 사용의 정당성을 높이는 데 필수적이다.

## 12. AI가 사용자 데이터를 처리할 때 필수적으로 준수해야 하는 것은? (난이도 하)

① 유럽연합의 일반 데이터 보호 규정(GDPR)

② AI의 처리 속도 규정

③ 데이터 생성 규칙

④ AI의 학습 규칙

정답: ①

해설: GDPR은 유럽연합에서 개인 데이터의 보호를 강화하는 법규로, AI가 사용자 데이터를 처리할 때 반드시 준수해야 한다.

**13. AI 콘텐츠의 저작권 소유권에 관한 문제를 해결하는 현실적 방법은? (난이도 상)**

① 모든 AI 생성물을 공공 도메인에 포함시키기.

② AI 생성물을 저작권 없이 사용하기.

③ 저작권 등록을 통해 법적 보호받기.

④ AI 생성물을 무료로 배포하기.

정답: ③

해설: AI 생성물을 저작권청에 등록함으로써 법적 보호를 받고, 저작권 소유권 문제를 명확히 할 수 있다.

**14. AI 생성 콘텐츠에서 데이터 편향을 줄이기 위한 첫 번째 단계는 무엇인가? (난이도 중)**

① 데이터 샘플링

② 데이터 클린징

③ 다양한 데이터 소스 활용

④ 데이터 저장

정답: ③

해설: 다양한 데이터 소스를 활용하는 것은 AI의 편향을 줄이고 더 공정한 결과를 생성하는 데 기여한다.

**15. AI가 사회에 미치는 영향을 평가하기 위해 필요한 것은? (난이도 중)**

① 고속 인터넷 연결

② 고성능 컴퓨터

③ 사회적, 문화적 영향 평가 도구

④ 고급 프로그래밍 기술

정답: ③

해설: 사회적, 문화적 영향 평가 도구는 AI가 사회에 미치는 잠재적인 영향을 측정하고 이해하는 데 필수적이다.

**16. AI와 인간이 공동으로 창작한 콘텐츠의 저작권은 어떻게 처리되는가? (난이도 상)**

① 인간에게만 저작권이 부여됨.

② AI에게만 저작권이 부여됨.

③ 공동 저작권으로 처리됨.

④ 저작권이 부여되지 않음.

정답: ③

해설: AI와 인간이 공동으로 창작한 경우, 저작권은 공동으로 소유될 수 있으며, 이에 대한 명확한 규정이 필요하다.

**17. AI 기술의 윤리적 사용을 위해 기업이 취해야 하는 조치는 무엇인가? (난이도 하)**

① 비용 절감

② 윤리적 가이드라인의 수립

③ 처리 속도 향상

④ 기술적 세부 사항 간소화

정답: ②

해설: 기업은 AI 기술의 윤리적 사용을 위해 윤리적 가이드라인을 수립하고 이를 프로젝트에 적용해야 한다.

**18. AI가 생성한 뉴스 콘텐츠가 저작권 침해의 소지가 있는 이유는 무엇인가? (난이도 중)**

① 뉴스 속도 때문에

② 원본 뉴스 콘텐츠의 저작권을 침해할 수 있기 때문

③ AI가 항상 정확하기 때문

④ 뉴스 콘텐츠가 값싸기 때문

정답: ②

해설: AI가 기존 뉴스를 학습하여 유사한 콘텐츠를 생성할 경우, 원본 뉴스 콘텐츠의 저작권을 침해할 위험이 있다.

**19. AI에 의한 저작권 침해 문제를 해결하기 위한 기업의 실질적 조치는 무엇인가?**
**(난이도 상)**

① 모든 AI 생성물을 무료로 배포

② AI 생성물에 디지털 워터마킹 삽입

③ 모든 AI 생성물을 삭제

④ AI 사용을 중단

정답: ②

해설: 디지털 워터마킹을 삽입하는 것은 AI 생성물에 저작권 정보를 포함시켜 불법 복제를 방지하고 저작권 소유권을 명확히 하는 효과적인 방법이다.

20. AI 저작권 문제에 대한 국제적 협력의 필요성은 무엇에 기인하는가? (난이도 중)

① 다양한 국가에서 동일한 AI 알고리즘 사용

② 각국의 저작권 법규가 다름

③ 모든 국가가 AI 기술을 개발

④ AI 저작권이 국제적으로 인정받기 때문

정답: ②

해설: 각국의 저작권 법규가 서로 다르기 때문에, 국제적 협력을 통해 AI 저작권 문제에 대한 일관된 처리가 필요하다.

# 제2부

# 미디어 유형별
# 콘텐츠 프롬프트 디자인

# Chapter 05
# 텍스트 미디어 콘텐츠 프롬프트 디자인

제2부 미디어 유형별 콘텐츠 프롬프트 디자인

05. 텍스트 미디어 콘텐츠 프롬프트 디자인

06. 이미지 콘텐츠 프롬프트 디자인

07. 영상 미디어 콘텐츠 프롬프트

08. 사운드 미디어 콘텐츠 프롬프트

09. 멀티모달 AI 미디어 콘텐츠 프롬프트

## 제1절 텍스트 미디어(text media)의 종류

### 1. 책의 세계

책은 지식, 영감, 그리고 오락의 소중한 원천이다. 인류 역사 전반에 걸쳐 책은 문화적 유산을 보존하고 아이디어를 전파하는 데 필수적인 역할을 했다. 오늘날 책은 여전히 우리 삶에 깊은 영향을 미치고 있으며, 다양한 형태와 플랫폼을 통하여 이용되고 있다.

### 1) 전통적인 책

전통적인 책은 수세기 동안 지배적인 형태였으며 여전히 많은 사람이 선호하고 있다. 종이에 인쇄된 책은 스크린에서 읽는 것과는 다른 촉각적인 경험을 제공한다. 서가에 책이 즐비하게 있는 것은 집이나 사무실에 편안함과 지적 풍부함을 더해 줄 수 있다.

## 2) 전자책

전자책eBook은 최근 몇 년간 인기를 끌고 있다. 편리하고 휴대가 간편하여 독자는 이동 중에도 책을 읽을 수 있다. 또한, 전자책은 보통 전통적인 책보다 저렴하며 온라인 서점에서 쉽게 찾을 수 있다.

## 3) 오디오북

오디오북은 책이 녹음된 버전으로, 독자가 책을 읽지 않고도 들을 수 있도록 한다. 주행 중, 운동 중 또는 집안일을 할 때 오디오북을 들으면 정보를 얻고 오락을 즐길 수 있는 좋은 방법이 될 수 있다.

## 4) 블로그

블로그는 온라인으로 게시되는 글 모음으로, 일반적으로 특정 주제나 관심사에 초점을 맞춘다. 책에 관한 블로그는 서평, 읽기 추천, 저자 인터뷰 등 다양한 콘텐츠를 제공한다. 이러한 블로그는 독자들이 새로운 책을 발견하고, 독서 목록을 만들고, 독서 커뮤니티와 연결하는 데 도움이 될 수 있다.

## 5) 책의 미래

책의 미래는 밝다. 전자책과 오디오북의 성장에도 불구하고 전통적인 책은 여전히 인기가 많다. 출판 산업은 끊임없이 진화하고 있으며, 새로운 기술과 플랫폼이 독자들에게 책을 접근하기 쉽게 만들고 있다. 결론적으로, 책은 계속해서 우리 삶에 영향을 미치는 강력한 힘이다. 이렇게 다양한 형태와 플랫폼을 통해 이용할 수 있는 책은 지식, 영감, 오락의 소중한 원천을 제공한다. 책을 읽는 것은 우리의 마음과 영혼을 풍요롭게 하고, 더 나은 이해와 동정심을 갖춘 개인이 되는 데 도움이 될 수 있다.

## 2. 잡지 - 다양한 독자층의 관심사 충족

잡지는 특정 주제나 관심사에 초점을 맞춘 정기적으로 발행되는 간행물이다. 뉴스와 시사에서부터 패션과 라이프스타일까지 잡지는 다양한 독자층의 관심사를 충족시킨다.

### 1) 잡지의 종류

잡지는 다양한 주제와 관심사, 목적에 따라 여러 종류와 유형으로 나뉜다. 몇 가지 일반적인 유형은 다음과 같다.

### (1) 일반 잡지(General Interest Magazines)
- **뉴스 잡지**: 시사, 정치, 경제 등 다양한 주제를 다루며, 타임Time, 뉴스위크Newsweek, 국내는 시사IN, 월간조선, 신동아, 한겨레21 등이 있다.
- **라이프스타일 잡지**: 패션, 여행, 음식, 건강 등 생활 전반에 걸친 주제를 다룬다. 예를 들어 보그Vogue, 내셔널 지오그래픽National Geographic, 국내 패션/뷰티 잡지는 마리끌레르, 라이프스타일 잡지는 리빙센스, 하우징, 우먼센스 등이 있다.

### (2) 전문 잡지(Special Interest Magazines)
- **패션 잡지**: 최신 패션 트렌드, 스타일, 디자이너 인터뷰 등을 다룬다. 예를 들어 한국어판도 발행하는 엘르Elle, 하퍼스 바자Harper's Bazaar 등이 있다.
- **스포츠 잡지**: 특정 스포츠나 전반적인 스포츠 소식을 다룬다. 예를 들어 스포츠 일러

스트레이티드Sports Illustrated 등과 같이 국내는 골프 포 위민 – 여성 골프 전문 잡지, 베이스볼코리아 스포츠 매거진 – 아마추어 야구 전문 잡지 등이 있다.

- **과학 잡지**: 최신 과학 연구, 기술 발전 등을 다룬다. 예를 들어 사이언티픽 아메리칸 Scientific American, 네이처Nature, 국내는 과학동아, 디펜스타임즈 코리아 등이 있다.
- **음악 잡지**: 음악 산업, 아티스트 인터뷰, 앨범 리뷰 등을 다룬다. 예를 들어 롤링 스톤 Rolling Stone, 국내는 월간객석, 음악세계 등이 있다.

## (3) 산업 및 무역 잡지(Trade and Industry Magazines)

- 특정 산업이나 직업군을 대상으로 하며, 해당 분야의 뉴스, 기술, 트렌드 등을 다룬다. 예를 들어 애드위크Adweek, 버라이어티Variety, 국내는 통하는 세상 통상, e-Article 등이 있다.

## (4) 학술 잡지(Academic and Scholarly Journals)

- 학문적 연구와 논문을 발표하는 잡지로, 대학이나 연구기관에서 많이 사용된다. 예를 들어 저널 오브 아메리칸 메디컬 어소시에이션Journal of the American Medical Association, JAMA, 국내는 International Journal of Korean History 고려대학교 한국사연구소 발행 등이 있다.

## (5) 취미 및 여가 잡지(Hobby and Leisure Magazines)

- 특정 취미나 여가 활동을 다룬다. 예를 들어 가드닝Gardening, 요리Cooking, 사진 Photography 국내는 여행레저 잡지 'Tour de Monde', 사진/영상 잡지 'PHOTO & VIDEO' 등이 있다.

## (6) 청소년 및 어린이 잡지(Youth and Children's Magazines)

- 어린이와 청소년을 대상으로 한 잡지로, 교육적 내용과 오락적 요소를 포함한다. 예를 들어 내셔널 지오그래픽 키즈National Geographic Kids, 하이라이츠Highlights 국내는 어린이, 새나라, 어깨동무 등이 있다.

## (7) 디지털 및 온라인 잡지(Digital and Online Magazines)

- 인터넷을 통해 제공되는 잡지로, 전통적인 인쇄 잡지와는 달리 디지털 포맷으로 배포된다. 예를 들어 와이어드Wired, 슬레이트Slate 국내는 월간 인재경영, 디펜스타임즈 코리아 등이 있다.

이 외에도 잡지는 특정 주제나 독자층을 대상으로 다양한 형태로 존재한다. 각 잡지는 독자의 관심사와 필요에 맞춰 콘텐츠를 제공하며, 그에 따라 다양한 형식과 스타일로 제작된다.

## 2) 잡지의 기능

잡지는 사회에서 중요한 여러 기능을 수행한다. 잡지는 다양한 기능을 수행하는 매체로, 여러 가지 목적과 역할을 가지고 있다. 다음은 잡지의 주요 기능들이다.

- **정보 제공**: 독자들에게 최신 뉴스, 트렌드, 사건, 인물 등에 대한 정보를 제공한다.
- **교육적 역할**: 특정 주제, 깊이 있는 기사와 연구 결과 통해 교육적 자료를 제공한다.
- **오락 및 여가**: 유머, 패션, 여행, 음식, 스포츠 등 다양한 주제와 즐거움을 제공한다.
- **문화 및 사회적 영향**: 문화와 사회적 트렌드를 반영하고, 때로는 이를 형성한다.
- **광고 및 마케팅**: 광고를 통해 수익을 창출하며, 기업들의 제품과 서비스를 홍보한다.
- **커뮤니티 형성**: 특정 관심사나 주제 중심의 독자 커뮤니티 형성과 플랫폼을 제공한다.
- **비판 및 논평**: 사회적, 정치적, 문화적 현상에 비판과 논평을 독자들에게 제공한다.
- **창의적 표현**: 작가, 사진작가, 일러스트레이터 등 자신의 작품 발표 공간을 제공한다.

이러한 기능들을 통해 잡지는 독자들에게 다양한 가치를 제공하며 사회와 문화에 중요한 역할을 한다.

제2부 미디어 유형별 콘텐츠 프롬프트 디자인

05. 텍스트 미디어 콘텐츠 프롬프트 디자인

06. 이미지 콘텐츠 프롬프트 디자인

07. 영상 미디어 콘텐츠 프롬프트

08. 사운드 미디어 콘텐츠 프롬프트

09. 멀티모달 AI 미디어 콘텐츠 프롬프트

## 3) 잡지 산업의 과제

### (1) 디지털 전환

- **디지털화의 필요성**: 온라인 콘텐츠 선호에 따라 디지털 플랫폼으로 전환해야 한다.
- **디지털 수익 모델**: 디지털 콘텐츠에서 수익을 창출하는 방법을 찾는 것이 중요하다.

### (2) 독자 참여와 유지

- **콘텐츠 품질**: 고품질의 콘텐츠를 지속적으로 제공해야 한다.
- **개인화된 경험**: 데이터 분석과 알고리즘을 활용해 독자 맞춤형 콘텐츠를 제공한다.

### (3) 광고 수익 감소

- **광고 시장 변화**: 구글, 페이스북 등 플랫폼의 지배적인 위치로 광고 수익의 감소
- **새로운 광고 전략**: 네이티브 광고, 스폰서십 콘텐츠 등 새로운 광고 전략을 모색

### (4) 비용 관리

- **인쇄 및 배포 비용**: 인쇄 및 배포 비용을 줄이기 위한 효율적인 방법을 찾아야 한다.
- **디지털 인프라 투자**: 디지털 전환을 위한 기술적 인프라에 대한 투자가 필요하다.

### (5) 콘텐츠 도용 및 저작권 문제

- **저작권 보호**: 불법 복제와 도용을 방지하기 위한 저작권 보호 조치가 필요하다.

### (6) 독자층의 변화

- **젊은 독자층 확보**: 젊은 세대의 디지털 매체를 타깃으로 한 콘텐츠 전략이 필요하다.
- **다양성**: 다양한 배경과 관심사를 가진 독자들을 포용하는 콘텐츠가 필요하다.

### (7) 경쟁

- **다양한 미디어와의 경쟁**: 블로그, 소셜미디어, 유튜브 등 디지털 미디어와 경쟁

- **차별화**: 독자에게 차별화된 가치 제공을 위한 독창적인 콘텐츠와 디자인이 필요하다.

## (8) 환경적 책임

- **지속 가능성**: 재활용 종이 사용, 친환경 인쇄 기술 도입 등이 고려될 수 있다.

## (9) 글로벌화

- **글로벌 독자층**: 디지털 시대에 다양한 언어와 문화에 맞춘 콘텐츠 제공이 중요하다.

잡지 산업은 이러한 과제들을 극복하기 위해 지속적인 혁신과 적응이 필요하다. 디지털 기술을 활용한 새로운 비즈니스 모델과 콘텐츠 전략을 통해 변화하는 미디어 환경에 대응해야 한다.

### 4) 잡지의 미래

잡지의 미래는 불확실하지만 여전히 중요한 역할을 할 것으로 예상된다. 잡지는 특정 주제나 관심사에 대한 심도 있는 정보, 영감, 오락을 제공하는 독특한 플랫폼으로 남아 있을 것이다. 그러나 잡지 산업은 디지털 시대에 적응하기 위해 계속해서 진화해야 할 것이다. 잡지 산업은 빠르게 변화하는 디지털 시대에 적응하며 새로운 기회를 창출하고, 독자와의 관계를 강화할 수 있는 새로운 도전에 따라 변화할 것이다.

## 3. 블로그 온라인 표현과 연결

블로그는 온라인으로 게시되는 글 모음으로, 일반적으로 특정 주제나 관심사에 초점을 맞춘다. 개인적인 일기장에서부터 전문적인 업데이트까지 블로그는 다양한 목적과 관점을 반영한다.

제2부 미디어 유형별 콘텐츠 프롬프트 디자인

05. 텍스트 미디어 콘텐츠 프롬프트 디자인

06. 이미지 콘텐츠 프롬프트 디자인

07. 영상 미디어 콘텐츠 프롬프트

08. 사운드 미디어 콘텐츠 프롬프트

09. 멀티모달 AI 미디어 콘텐츠 프롬프트

## 1) 블로그의 종류

블로그는 다양한 주제와 관심사를 다루는 다양한 종류가 있다. 일반적인 유형은 다음과 같다.

- **개인 블로그**: 개인적인 경험, 생각, 감정을 공유하는 데 중점을 둔다.
- **전문 블로그**: 특정 산업, 직업 또는 관심 분야에 대한 지식과 통찰력에 중점을 둔다.
- **비즈니스 블로그**: 제품, 서비스 또는 브랜드 홍보하고 고객 참여 구축에 중점을 둔다.
- **취미 블로그**: 특정 취미, 열정 또는 관심사에 관한 콘텐츠를 공유하는 데 중점을 둔다.
- **여행 블로그**: 여행 경험, 목적지 권장 사항, 여행 팁을 공유하는 데 중점을 둔다.

## 2) 블로그의 기능

블로그는 사회에서 중요한 여러 기능을 수행한다.

- **정보 제공**: 블로그는 특정 주제나 관심사에 대한 정보와 통찰력을 제공한다.
- **연결 구축**: 블로그는 독자와 블로거 간의 연결을 구축하는 데 도움이 될 수 있다.
- **의견 공유**: 블로그는 독자들이 자신의 생각과 의견을 공유할 수 있는 플랫폼을 제공한다.
- **커뮤니티 구축**: 블로그는 특정 관심사를 공유하는 사람들의 커뮤니티를 구축할 수 있다.

## 3) 블로깅의 과제

블로깅은 여러 가지 과제를 수반한다.

- 일관성 유지: 블로그 게시물을 정기적으로 작성하고 게시하는 것은 어려울 수 있다.
- 독자 참여: 독자와 참여하고 의견을 생성하는 것은 어려울 수 있다.
- 경쟁: 블로그 분야는 경쟁이 치열하며 독자의 관심을 끄는 것은 어려울 수 있다.

## 4. 신문과 온라인 뉴스: 실시간 정보를 위한 디지털

신문은 수세기 동안 뉴스와 정보를 대중에게 전달하는 필수적인 매체였다. 지역 사회의 사건에서부터 전 세계적인 사건까지 신문은 시민이 알고 의견을 형성하는 데 필수적인 역할을 해왔다.

### 1) 전통적인 신문

전통적인 신문은 종이에 인쇄되어 배포된다. 지역, 국가 및 국제 뉴스, 의견 기사, 스포츠 기사, 비즈니스 기사 등 다양한 콘텐츠를 제공한다. 신문은 일반적으로 일간 또는 주간으로 발행되며 구독 또는 매점에서 구매할 수 있다.

### 2) 온라인 신문 & 뉴스

최근 몇 년간 온라인 신문이 인기를 끌었다. 온라인 신문은 전통적인 신문과 유사한 콘텐츠를 제공하지만 웹사이트 또는 모바일 앱을 통해 접근할 수 있다. 온라인 뉴스는 인터넷을 통해 전달되는 뉴스 기사, 리포트, 분석의 디지털 형태이다. 전통적인 인쇄나 방송 뉴스에 비해 온라인 뉴스는 속도, 접근성, 맞춤화의 이점을 제공한다.

제2부 미디어 유형별 콘텐츠 프롬프트 디자인

05. 텍스트 미디어 콘텐츠 프롬프트 디자인

06. 이미지 콘텐츠 프롬프트 디자인

07. 영상 미디어 콘텐츠 프롬프트

08. 사운드 미디어 콘텐츠 프롬프트

09. 멀티모달 AI 미디어 콘텐츠 프롬프트

## (1) 온라인 뉴스의 장점

- **속도**: 온라인 뉴스는 이벤트 발생 후 빠른 업데이트로 최신 정보를 실시간 받을 수 있다.
- **접근성**: 인터넷에 연결되어 있는 모든 사람이 언제 어디서나 액세스할 수 있다.
- **맞춤화**: 웹사이트에서 독자의 관심사와 선호도에 맞게 맞춤화된 뉴스 피드를 제공한다.
- **멀티미디어**: 비디오, 오디오, 그래픽 등 멀티미디어 요소가 몰입적이고 매력적이다.
- **소셜 공유**: 소셜미디어 플랫폼 공유로 뉴스를 논의하고 공유할 수 있다.

## (2) 온라인 뉴스의 과제

- **가짜 뉴스와 오해의 소지**: 가짜 뉴스나 오해의 소지가 있는 정보가 유포될 수 있다.
- **정보 과부하**: 너무 많은 뉴스 정보가 넘쳐나 정보를 찾고 처리하는 것이 어려울 수 있다.
- **광고**: 광고를 통한 수익 창출, 독자의 경험을 방해하고 객관성에 대한 우려도 있다.
- **데이터 프라이버시**: 독자의 브라우징 기록과 개인정보 수집으로 프라이버시 문제가 발생할 수 있다.

## 3) 신문의 기능

- **뉴스 전달**: 신문은 시민에게 최신 뉴스와 정보를 제공한다.
- **의견 형성**: 신문은 의견 기사와 편집자 논설을 통해 문제에 대한 다양한 관점을 제시한다.
- **감시**: 신문은 정부와 기업을 감시하여 공공 이익을 보호한다.
- **역사적 기록**: 신문은 특정 시대의 사건에 대한 중요한 역사적 기록을 제공한다.

## 4 . 신문의 과제

- **디지털 디스럽션**: 온라인 뉴스와 소셜미디어의 성장, 신문 발행 부수와 광고 수익 감소
- **가짜 뉴스**: 신문은 가짜 뉴스와 오해의 소지가 있는 정보를 퍼뜨리는 데 사용될 수 있다.

- **편파성**: 일부 신문은 특정 정치적 또는 이념적 의제를 홍보하는 것으로 비난받고 있다.

신문은 사회에서 필수적인 역할을 하는 뉴스와 정보의 중요한 원천이다. 전통적인 신문과 온라인 신문 모두 시민이 알고 의견을 형성하는 데 도움이 된다. 신문 산업은 과제에 직면해 있지만 앞으로도 계속해서 뉴스와 정보를 전달하는 데 중요한 역할을 할 것이다.

## 5. 소셜미디어: 커뮤니케이션, 커뮤니티, 상거래의 힘

### 1) 소셜미디어의 장점

- **커뮤니케이션 향상**: 사람들이 친구, 가족, 동료와 연결하고 소통하는 것을 쉽게 만든다.
- **커뮤니티 구축**: 공통된 관심사나 목표를 가진 사람들 연결, 커뮤니티를 형성 가능하게 한다.
- **정보 공유**: 소셜미디어는 뉴스, 아이디어, 업데이트를 빠르게 공유하는 데 사용할 수 있다.
- **브랜드 인식 향상**: 기업은 브랜드 인식도를 높이고 고객과 소통할 수 있다.
- **리드 생성 및 판매**: 잠재 고객을 유치하고 판매를 창출하는 강력한 마케팅 도구이다.

### 2) 소셜미디어의 과제

- **중독성**: 중독성이 있으며, 이는 작업이나 다른 중요한 활동에 방해가 될 수 있다.
- **사생활 침해**: 플랫폼이 사용자의 많은 데이터를 수집, 사생활 침해 우려가 있다.
- **가짜 뉴스와 오해의 소지**: 가짜 뉴스와 오해 소지의 정보를 퍼뜨리는 데 사용될 수 있다.
- **사이버 폭력**: 사이버 괴롭힘과 다른 유형의 온라인 학대를 위한 플랫폼으로 사용될 수 있다.

제2부 미디어 유형별 콘텐츠 프롬프트 디자인

05. 텍스트 미디어 콘텐츠 프롬프트 디자인

06. 이미지 콘텐츠 프롬프트 디자인

07. 영상 미디어 콘텐츠 프롬프트

08. 사운드 미디어 콘텐츠 프롬프트

09. 멀티모달 AI 미디어 콘텐츠 프롬프트

### 3) 소셜미디어의 미래

- **인공지능**AI : AI는 소셜미디어 콘텐츠 권장, 개인화된 광고, 사기 감지에 사용될 것이다.
- **가상현실**VR과 **증강현실**AR : VR과 AR이 더 몰입적이고 인터랙티브하게 만들어질 것이다.
- **소셜커머스** : 사용자가 제품과 서비스를 직접 구매할 수 있는 기능을 통합할 것이다.

## 6. 웹사이트 : 온라인 존재감의 기초

웹사이트는 인터넷상에 있는 웹 페이지들의 집합체로서 개인, 기업, 단체가 온라인으로 자신의 존재감을 구축하는 데 사용된다. 웹사이트는 정보 제공, 제품 판매, 고객 참여 등 다양한 목적으로 사용될 수 있다.

### 1) 웹사이트의 장점

(1) 개인에게 제공하는 장점

① 개인 브랜드 구축
- **포트폴리오** : 자신의 작품이나 프로젝트를 전시할 수 있는 공간으로 활용할 수 있다.
- **블로그** : 자신의 전문 지식이나 관심사를 공유하여 개인 브랜드를 강화할 수 있다.

② 네트워킹
- **연락처 공유** : 자신의 연락처를 쉽게 공유하고 네트워킹을 확장할 수 있다.
- **소셜미디어 통합** : 소셜미디어 계정과 연동하여 더 많은 사람들과 연결될 수 있다.

### ③ 수익 창출

- **블로그 수익**: 광고, 스폰서십, 애드센스 등 블로그를 통해 수익을 창출할 수 있다.
- **전자상거래**: 직접 제품을 판매하거나 제휴 마케팅을 통해 수익을 올릴 수 있다.

### ④ 자기 표현

- **창의적 표현**: 자신을 표현할 수 있는 글, 사진, 동영상 등 창의력을 발휘할 수 있다.
- **취미 공유**: 자신의 취미나 관심사를 다른 사람들과 공유할 수 있다.

## (2) 기업에 제공하는 장점

### ① 브랜드 인지도 향상

- **온라인 존재감**: 웹사이트를 통해 더 많은 사람에게 브랜드를 알릴 수 있다.
- **일관된 브랜드 이미지**: 디자인과 메시지를 통해 브랜드 이미지를 강화할 수 있다.

### ② 마케팅 및 광고

- **디지털 마케팅**: SEO, 콘텐츠, 소셜미디어 마케팅 등을 통해 잠재 고객 유치
- **타깃 광고**: 특정 고객층을 대상으로 한 타깃 광고를 통해 효율적인 마케팅이 가능하다.

### ③ 고객 서비스 향상

- **FAQ 및 지원**: 자주 묻는 질문FAQ과 고객 지원 페이지를 통해 고객 문의를 줄인다.
- **실시간 채팅**: 실시간 채팅 기능을 통해 즉각적인 고객 서비스를 제공할 수 있다.

### ④ 판매 증대

- **전자상거래**: 온라인 스토어를 통해 제품이나 서비스를 직접 판매할 수 있다.
- **프로모션**: 특별 할인, 쿠폰, 프로모션 등을 통해 판매를 촉진할 수 있다.

제2부 미디어 유형별 콘텐츠 프롬프트 디자인

05. 텍스트 미디어 콘텐츠 프롬프트 디자인

06. 이미지 콘텐츠 프롬프트 디자인

07. 영상 미디어 콘텐츠 프롬프트

08. 사운드 미디어 콘텐츠 프롬프트

09. 멀티모달 AI 미디어 콘텐츠 프롬프트

⑤ 데이터 분석

- **트래픽 분석**: 웹사이트 방문자 데이터를 분석하여 고객의 행동 패턴을 이해할 수 있다.
- **마케팅 효과 측정**: 마케팅 캠페인의 효과를 실시간으로 측정하고 조정할 수 있다.

## (3) 단체에게 제공하는 장점

① 정보 공유

- **공지 사항**: 중요한 공지 사항이나 이벤트 정보를 회원들에게 전달할 수 있다.
- **자료실**: 보고서, 연구 자료, 강의 자료 등을 공유할 수 있는 공간을 제공할 수 있다.

② 회원 관리

- **회원 전용 콘텐츠**: 회원 전용 콘텐츠를 제공하여 회원들의 참여를 유도할 수 있다.
- **가입 및 갱신**: 회원 가입 및 갱신 절차를 온라인으로 간편하게 처리할 수 있다.

③ 기부 및 후원

- **온라인 기부**: 기부 페이지를 통해 손쉽게 기부금을 모금할 수 있다.
- **후원자 관리**: 후원자 정보를 체계적으로 관리하고, 감사 메시지를 전달할 수 있다.

④ 커뮤니티 형성

- **포럼 및 게시판**: 회원들 간의 소통을 위한 포럼이나 게시판을 운영할 수 있다.
- **이벤트 관리**: 다양한 이벤트를 기획하고, 참가 신청을 온라인으로 받을 수 있다.

⑤ 홍보 및 캠페인

- **캠페인 페이지**: 특정 캠페인이나 프로젝트를 홍보 전용 페이지로 만들 수 있다.
- **미디어 갤러리**: 사진, 동영상 등을 통해 단체의 활동을 시각적으로 홍보할 수 있다.

웹사이트는 다양한 목적과 필요에 맞게 활용될 수 있으며, 이를 통해 개인, 기업, 단체 모두가 더 큰 혜택을 누릴 수 있다.

## 2) 웹사이트의 유형

다양한 유형의 웹사이트가 있으며, 각 유형은 고유한 목적과 기능을 가지고 있다. 가장 일반적인 웹사이트 유형은 다음과 같다.

### (1) 기업 웹사이트(Corporate Website)

- **목적:** 회사의 정보, 제품 및 서비스를 소개하고, 브랜드 이미지를 구축한다.
- **특징:** 회사, 제품/서비스 정보, 뉴스 및 공지 사항, 고객 지원 페이지 등이 포함된다.

### (2) 전자상거래 웹사이트(E-commerce Website)

- **목적:** 온라인으로 제품이나 서비스를 판매한다.
- **특징:** 카탈로그, 장바구니, 결제 시스템, 사용자 리뷰, 프로모션 페이지 등이 포함된다.
- **예시:** 아마존, 이베이, 쿠팡

### (3) 블로그(Blog)

- **목적:** 개인이나 그룹이 글, 사진, 동영상 등을 자신의 생각, 경험, 정보를 공유한다.
- **특징:** 정기적인 게시물, 카테고리, 태그, 댓글 기능 등이 포함된다.
- **예시:** 워드프레스 블로그, 네이버 블로그

### (4) 포트폴리오 웹사이트(Portfolio Website)

- **목적:** 디자이너, 작가, 사진작가 등 창작자가 자신의 작품을 전시한다.
- **특징:** 작품 갤러리, 프로젝트 설명, 작가 소개, 연락처 정보 등이 포함된다.
- **예시:** Behance, Dribbble

### (5) 뉴스 및 미디어 웹사이트(News and Media Website)

- **목적:** 최신 뉴스, 기사, 동영상 등을 제공하여 정보를 전달한다.
- **특징:** 뉴스 기사, 카테고리, 동영상 콘텐츠, 사용자 댓글, 광고 등이 포함된다.
- **예시:** CNN, BBC, 뉴욕 타임스

### (6) 포럼 및 커뮤니티 웹사이트(Forum and Community Website)

- **목적:** 특정 주제에 관심 있는 사람들이 모여 토론하고 정보를 공유한다.
- **특징:** 게시판, 토론 스레드, 사용자 프로필, 메시징 기능 등이 포함된다.
- **예시:** Reddit, Quora

### (7) 교육 웹사이트(Educational Website)

- **목적:** 교육 콘텐츠를 제공하고 학습을 지원한다.
- **특징:** 온라인 강의, 퀴즈, 학습 자료, 학생 및 교사 포럼, 인증서 발급 등이 포함된다.
- **예시:** Coursera, Khan Academy, Udemy

### (8) 비영리 웹사이트(Nonprofit Website)

- **목적:** 비영리 단체의 목적과 활동을 홍보하고, 기부를 유도한다.
- **특징:** 단체 소개, 프로젝트 설명, 기부 페이지, 자원봉사 신청 등이 포함된다.
- **예시:** 유니세프, 적십자사

### (9) 포털 웹사이트(Portal Website)

- **목적:** 다양한 정보와 서비스를 한 곳에서 제공한다.
- **특징:** 뉴스, 이메일, 검색 엔진, 날씨, 금융 정보, 커뮤니티 서비스 등이 포함된다.
- **예시:** 네이버, 야후

### (10) 랜딩 페이지(Landing Page)

- **목적:** 특정 캠페인, 제품, 서비스 등을 홍보, 사용자 행동예: 가입, 구매을 유도한다.

- **특징:** 단일 페이지로 구성되며, 명확한 Call-to-ActionCTA이 포함된다.
- **예시:** 제품 출시 페이지, 이벤트 등록 페이지

## (11) 개인 웹사이트(Personal Website)

- **목적:** 개인의 정보, 이력서, 취미 등을 소개한다.
- **특징:** 자기소개, 이력서, 연락처 정보, 블로그 섹션 등이 포함될 수 있다.
- **예시:** 개인 포트폴리오 사이트, 개인 블로그

## (12) 엔터테인먼트 웹사이트(Entertainment Website)

- **목적:** 오락 콘텐츠를 제공하여 사용자에게 즐거움을 준다.
- **특징:** 영화 리뷰, 게임, 음악 스트리밍, 동영상 콘텐츠 등이 포함된다.
- **예시:** 넷플릭스, 유튜브, 스포티파이

각 웹사이트 유형은 그 목적과 기능에 따라 다르게 설계되고 운영된다. 웹사이트를 구축하기 전에 그 목적과 목표를 명확히 정의하는 것이 중요하다.

웹사이트는 개인, 기업, 단체가 온라인으로 자신의 존재감을 구축하고 다양한 목표를 달성하는 데 필수적이다. 정보 제공, 브랜드 인식 향상, 리드 생성, 고객 지원 제공을 포함한 여러 가지 장점을 제공한다. 효과적인 웹사이트를 만드는 데는 사용자 중심 디자인, 고품질 콘텐츠, 검색 엔진 최적화와 같은 핵심 원칙이 포함된다. 웹사이트 산업은 계속해서 진화할 것이며, 기술의 발전과 사용자 요구의 변화에 따라 새로운 기회와 과제에 직면할 것이다.

제2부 미디어 유형별 콘텐츠 프롬프트 디자인

05. 텍스트 미디어 콘텐츠 프롬프트 디자인

06. 이미지 콘텐츠 프롬프트 디자인

07. 영상 미디어 콘텐츠 프롬프트

08. 사운드 미디어 콘텐츠 프롬프트

09. 멀티모달 AI 미디어 콘텐츠 프롬프트

## 제2절 텍스트 미디어(text media) 프롬프트 디자인 사례

생성형 AI 기술은 미디어 콘텐츠 제작에서 특히 텍스트 미디어 분야에 광범위하게 활용되고 있다. 뉴스 기사 작성, 소설 및 시나리오 창작, 광고 카피 제작 등 다양한 영역에서 AI가 인간을 보조하거나 때로는 대체하기도 하는 상황이다. 텍스트 미디어 콘텐츠 제작에서의 AI 활용 사례를 좀 더 구체적으로 살펴보겠다.

## 1. 저널리즘 분야의 프롬프트 디자인

### 1) 기자의 입장에서

프롬프트 디자인은 인공지능AI 모델에 특정한 작업을 수행하도록 하는 명령어를 작성하는 과정이다. 저널리즘 분야에서는 기사를 작성할 때 프롬프트 디자인을 통해 AI의 도움을 받아 신속하고 정확한 기사를 작성할 수 있다.

[활용 사례]

(1) 뉴스 속보 작성
- **프롬프트**: "일본 도쿄에서 최근 발생한 지진에 대해 위치, 규모, 영향을 받은 지역, 초기 대응 노력 등을 포함한 속보 기사를 작성해 주세요."
- **결과물**: AI는 지진의 위치, 규모, 영향을 받은 지역, 초기 대응 노력 등을 포함한 속보 기사를 작성한다. 기자는 이를 바탕으로 추가 취재를 통해 기사를 완성할 수 있다.

(2) 인터뷰 요약:
- **프롬프트**: "주 한국AI개발 CEO와의 인터뷰에서 신제품 출시와 관련된 주요 내용을

요약해 주세요."

- **결과물**: AI는 인터뷰에서 중요한 부분을 요약하여 기자가 핵심 내용을 빠르게 파악하고 기사 작성에 활용할 수 있도록 돕는다.

## (3) 데이터 분석:

- **프롬프트**: "최근 발표된 고용노동부의 데이터를 분석하고 경제에 미치는 영향과 추세에 대한 인사이트를 제공해 주세요."
- **결과물**: AI는 최신 고용 데이터를 분석하고 경제에 미치는 영향을 설명하는 기사를 작성하는 데 필요한 인사이트를 제공합니다.

## 2) 편집자의 입장에서

편집자는 기사의 문법과 문체를 교정하고 표절 검토 역할을 한다. 프롬프트 디자인을 통해 AI의 도움을 받아 이러한 작업을 효율적으로 수행할 수 있다.

[활용 사례]

## (1) 문법 및 문체 교정:

- **프롬프트**: "다음 기사의 문법을 교정하고 문체를 개선해 주세요: [기사 내용 입력]"
- **결과물**: AI는 문법 오류를 수정하고 문체를 개선하여 기사의 가독성을 높인다. 편집자는 이를 검토하고 최종 수정을 진행한다.

## (2) 표절 검토:

- **프롬프트**: "다음 기사의 표절 여부를 검사하고 보고서를 제공해 주세요: [기사 내용 입력]"
- **결과물**: AI는 기사의 표절 여부를 검사하고 표절이 의심되는 부분을 보고서로 제공한

다. 편집자는 이를 바탕으로 기사의 원본성을 확인한다.

### (3) 제목 및 리드 수정:

- **프롬프트**: "다음 기사에 대해 더 흥미로운 제목과 리드를 제안해 주세요: [기사 내용 입력]"
- **결과물**: AI는 기사의 제목과 리드를 보다 흥미롭게 수정하여 독자의 관심을 끌 수 있도록 돕는다. 편집자는 제안된 제목과 리드를 검토하고 최종 결정을 내린다.

## 3) 참고 자료

### (1) 기자 작성 예시:

- **프롬프트**: "일본 도쿄에서 최근 발생한 지진에 대해 위치, 규모, 영향을 받은 지역, 초기 대응 노력 등을 포함한 속보 기사를 작성해 주세요."
- **결과물**:

  **속보**: 오늘 오후 3시 45분현지 시간 일본의 수도 도쿄에서 규모 6.8의 강진이 발생했습니다. 진앙은 도쿄 인근으로, 일본 전역에서 강한 진동이 느껴졌습니다. 초기 보고에 따르면 여러 건물과 인프라가 피해를 입었으며, 긴급 구조대가 신속히 대응하고 있습니다. 당국은 주민들에게 실내에 머물며 안전 수칙을 따를 것을 당부하고 있습니다.

### (2) 편집자 교정 예시:

- **프롬프트**: "다음 기사의 문법을 교정하고 문체를 개선해 주세요: [기사 내용 입력]"
- **원문**:

  오늘 일본 도쿄에서 발생한 지진은 매우 강력하여 많은 건물이 붕괴되고 사람들이 부상을 입었습니다. 지역 당국은 피해를 입은 사람들을 돕고 서비스를 복구하기 위해 열심히 일하고 있습니다.

- 결과물:

  오늘 일본 도쿄에서 발생한 지진은 매우 강력하여 많은 건물이 붕괴되고 여러 사람들이 부상을 입었습니다. 일본 소방청은 피해를 입은 사람들을 돕고 필수 서비스를 복구하기 위해 열심히 노력하고 있습니다.

(3) 표절 검토 예시:

- 프롬프트: "다음 기사의 표절 여부를 검사하고 보고서를 제공해 주세요: [기사 내용 입력]"
- 결과물: AI는 표절 검사 결과를 제공하며, 의심되는 부분을 강조하여 편집자가 쉽게 확인할 수 있도록 합니다.

프롬프트 디자인을 활용하면 기자와 편집자는 보다 효율적이고 정확하게 기사를 작성하고 검토할 수 있다. AI의 도움을 받으면 시간과 노력을 절약할 수 있으며, 독자에게 더 나은 콘텐츠를 제공할 수 있다.

- 스포츠 경기 결과, 기업 실적 등 팩트 기반의 단순 보도 기사 자동 생성
- 방대한 데이터를 분석해 숨겨진 이슈를 발굴하고 기사화하는 탐사 보도에 활용
- 편집자의 역할을 보조하여 기사의 문법과 문체를 교정하고 표절 여부 검토

## 2. 문학 창작 영역의 프롬프트 디자인(웹소설)

프롬프트: "셰익스피어의 집필 스타일을 반영하여 웹소설 줄거리와 등장인물을 설정해 보세요."

웹소설 줄거리와 등장인물 설정

제목: 운명의 장막

**줄거리:**

고대 왕국의 왕자 알렉산더는 아버지의 죽음 이후 왕좌를 계승하지만, 그의 삼촌 클라우디우스가 배신하여 왕국을 장악하려 합니다. 알렉산더는 자신의 정체성과 운명을 찾기 위해 모험을 떠나며, 마법사 미란다와 용사 오베론의 도움을 받아 악을 물리치고 왕국을 되찾으려 합니다. 그러나 그의 마음속에는 사랑과 복수, 정의와 배신의 갈등이 끊임없이 일어납니다.

**등장인물:**

1. 알렉산더: 고뇌와 결단력으로 가득 찬 왕자. 정의를 위해 싸우는 주인공.

2. 클라우디우스: 알렉산더의 삼촌. 왕국을 장악하려는 악당.

3. 미란다: 지혜로운 마법사. 알렉산더의 조언자이자 동료.

4. 오베론: 강력한 용사. 알렉산더의 충직한 친구이자 보호자.

5. 오필리아: 알렉산더의 연인. 사랑과 충성 사이에서 갈등하는 인물.

이 웹소설은 셰익스피어의 고전적인 요소들을 현대적인 장르문학에 접목시켜, 독자들에게 깊이 있는 이야기를 제공합니다.

---

**프롬프트:** "위의 소설에 대하여 독자 반응과 선호도 데이터 분석을 통한 베스트셀러 예측을 부탁합니다."

---

**가상의 독자 반응과 선호도 데이터**

**1. 독자 반응:**

- 긍정적 반응: 85%

- 부정적 반응: 10%

- 중립적 반응: 5%

**2. 평점:**

- 평균 평점: 4.7/5

**3. 주요 피드백:**

- 스토리라인: "흥미진진하고 예측할 수 없는 전개" (90%)

- 캐릭터: "매력적이고 깊이 있는 캐릭터" (85%)

- 문체: "셰익스피어의 고전적 스타일을 현대적으로 잘 살림" (80%)

### 4. 판매 데이터:

- 초기 판매량: 10,000부 (첫 주)

- 구독자 증가율: 주당 15%

- 소셜미디어 언급량: 5,000회 (첫 달)

## 데이터 분석 및 베스트셀러 예측

1. **긍정적 반응 비율:** 85%의 긍정적 반응은 매우 높은 수치로, 독자들이 이 작품을 매우 좋아한다는 것을 의미합니다. 이는 베스트셀러가 될 가능성을 높입니다.

2. **평균 평점:** 4.7/5의 높은 평점은 독자들이 이 작품의 품질에 매우 만족하고 있음을 나타냅니다. 이는 추가적인 독자 유입과 높은 유지율을 기대할 수 있습니다.

3. **주요 피드백:** 스토리라인, 캐릭터, 문체에 대한 긍정적인 피드백은 작품의 전반적인 완성도가 높다는 것을 보여 줍니다. 특히 셰익스피어 스타일의 문체가 현대 독자들에게도 잘 받아들여지고 있다는 점이 주목할 만합니다.

4. **판매 데이터:** 초기 판매량과 구독자 증가율, 소셜미디어 언급량은 작품의 인기를 가늠할 수 있는 중요한 지표입니다. 첫 주에 10,000부 판매와 주당 15%의 구독자 증가율은 매우 긍정적인 신호입니다.

## 예측 결과

이러한 데이터를 종합해볼 때 "운명의 장막"은 다음과 같은 이유로 베스트셀러가 될 가능성이 높습니다:

- **높은 긍정적 반응과 평점:** 독자들이 작품을 매우 긍정적으로 평가하고 있습니다.

- **강력한 스토리와 캐릭터:** 매력적이고 깊이 있는 캐릭터와 흥미진진한 스토리라인이 독자들을 사로잡고 있습니다.

- **초기 판매량과 구독자 증가율:** 높은 초기 판매량과 지속적인 구독자 증가율은 작품의 인기와 지속 가능성을 보여줍니다.

- **소셜미디어 언급량:** 소셜미디어에서의 활발한 언급은 작품의 인지도를 높이고, 추가적인 독자 유입을 기대할 수 있습니다.

따라서 "운명의 장막"은 현재의 데이터와 독자 반응을 바탕으로 베스트셀러가 될 가능성이 매우 높다고 예측할 수 있습니다.

- 웹소설, 라이트노벨 등 장르문학 작품의 줄거리와 등장인물을 설정하는 데 활용
- 작가의 집필 스타일을 학습하여 협업하는 AI 공동 창작 시도
- 독자 반응과 선호도 데이터 분석을 통한 베스트 셀러 예측

# 3. 시나리오와 드라마 극본의 프롬프트 디자인(영화 등)

**프롬프트:** 영화 "라이언 킹"을 학습하여 "타이거 킹"을 새롭게 창조해 주세요

### 영화 "타이거 킹"

**제목:** 타이거 킹 (Tiger King)

**줄거리**

인도 밀림의 왕, 강력한 호랑이 왕 라자(Raja)는 평화로운 밀림을 다스리고 있습니다. 그러나 그의 형제 샤카(Shaka)는 왕좌를 탐내고 있어 라자를 배신합니다. 샤카는 라자의 아들, 어린 호랑이 왕자 시바(Shiva)를 밀림에서 쫓아내고 왕좌를 차지합니다. 시바는 밀림을 떠나 새로운 친구들과 함께 성장하며, 자신의 운명과 왕국을 되찾기 위한 여정을 시작합니다.

**등장인물**

1. 라자(Raja): 인도 밀림의 강력한 호랑이 왕. 정의롭고 현명한 지도자
2. 샤카(Shaka): 라자의 형제. 왕좌를 탐내는 야망가
3. 시바(Shiva): 라자의 아들. 운명에 의해 쫓겨난 어린 왕자
4. 카비 (Kabir): 현명한 코끼리. 시바의 멘토이자 조언자
5. 마라(Mara): 용감한 원숭이. 시바의 충직한 친구
6. 리야(Riya): 아름다운 호랑이. 시바의 친구이자 연인

주요 플롯 포인트

1. 왕국의 배신: 샤카가 라자를 배신하고 왕좌를 차지하는 장면

2. 시바의 유배: 어린 시바가 밀림을 떠나 새로운 환경에서 성장하는 과정

3. 새로운 친구들: 시바가 카비르와 마라를 만나며 자신의 운명을 깨닫고 성장하는 이야기

4. 왕국의 재탈환: 시바가 성장하여 밀림으로 돌아와 샤카와 맞서 싸우는 클라이맥스

5. 정의의 승리: 시바가 왕국을 되찾고 밀림을 평화롭게 다스리는 결말

테마와 메시지

- 정의와 용기: 시바가 어려움을 극복하고 자신의 운명을 받아들이는 과정에서 보여주는 용기와 정의.

- 우정과 충성: 시바와 그의 친구들 간의 깊은 우정과 충성.

- 자연과 조화: 밀림의 동물들이 서로 조화를 이루며 살아가는 모습.

"타이거 킹"은 "라이언 킹"의 고전적인 이야기를 인도 밀림의 배경으로 새롭게 재해석한 작품입니다. 강력한 캐릭터와 감동적인 스토리를 통해 관객들에게 깊은 인상을 남길 것입니다.

- 인기 드라마의 대본을 학습하여 새로운 이야기와 캐릭터 창조에 활용

- 복잡한 서사 구조의 영화 시나리오 작성에 AI가 아이디어 제공

- 드라마 등장인물의 사투리, 말버릇 등을 일관되게 구현하는 데 기여

# 4. 광고와 마케팅 분야의 프롬프트 디자인(카피라이팅)

**프롬프트:** 한국의 전통 음식과 MZ세대의 트랜드를 반영한 볶음 요리 '오박사 떡볶이'를 홍보하기 위한 광고 카피와 바이럴 마케팅을 위한 흥미로운 콘텐츠 아이디어를 개발해 주세요.

광고 카피

1. 슬로건
    - "전통의 맛, 트렌드의 감각 - 오박사 떡볶이"

- "오박사 떡볶이, 당신의 입맛을 사로잡을 새로운 트렌드"
- 한국 전통의 맛과 현대의 감각이 만나다 - "오박사 떡볶이"

## 2. 주요 메시지
- "한국의 전통 맛을 현대적으로 재해석한 오박사 떡볶이, MZ세대의 입맛을 사로잡다!"
- "트렌디한 MZ세대를 위한 최고의 선택, 오박사 떡볶이! 전통과 현대의 완벽한 조화"
- 다양한 재료와 풍부한 맛의 향연, "오박사 떡볶이"로 특별한 식사를 즐겨보세요."

## 바이럴 마케팅 콘텐츠 아이디어

### 1. 소셜미디어 챌린지:
- #떡볶이 챌린지: 인스타그램, 틱톡 등에서 '떡볶이'를 먹는 모습을 공유하는 챌린지. 참여자 중 추첨을 통해 경품 제공
- #떡볶이 레시피: 자신만의 독특한 떡볶이 레시피를 공유하고 가장 창의적인 레시피를 선정하여 상품 증정

### 2. 인플루언서 콜라보
- 유명 푸드 인플루언서나 셰프와 협력하여 '오박사 떡볶이'를 소개하는 콘텐츠 제작 인플루언서가 직접 요리하거나 시식하는 모습을 담아 소셜 미디어에 게시

### 3. 웹드라마 또는 웹툰 시리즈
- '오박사 떡볶이'를 중심으로 한 짧은 웹드라마나 웹툰 시리즈 제작. 주인공이 다양한 상황에서 떡볶이를 먹으며 이야기가 전개되는 형식. 재미있는 스토리와 함께 자연스럽게 제품을 홍보

### 4. 사용자 생성 콘텐츠(UGC)
- 고객들이 '오박사 떡볶이'를 먹는 모습을 사진이나 영상으로 찍어 공유하도록 유도. 우수한 콘텐츠를 선정하여 공식 계정에서 리그램하거나 리포스트

### 5. 라이브 쿠킹 쇼
- 유명 셰프나 요리 전문가와 함께하는 라이브 쿠킹 쇼. '오박사 떡볶이'를 직접 요리하는 과정을 실시간으로 방송하고, 시청자들과 소통하며 다양한 요리 팁 제공

### 6. 특별 이벤트

- "오박사 떡볶이" 출시 기념 특별 이벤트. 오프라인 팝업 스토어에서 무료 시식 행사를 진행하거나 특정 기간 동안 제품을 구매한 고객에게 특별한 사은품 제공

### 7. 퀴즈 및 경품 이벤트

- '오박사 떡볶이'에 대한 퀴즈를 통해 제품에 대한 관심을 유도하고, 정답자 중 추첨을 통해 경품 제공. 퀴즈는 제품의 역사, 재료, 요리법 등 다양한 주제를 포함

예시 광고 카피

슬로건

"전통의 맛, 트렌드의 감각 - 오박사 떡볶이"

메시지

"한국의 전통 맛을 현대적으로 재해석한 오박사 떡볶이, MZ세대의 입맛을 사로잡다! 트렌디한 MZ세대를 위한 최고의 선택, 오박사 떡볶이! 다양한 재료와 풍부한 맛의 향연, 오박사 떡볶이로 특별한 식사를 즐겨보세요."

이러한 광고 카피와 바이럴 마케팅 콘텐츠 아이디어를 통해 '오박사 떡볶이'를 효과적으로 홍보하고, MZ세대의 관심과 참여를 이끌어낼 수 있을 것입니다.

- 상품 특성과 타깃층에 어필할 수 있는 광고 카피 자동 생성
- 온라인 쇼핑몰의 상품 설명, 구매 후기 등을 효과적으로 작성
- 바이럴 마케팅을 위한 흥미로운 콘텐츠 아이디어 제안

## 제3절 텍스트 미디어 프롬프트 디자인 생성형 AI 스크립트 실전

# 1. 글쓰기 보조 도구의 종류와 응용

## 1) 글쓰기 보조 도구의 작동 원리

- **언어 모델 훈련**: 대규모 텍스트 데이터 세트로 언어 모델 훈련 구조를 이해한다.
- **문맥 이해**: 입력된 텍스트의 문맥을 분석하여 적절한 응답이나 제안을 생성한다.
- **텍스트 생성 및 수정 제안**: 사용자가 입력한 텍스트를 기반으로 새로운 텍스트를 생성하거나 문법 오류, 어휘 선택, 문장 구조 등을 개선할 수 있는 수정 제안을 한다.
- **지속적 학습과 개선**: 사용자 피드백과 추가 데이터를 통해 지속적으로 모델을 개선한다.

## 2) 글쓰기 보조 도구의 종류

- **자동 완성 도구**: GPT-4와 같은 언어 모델을 사용 단어, 문구, 문장을 자동으로 완성한다.
- **문법 및 맞춤법 검사기**: 문법 및 스타일 체크 도구로 Grammarly, Hemingway Editor와 같은 도구들이 문법 및 맞춤법 오류를 식별하고 수정한다.
- **스타일 및 톤 분석기**: 긴 문서나 기사를 요약하여 핵심 내용을 제공하는 도구이다.
- **번역 도구**: 다양한 언어로 텍스트를 번역하며 문맥을 고려한 정확한 번역을 제공한다.
- **콘텐츠 생성기**: 아이디어 생성, 개요 작성, 텍스트 작성을 지원한다.

## 3) 글쓰기 보조에서 응용 분야

- **브레인스토밍 및 아이디어 생성**: 새로운 콘텐츠 아이디어를 생성하고 개요를 작성한다.
- **초안 작성**: 문장을 완성하고, 단락을 연결하고, 전체적인 흐름을 개선한다.
- **편집 및 교정**: 문법 및 맞춤법 오류를 식별하고 스타일과 톤을 수정한다.
- **번역 및 로컬화**: 텍스트를 다른 언어로 번역하고 지역 청중에 맞게 조정한다.
- **SEO 최적화**: 검색 엔진 친화적인 콘텐츠를 생성하는 데 도움이 된다.

## 4) 글쓰기 보조 도구의 미래

- **글쓰기 생산성 향상**: 고도화된 자연어 이해로 개인화와 맞춤화로 콘텐츠 제작자가 빠르고 효율적으로 고품질의 콘텐츠를 생성하는 데 도움이 될 것이다.
- **글쓰기 품질 향상**: AI가 더욱 복잡하고 다양한 문맥과 뉘앙스를 이해하며, 인간처럼 자연스러운 텍스트를 생성할 수 있게 되어 문법, 맞춤법, 스타일을 개선하여 사용자의 글쓰기 스타일과 선호도에 맞춰 콘텐츠의 전반적인 품질을 향상시킨다.
- **협업 도구로의 확장**: 팀워크와 협업을 지원하는 기능이 통합되어 문서 작업을 더욱 효율적으로 만들 것이다.
- **글쓰기 차단 극복**: 생성형 AI 글쓰기 보조 도구는 콘텐츠 제작자에게 창의적인 아이디어와 새로운 관점을 제공하여 글쓰기 차단을 극복하는 데 도움이 될 것이다.
- **윤리적 사용과 규제**: 글쓰기 보조 도구의 사용에 있어 저작권, 표절, 개인정보 보호 등 윤리적인 측면이 강조되며 관련 규제가 마련될 것이다.

## 2. 요약 도구의 작동 원리와 미래

### 1) 요약 도구의 작동 원리

AI 요약 도구의 작동 원리는 자연어 처리NLP 기술을 활용하여 텍스트에서 핵심 정보를 추출하거나 재구성하는 방식으로 작동하며 주로 다음 두 가지 방법을 사용한다.

- **추출적 요약**: 원본 텍스트에서 중요한 문장이나 구절을 그대로 추출하여 요약을 생성한다.
- **생성적 요약**: 원본 텍스트를 기반으로 새로운 문장을 생성하여 요약을 만든다.

### 2) 요약 도구의 종류

생성형 AI 요약 도구는 다음과 같은 주요 유형으로 나눌 수 있다.

- **단문 요약 도구**: 뉴스 기사, 블로그 포스트 등의 긴 텍스트를 한두 문장으로 요약한다.
- **장문 요약 도구**: 연구 논문, 보고서와 같이 복잡하고 긴 문서를 요약하는 데 사용된다.
- **멀티미디어 요약 도구**: 비디오나 오디오 콘텐츠에서 텍스트 요약을 생성한다.
- **실시간 요약 도구**: 회의나 강연 등 실시간으로 진행되는 이벤트의 내용을 요약한다.

### 3) 요약 도구의 응용 분야

생성형 AI 요약 도구는 요약 프로세스의 다양한 분야에 사용된다.

- **뉴스 및 기사 요약/교육**: 뉴스 기사, 블로그 게시물 및 기타 문서의 요약을 생성한다.

- 연구 및 학술 요약/의료: 논문, 학술 보고서 및 기타 복잡한 텍스트의 요약을 생성한다.
- 비즈니스 및 법률 문서 요약: 계약, 보고서 및 비즈니스 관련 문서의 요약을 생성하고 법적 문서, 판결문, 계약서 등을 요약하여 법률 전문가의 업무 효율을 높인다.
- 웹콘텐츠 및 소셜미디어 요약: 웹 페이지, 소셜미디어 게시물 및 기타 온라인 콘텐츠의 요약을 생성한다.

AI 요약 도구는 정보의 접근성을 높이고, 시간을 절약하며, 다양한 분야에서 효율적인 의사소통을 가능하게 하는 중요한 기술이다. 이러한 도구들은 계속 발전하여 더욱 정교하고 유용한 요약을 제공할 것이다.

## 제4절 텍스트 미디어 콘텐츠 프롬프트 디자인 실습

## 1. 텍스트 미디어(text media) 프롬프트 디자인 실습

### 1) 저널리즘 분야

#### (1) 기사 작성용 프롬프트 평가하기

> 아래의 기사 작성용 프롬프트를 평가하고, 불충분한 점을 지적한 후 수정 방안을 제시하시오.
> "국내 코로나19 신규 확진자 수가 급증하며 사회적 거리두기가 강화되고 있다. 이에 따른 자영업자들의 피해가 예상된다. 정부의 방역 지침과 자영업자들의 대응에 대해 기사를 작성하고자 한다."

## (2) 기사 작성용 프롬프트 평가하기

**(정답 예시)**

제시된 프롬프트는 정부의 방역 지침 강화와 자영업자 피해 상황이라는 두 가지 사안을 다루고 있으나, 기사의 보도 방향이 다소 모호하다는 점이 불충분합니다. 취재 범위와 취재원, 기사의 구성 요소 등이 구체적으로 언급되지 않아 기사 작성의 가이드라인으로 활용하기에는 부족해 보입니다.

다음과 같은 방향으로 프롬프트를 수정해 볼 수 있습니다.

"정부의 사회적 거리두기 단계 격상에 따른 자영업자들의 매출 피해 현황과 지원 대책을 중심으로 기사를 작성한다. 정부의 구체적인 방역 지침과 함께 자영업자 인터뷰를 통해 현장의 목소리를 담는다. 전문가 의견을 인용해 향후 전망과 보완책도 제시한다.
- 리드 문단: 최근 코로나 확산세와 정부 대응 개괄
- 본문 1: 정부의 구체적 방역 지침
- 본문 2: 자영업 피해 현황피해 사례 + 통계
- 본문 3: 정부·지자체의 자영업자 지원책
- 본문 4: 전문가 분석과 대책 제언
- 마무리 문단: 자영업자를 위한 장기적 지원 필요성 강조"

**(해설)**

수정된 프롬프트는 보도 방향을 '자영업자 피해와 지원 대책'에 초점을 맞추어 기사 작성의 목표를 명확히 하였습니다. 정부 방역 지침, 현장 인터뷰, 전문가 의견 등 취재 방향을 구체적으로 제시했고, 기사의 구성 요소도 리드문과 본문, 마무리로 세분화하여 작성의 가이드를 주었습니다.

## 2) 문학 창작 영역

### (1) 팟캐스트 대본을 위한 프롬프트 작성하기

다음 조건에 맞춰 팟캐스트 대본을 위한 프롬프트를 작성하시오.

- 팟캐스트 주제: 반려견과 함께 가볼 만한 국내 여행지 추천
- 타깃 청취자: 20~40대 반려견 보호자
- 에피소드 길이: 20분 내외
- 출연진: 반려견 훈련사 1인, 여행 전문 블로거 1인
- 에피소드 구성: 오프닝 멘트 〉 여행지 소개 1, 2 〉 청취자 사연 소개 및 답변 〉 엔딩 멘트
- 말투 및 어조: 친근하고 경쾌한 느낌으로 청취자 공감 유도

### (2) 팟캐스트 대본을 위한 프롬프트 작성하기

**(정답 예시)**

- 오프닝: 반려견과 함께 색다른 추억을 만들고 싶지만 어디로 가야 할지 고민되시나요? <sub>출연진 소개</sub> 함께 국내 반려견 동반 여행지 베스트 3을 소개합니다!
- 여행지 소개 1: 경기도 가평 '자라섬 캠핑장' / 넓은 잔디밭, 반려견 놀이터와 수영장 완비. 캠핑과 함께 애견 액티비티 즐기기 좋음.
- 여행지 소개 2: 강원도 양양 '죽도 해수욕장' / 반려견 동반 가능한 펜션 많음. 해변 산책로 잘 조성돼 있어 강아지와 산책하기 좋음.
- 청취자 사연: ○○씨 "반려견과 함께 갈만한 수상 레저 여행지 추천해 주세요" <sub>전문가 답변</sub> 경남 사천 '비토 수상레저 리조트' 추천. 수상 캠핑과 애견 수영장 있어 반려견과 함께 물놀이 가능
- 엔딩 멘트: 지금까지 반려견과 함께 가볼 만한 국내 여행지 3곳을 소개해 드렸는데요, 우리 강아지에게 색다른 경험을 선물하면서 견주분들도 기분 전환하시길 바랍니다. 다음 시간에도 유익한 정보로 찾아뵙겠습니다!

(해설)

주어진 조건에 맞춰 팟캐스트 에피소드의 전체 구성을 프롬프트에 반영하였습니다. 타깃 청취자인 2040 반려견 보호자의 관심사를 고려해 실제 동반 가능한 여행지를 구체적으로 소개하고, 청취자 사연을 통해 궁금증을 해소해 주는 쌍방향 소통 요소를 넣었습니다. 반려견과 함께 여행을 가고 싶어 하는 견주의 니즈에 부합하는 정보성과 실용성을 갖춘 프롬프트라고 평가할 수 있겠습니다.


## 3) 시나리오와 드라마 극본

### (1) 영화 시놉시스 프롬프트 작성하기

제시된 영화의 줄거리를 바탕으로 시놉시스용 프롬프트를 작성하시오.

"주인공 서준은 평범한 은행원이다. 어느 날 우연히 1억 원이 들어 있는 가방을 습득한 그는 SNS를 통해 주인을 찾으려 한다. 가방의 주인인 민수는 마약 조직의 운반책. 민수로 인해 위험에 빠진 서준은 경찰의 도움으로 민수를 검거하고 마약 조직의 실체를 밝혀내는 데 성공한다."

### (2) 영화 시놉시스 프롬프트 작성하기

(정답 예시)

"평범한 은행원 서준이 우연히 습득한 가방 안에는 1억 원의 현금과 마약이 들어 있었다. 가방의 주인 민수를 찾던 서준은 경찰 강형사를 만나 사건의 실마리를 풀어가기 시작한다. 민수를 추적하던 중 범인에게 납치당할 위기에 처한 서준. 강형사의 도움으로 그는 무사히 구출되고, 마약 조직의 소굴에 잠입해 민수를 검거하는 데 성공한다. 마약반 형사로 승진한 강형사와 용기 있는 시민상을 받게 된 서준. 뜻하지 않게 시작된 두 사람의 의로운 동행이 마약 조직을 소탕하는 쾌거를 이뤄낸다."

(해설)

제공된 영화 줄거리에서 시놉시스로 압축해야 할 핵심 플롯을 추출하여 재구성하였습니다. 주인공 서준이 우연한 계기로 마약 사건에 연루되어 위험에 처하지만 경찰의 도움으로 사건을 해결한다는 내용의 흐름을 요약했습니다. 등장인물의 설정과 사건의 전개 과정, 결말을 200자 내외로 간결하면서도 흥미롭게 정리하여 영화에 대한 기대감을 높일 수 있는 시놉시스 프롬프트를 작성하였다.

## 4) 광고와 마케팅 분야

### (1) 광고 카피 라이팅을 위한 프롬프트 작성하기

다음 조건에 맞춰 광고 카피를 위한 프롬프트를 작성하시오.

- 광고주: 국내 최대 전자상거래 플랫폼 A사
- 광고 목적: 연간 회원권 'A패스' 신규 가입 유도
- 타깃: 20~30대 직장인 및 주부
- 키 메시지: 'A패스'로 쇼핑과 엔터테인먼트를 동시에 즐기세요!
- 본문 구성 요소: 헤드 카피, 서브 카피, 바디 카피 포함
- 전달 톤앤매너: 젊고 활기찬 느낌. 타깃 공감 요소 반영

### (2) 광고 카피 라이팅을 위한 프롬프트 작성하기

(정답 예시)

- 헤드 카피: 쇼핑도 즐기고 엔터테인먼트도 즐기고! A패스로 똑똑하게 즐기자!

- 서브 카피: 연간 무료 배송, 쇼핑 캐시백, 인기 OTT 서비스까지. A패스 하나로 일석이조!

- 바디 카피: 쇼핑 때마다 무료 배송과 최대 5% 캐시백 혜택을 받을 수 있고, 인기 OTT 서비스도 무료! 이런 기회 놓치면 1년이 아까워요. 지금 바로 가입하세요!

**(해설)**

광고주와 타깃을 고려해 활기차고 젊은 느낌의 문구를 사용했습니다. '일석이조'와 같은 관용구를 활용해 타깃 공감을 끌어내는 한편, A패스의 혜택을 구체적이면서도 간결한 문구로 전달했습니다.

## (5) UX 라이팅과 기술 문서 제작

UX 라이팅User Experience Writing은 사용자가 제품 또는 서비스를 사용하는 전체 경험을 개선하기 위해 작성된 모든 텍스트를 의미한다. 여기에는 버튼 레이블, 에러 메시지, 사용자 설명서 등 모든 사용자 인터페이스와 관련된 텍스트가 포함된다.

**(정답 예시)**

당신은 새로운 모바일 앱의 UX 라이터입니다. 로그인 페이지에 사용자 머신 텍스트를 작성해야 합니다.

- 로그인 버튼 라벨을 작성하시오.
- 잘못된 비밀번호 입력 시 표시될 에러 메시지를 작성하시오.
- 사용자가 비밀번호 재설정을 요청할 때 표시될 안내 메시지를 작성하시오.

**(해설)**

로그인 버튼의 라벨은 명확하고 간단해야 합니다. "로그인"은 사용자가 어떤 작업을 수행할지 정확하게 전달합니다. 에러 메시지는 사용자에게 신속하게 문제를 인지시키고, 해결 방법을 알려줘야 합니다. "비밀번호가 틀렸습니다"는 문제를 명확히 전달하며, "다시 시도하세요"는 다음 행동을 구체적으로 안내합니다. 친근한 어조를 사용하고 구체적으로 해야 할 일을 제시합니다. "여기를 클릭하세요"는 직접적인 행동 유도입니다.

**(정답 예시)**

당신은 새로운 소프트웨어 제품의 기술 문서를 작성하고 있습니다. 설치 과정과 초기 설정 과정을 설명하는 섹션을 작성해야 합니다.

제2부 미디어 유형별 콘텐츠 프롬프트 디자인

05. 텍스트 미디어 콘텐츠 프롬프트 디자인

06. 이미지 콘텐츠 프롬프트 디자인

07. 음악 미디어 콘텐츠 프롬프트

08. 사운드 미디어 콘텐츠 프롬프트

09. 멀티모달 AI 미디어 콘텐츠 프롬프트

- 소프트웨어의 설치 과정 단계별 설명을 작성하시오.

- 초기 설정 과정에 대한 단계별 설명을 작성하시오.

- 설정 완료 후 사용자가 확인해야 할 사항을 작성하시오.

**(해설)**

단계별 설명은 사용자가 따를 수 있는 명확한 절차를 제공해야 합니다. 간단하고 직접적이며, 용어는 사용자가 이해할 수 있는 수준으로 작성합니다. 초기 설정 과정은 따라야 할 단계를 상세히 설명해야 합니다. 각 단계는 간결하게 작성하고, 중요한 설정 항목을 포함하고 설정 완료 후 사용자 확인 사항은 사용자가 설정이 제대로 되었는지 확신할 수 있도록 도와줍니다. 각 항목은 논리적이고 구체적이며, 사용자가 쉽게 검토할 수 있는 항목들로 구성합니다.[1]

## 6) 텍스트 미디어 프롬프트(text media prompt) 실전 사례

AI 기술로 생성된 텍스트가 인간 저자의 창작물을 완전히 대체하기는 어려운 단계지만, 창작 과정에서 아이디어 도출, 운문 교정 등에 활용하여 인간의 창의력을 배가시키는 협업 도구로써 큰 잠재력을 인정받고 있다. 향후 저작권 문제 해결과 윤리 규범 정립을 전제로 생성형 AI의 영역이 더욱 확장될 것으로 전망된다.

### (1) 프롬프트 작성 시 유의점 서술하기

텍스트 미디어 콘텐츠의 프롬프트 작성 시 가장 중요하게 고려해야 할 사항 3가지를 각각 200자 내외로 서술하시오.

---

1) 참고 자료:
- [Microsoft Writing Style Guide](https://learn.microsoft.com/en-us/style-guide/welcome/)
- [Google Developer Documentation Style Guide](https://developers.google.com/style)

## (2) 프롬프트 작성 시 유의점 서술하기

(정답 예시)

### 1. 명확한 목표 설정 (200자)

프롬프트 작성에 앞서 콘텐츠의 목적, 타깃 독자, 전달하고자 하는 바를 명확히 해야 한다. 광고라면 소구하고 싶은 상품의 특장점과 타깃 소비자의 니즈가 무엇인지, 기사라면 독자에게 전달할 객관적 사실과 여론 형성 방향은 어떠해야 할지 구체적인 목표 수립이 선행되어야 한다. 이를 통해 프롬프트가 의도한 바를 정확히 전달할 수 있다.

### 2. 독자 관점 반영 (190자)

프롬프트는 콘텐츠 제작의 출발점인 만큼 독자의 눈높이에서 작성되어야 한다. 타깃 독자의 연령, 관심사, 성향 등을 고려하여 친숙하게 다가갈 수 있는 소재를 선정하고, 이해하기 쉬운 언어로 표현해야 한다. 전문 용어를 최대한 배제하고, 독자의 궁금증을 해소할 수 있는 정보를 제공하는 것이 핵심이다.

### 3. 일관된 톤앤매너 유지 (170자)

프롬프트를 통해 콘텐츠 전반의 어조와 분위기를 일관되게 정의해야 한다. 기업의 브랜드 이미지나 미디어 매체의 성격을 고려하여 문체의 방향을 결정하되, 한 번 설정한 '톤앤매너'는 콘텐츠 내에서 같은 기조로 유지되어야 한다. 통일감 있는 문체야말로 콘텐츠의 몰입도를 높이고 신뢰도를 제고하는 요인이 된다.

(해설)

프롬프트 작성의 중요 포인트로 '명확한 목표 설정', '독자 관점 반영', '일관된 톤앤매너 유지'를 들 수 있습니다. 콘텐츠 제작에 앞서 프롬프트 단계에서 의도와 방향성을 분명히 해 두어야 하며, 독자의 눈높이에서 공감할 수 있는 내용과 형식을 갖추는 게 중요합니다. 아울러 콘텐츠 유형에 걸맞은 문체를 설정하고 전반에 걸쳐 일관성 있게 유지하는 것이 프롬프트 작성 시 유의해야 할 점이라고 할 수 있겠습니다.

## 【선다형 문제】

1. 다음 중 텍스트 미디어의 종류가 아닌 것은 무엇인가?

① 소설

② 신문 기사

③ 라디오 방송

④ 블로그 게시물

정답: ③

해설: 텍스트 미디어는 소설, 신문 기사, 블로그 등이다. 라디오 방송은 소리로 정보를 전달한다.

2. 다음 중 디지털 및 온라인 잡지의 특징에 해당하지 않는 것은 무엇인가?

① 상호작용 가능한 콘텐츠

② 무한정의 물리적 저장 공간 필요

③ 멀티미디어 요소 포함 가능

④ 실시간 업데이트 가능성

정답: ②

해설: 디지털 및 온라인 잡지는 인터넷을 통해 접근할 수 있는 출판물이다.

① 상호작용 가능: 댓글, 퀴즈와 독자 반응 등을 포함

② 물리적 저장 공간 필요 없음: 파일 형태로 저장된다.

③ 멀티미디어 요소 포함 가능: 사진, 비디오, 오디오 클립 등을 포함

④ 실시간 업데이트 가능: 언제든지 내용을 업데이트할 수 있다.

'물리적 저장 공간 필요 없음'은 디지털 잡지의 실제 특징이다.

제2부 미디어 유형별 콘텐츠 프롬프트 디자인

05. 텍스트 미디어 콘텐츠 프롬프트 디자인

06. 이미지 콘텐츠 프롬프트 디자인

07. 영상 미디어 콘텐츠 프롬프트

08. 사운드 미디어 콘텐츠 프롬프트

09. 멀티미디어 AI 미디어 콘텐츠 프롬프트

### 3. 다음 중 블로깅의 과제가 아닌 것은 무엇인가?

① 정기적인 콘텐츠 업데이트

② 독자와의 상호작용

③ 서버 유지 관리

④ 법적 규제 준수

**정답: ③**

**해설:** 블로깅 성공을 위한 주요 과제는 다음과 같다:

① 정기적인 콘텐츠 업데이트: 독자의 지속적인 방문을 유도

② 독자와의 상호작용: 댓글 등을 통해 독자와 소통, 블로그 활성화와 충성도를 높인다.

④ 법적 규제 준수: 저작권, 개인정보 보호 등 법적 규제를 준수한다.

'서버 유지 관리'는 호스팅 서비스나 플랫폼 제공자의 과제이다.

### 4. 다음 중 온라인 뉴스의 과제에 해당하지 않는 것은 무엇인가?

① 신속한 뉴스 제공

② 독자와의 상호작용

③ 물리적 배포 네트워크 운영

④ 신뢰성 있는 정보 제공

**정답: ③**

**해설:** 디지털 플랫폼을 통해 뉴스 제공 시 다음 과제가 있다.

① 신속한 뉴스 제공

② 독자와의 상호작용

④ 신뢰성 있는 정보 제공

**5. 다음 중 소셜미디어의 미래에 대한 설명으로 적합하지 않은 것은 무엇인가?**

① 인공지능(AI)과 머신러닝을 활용한 맞춤형 콘텐츠 제공

② 더 강력한 개인정보 보호 및 보안 기능 강화

③ 종이 신문 판매를 통한 수익 증대

④ 가상현실(VR) 및 증강현실(AR) 기술의 통합

---

**정답:** ③

**해설:** 소셜미디어의 미래는 기술 발전과 사용자 경험 향상에 중점을 둔다.

① AI와 머신러닝을 활용한 맞춤형 콘텐츠 제공

② 개인정보 보호 및 보안 기능 강화

④ 가상현실VR 및 증강현실AR 기술의 통합

**6. 다음 중 웹사이트가 기업에게 제공하는 장점이 아닌 것은?**

① 전 세계적인 접근성

② 브랜드 인지도 향상

③ 물리적인 재고 관리의 간편화

④ 다양한 마케팅 및 광고 기회

---

**정답:** ③

**해설:** ① 전 세계적인 접근성: 기업 정보와 제품 어디서나 접근 가능

② 브랜드 인지도 시간과 장소에 구애받지 않는다.

④ 다양한 마케팅 및 광고 기회 연동 등 활용 가능

제2부 미디어 유형별 콘텐츠 프롬프트 디자인

05. 텍스트 미디어 콘텐츠 프롬프트 디자인

06. 이미지 콘텐츠 프롬프트 디자인

07. 영상 미디어 콘텐츠 프롬프트

08. 사운드 미디어 콘텐츠 프롬프트

09. 멀티모달 AI 미디어 콘텐츠 프롬프트

7. 다음 중 기자의 입장에서 프롬프트 디자인된 내용으로 가장 적합한 것은 무엇인가?

① 최근 인기 있는 여행지에 대한 개인적인 경험담을 작성하세요.

② 새로운 스마트폰 모델의 기술 사양과 시장 반응을 조사하여 보고하세요.

③ 독자들이 참여할 수 있는 요리 대회 개최 방법을 설명하세요.

④ 가족과 함께 즐기는 주말 활동을 계획하세요.

정답: ②

해설: 기자의 프롬프트 디자인 시, 뉴스 가치와 독자 유용성 주제 선택이 중요

① 인기 여행지 개인 경험담: 주관적 내용으로 기자의 역할과 거리감 있음.

② 새로운 스마트폰 모델 기술 사양 및 시장 반응 조사: 기자의 객관적 분석과 정보 제공에 적합

③ 독자 참여 요리 대회 설명: 기자보다는 이벤트 기획자에게 적합

④ 가족 주말 활동 계획: 라이프스타일 블로거에게 적합

8. 다음 중 최신 고용 데이터를 분석하고 경제에 미치는 영향을 설명하는 기사를 작성하는 데 필요한 인사이트를 제공하기 위해 가장 적합한 내용은 무엇인가?

① 최근 고용 데이터의 증가율과 주요 산업별 고용 변화

② 유명 기업의 최신 마케팅 전략

③ 유명 인사들의 일상 생활에 관한 인터뷰

④ 최신 패션 트렌드와 인기 브랜드 소개

정답: ①

해설: ① 최근 고용 데이터의 증가율과 주요 산업별 고용 변화: 경제적 인사이트 제공에 중요

② 유명 기업의 최신 마케팅 전략: 고용 및 경제 분석과 무관

③ 유명 인사들의 일상 인터뷰: 고용 데이터와 무관

④ 최신 패션 트렌드와 인기 브랜드: 경제 분석에 부적합

9. 다음 중 편집자가 프롬프트 디자인을 통해 AI의 도움을 받아 작업을 효율적으로 수행할 수 있는 내용이 아닌 것은 무엇인가?

① 기사 초안을 작성하고 문법과 철자를 교정하는 작업

② 독자가 관심을 가질 주제를 연구하고 관련 데이터를 수집하는 작업

③ 인터뷰를 필요로 하는 인물과 직접 대화를 나누고 인터뷰 내용을 기록하는 작업

④ 기존 기사에서 중요한 정보를 요약하고, 주요 내용을 강조하는 작업

정답: ③

해설: ① 기사 초안을 작성하고 문법과 철자를 교정: AI가 유용

② 독자 관심 주제 연구 및 데이터 수집: AI가 효율적

③ 인터뷰와 대화 내용 기록: AI가 어려움

④ 기존 기사 요약 및 주요 내용 강조: AI가 도움

10. 다음 중 AI를 활용하여 기사의 표절 여부를 검사하고 표절이 의심되는 부분을 보고서로 제공하기 위하여 가장 적합한 내용은 무엇인가?

① 다양한 주제에 대한 원본 기사를 작성하고 이를 데이터베이스에 저장하는 작업

② 독자의 관심사를 기반으로 관련 기사의 목록을 생성하는 작업

③ 새로운 기사 작성 시 관련된 주요 키워드를 추천하는 작업

④ 텍스트 비교 알고리즘을 사용하여 기존 기사와 새로운 기사를 비교하고, 중복되는 부분을 찾아내어 보고서로 제공하는 작업

정답: ④

해설: ① 원본 기사 작성 및 저장: 표절 검사와 직접 관련 없음.

② 독자 관심사 기반 관련 기사 목록 생성: 표절 검사와 무관

③ 주요 키워드 추천: 표절 검사와 다름.

④ 텍스트 비교 알고리즘으로 기존 기사와 새로운 기사 비교: 표절 여부 검사에 적합

제2부 미디어 유형별 콘텐츠 프롬프트 디자인

05. 텍스트 미디어 콘텐츠 프롬프트 디자인

06. 이미지 콘텐츠 프롬프트 디자인

07. 영상 미디어 콘텐츠 프롬프트

08. 사운드 미디어 콘텐츠 프롬프트

09. 멀티모달 AI 미디어 콘텐츠 프롬프트

11. 다음 중 "오늘 일본 도쿄에서 발생한 지진은 매우 강력하여 많은 건물이 붕괴되고 여러 사람들이 부상을 입었습니다. 일본 소방청은 피해를 입은 사람들을 돕고 필수 서비스를 복구하기 위해 열심히 노력하고 있습니다."라는 내용을 산출하기 위하여 AI 모델에 가장 적합한 프롬프트는 무엇인가?

① "일본 도쿄에서 오늘 발생한 자연재해의 세부 사항을 설명해 주세요."

② "오늘 일본에서 발생한 주요 뉴스를 요약해 봐."

③ "일본 도쿄에서 발생한 지진에 관한 피해 상황과 대응 노력에 대해 상세히 기술해 주세요."

④ "오늘날 일본의 정치 상황과 관련된 주요 뉴스를 작성해 주세요."

---

정답: ③

해설: ① "일본 도쿄에서 오늘 발생한 자연재해의 세부 사항을 설명해 주세요.": 주제가 불명확.

② "오늘 일본에서 발생한 주요 뉴스를 요약해 봐.": 주제지진가 불명확.

③ "일본 도쿄에서 발생한 지진에 관한 피해 상황과 대응 노력에 대해 상세히 기술해 주세요.": 특정 지진 사건, 피해 상황, 대응 노력까지 명확히 다룸.

④ "오늘날 일본의 정치 상황과 관련된 주요 뉴스를 작성해 주세요.": 자연재해와 무관

12. 다음 중 기자와 편집자가 프롬프트 디자인을 활용하여 AI의 도움을 받는 데 적합하지 않은 내용은 무엇인가?

① 기사의 핵심 내용을 요약하고 중요한 정보를 추출하는 작업

② 기사 작성 시 인용할 관련 자료와 통계를 제공하는 작업

③ 독자들과의 인터뷰를 진행하고 그 내용을 직접 기록하는 작업

④ 기사의 문법과 철자 오류를 교정하고 스타일을 일관되게 만드는 작업

---

정답: ③

해설: ① 기사의 핵심 내용 요약 및 중요한 정보 추출: AI가 효과적

② 기사 작성에 필요한 관련 자료 및 통계 제공: AI가 유용

④ 기사의 문법 및 철자 오류 교정, 스타일 일관성 유지: AI가 유용

13. 다음 중 문학 창작 영역에서 프롬프트 디자인을 활용하여 AI의 도움을 받는데 적합하지 않은 내용은 무엇인가?

① 특정 주제나 분위기를 설정하여 단편 소설의 배경을 생성하는 작업

② 시나리오 플롯의 전개를 계획하고, 주요 사건들을 배열하는 작업

③ 독자가 쉽게 이해할 수 있도록 문학 작품을 다른 언어로 번역하는 작업

④ 주어진 주제에 따라 시의 첫 번째 몇 줄을 작성하고 영감을 주는 작업

정답: ③

해설: 문학 창작 영역에서 AI 프롬프트 활용 분석:

　　① 소설 배경 생성: 적합

　　② 시나리오 플롯 전개 계획: 적합

　　③ 문학 작품 번역: 부적합

　　④ 시의 첫 줄 작성 및 영감 제공: 적합

　　번역은 창작보다는 기존 텍스트의 정확한 전달에 중점을 둔다.

14. 다음 중 "위의 소설에 대하여 독자 반응과 선호도 데이터 분석을 통한 베스트셀러 예측을 부탁합니다."라는 프롬프트에 대한 결과로 적합하지 않은 답변은 무엇인가?

① "현재 이 소설에 대한 독자의 평가는 평균적으로 매우 긍정적입니다. 독자들이 특히 캐릭터와 줄거리에 깊은 인상을 받았습니다. 이러한 독자 반응을 기반으로 베스트셀러가 될 가능성이 높습니다."

② "독자 반응 데이터에 따르면 이 소설은 다양한 연령대에서 골고루 인기를 얻고 있으며, 특히 20대와 30대 독자들 사이에서 높은 평가를 받고 있습니다. 선호도 데이터 분석 결과, 이 책은 베스트셀러가 될 가능성이 큽니다."

③ "이 소설의 독자 평가는 대부분 부정적이며, 주요한 비판 사항은 줄거리의 전개가 너무 느리다는 점입니다. 이에 따라 베스트셀러가 될 가능성은 낮아 보입니다."

④ "이 소설의 출판사는 최근 출판된 다른 베스트셀러들과 비교하기 위해 마케팅 자료를 준비하고 있습니다. 현재로서는 베스트셀러가 될 수 있을지 확신할 수 없습니다."

정답: ④

해설: ① 독자 반응과 베스트셀러 가능성 예측: 적합

② 독자 반응 데이터와 선호도 분석 결과: 적합

③ 부정적 독자 반응과 비판 사항, 낮은 베스트셀러 가능성: 적합

## 15. 다음 중 시나리오와 드라마 극본의 프롬프트 디자인 사례로 적합하지 않은 것은 무엇인가?

① 특정 상황에서 등장인물 간의 대화 예시를 작성해 주세요.

② 드라마의 주요 플롯 포인트와 그에 따른 캐릭터의 감정 변화를 설명해 주세요.

③ 시청자들의 예상 반응과 선호도 데이터를 바탕으로 극본의 다음 에피소드를 예측해 주세요.

④ 드라마 촬영에 필요한 장비 목록과 예산을 산출해 주세요.

정답: ④

해설: ① 등장인물 간 대화 예시 작성: 적합

② 주요 플롯 포인트와 캐릭터 감정 변화 설명: 적합

③ 시청자 데이터를 바탕으로 다음 에피소드 예측: 적합

## 16. 다음 중 광고와 마케팅 분야의 카피라이팅 프롬프트 디자인 사례로 적합하지 않은 것은 무엇인가?

① 새로운 제품 출시를 위한 슬로건을 작성해 주세요.

② 캠페인의 타깃 고객에게 매력적으로 보일 수 있는 이메일 마케팅 문구를 작성해 주세요.

③ 소셜미디어에서 사용할 제품 리뷰 요청 메시지를 작성해 주세요.

④ 광고 캠페인을 위한 비디오 촬영 기법과 장비 목록을 제공해 주세요.

정답: ④

해설: ① 새로운 제품 출시 슬로건 작성: 적합

② 타깃 고객용 이메일 마케팅 문구 작성: 적합

③ 소셜미디어 제품 리뷰 요청 메시지 작성: 적합

17. 다음 중 "한국 전통의 맛과 현대의 감각이 만나다 - '오박사 떡볶이'"라는 광고 카피를 슬로건으로 사용한 프롬프트 디자인 사례로 적합하지 않은 것은 무엇인가?

① "오박사 떡볶이"의 브랜딩 전략을 위한 인스타그램 해시태그를 제안해 주세요.

② "오박사 떡볶이"의 맛과 특징을 구체적으로 설명하는 웹사이트 소개 문구를 작성해 주세요.

③ "오박사 떡볶이" 광고를 위해 시선을 사로잡는 사진 촬영 방법과 구도를 제안해 주세요.

④ "오박사 떡볶이"의 전통성과 현대성을 강조하는 15초 라디오 광고 스크립트를 작성해 주세요.

정답: ③

해설: ① 인스타그램 해시태그 제안: 적합

② 웹사이트 소개 문구 작성: 적합

④ 15초 라디오 광고 스크립트 작성: 적합

18. 다음 중 바이럴 마케팅 콘텐츠 아이디어를 활용한 프롬프트 디자인 사례로 적합하지 않은 것은 무엇인가?

① 브랜드의 최신 제품을 소개하는 재미있는 밈을 제작해 주세요.

② 사용자 Generated 콘텐츠를 유도할 수 있는 소셜미디어 챌린지 아이디어를 제안해 주세요.

제2부 미디어 유형별 콘텐츠 프롬프트 디자인

05. 텍스트 미디어 콘텐츠 프롬프트 디자인

06. 이미지 콘텐츠 프롬프트 디자인

07. 영상 미디어 콘텐츠 프롬프트

08. 사운드 미디어 콘텐츠 프롬프트

09. 멀티모달 AI 미디어 콘텐츠 프롬프트

③ 브랜드 스토리와 연관된 감동적인 동영상 스크립트를 작성해 주세요.

④ 최신 제품을 광고할 수 있는 TV 광고 스팟의 예산 계획을 세워 주세요.

정답: ④

해설: ① 재미있는 밈 제작: 적합

② 사용자 참여 유도 소셜미디어 챌린지: 적합

③ 감동적인 동영상 스크립트 작성: 적합

19. 다음 중 프롬프트 디자인 생성형 AI 스크립트 사례로 적합하지 않은 것은 무엇인가?

① 사용자가 입력한 텍스트를 바탕으로 시나리오 초안을 생성해 주세요.

② 고객의 제품 리뷰를 분석하여 긍정적인 피드백을 요약해 주세요.

③ 주어진 키워드를 기반으로 블로그 포스트 아이디어를 제안해 주세요.

④ 입력된 고객 데이터를 분석하여 타깃 마케팅 전략을 수립해 주세요.

정답: ④

해설: ① 입력 텍스트 기반 시나리오 초안 생성: 적합

② 제품 리뷰 분석 및 긍정적 피드백 요약: 적합

③ 키워드 기반 블로그 포스트 아이디어 제안: 적합

20. 다음 중 프롬프트 디자인 생성형 AI를 활용한 글쓰기 보조 도구의 미래에 대한 답변으로 적합하지 않은 것은 무엇인가?

① AI 도구가 문장의 문법과 철자 오류를 실시간으로 수정해 줄 것입니다.

② AI를 통해 작가들이 자신만의 독특한 문체를 쉽게 찾아내고 개발할 수 있을 것입니다.

③ AI 기반 도구가 작성된 글의 피드백을 제공하여 작가의 글쓰기 실력을 향상시킬 것입니다.

④ AI 도구가 독자의 인구통계를 분석하여 각 독자에게 맞춤형 콘텐츠를 제공할 것입니다.

정답: ④

해설: ① 문법과 철자 오류 실시간 수정: 적합

② 작가의 독특한 문체 개발 지원: 적합

③ 작성된 글에 대한 실시간 피드백 제공: 적합

21. 다음과 같이 '국내 코로나19 신규 확진자 수가 급증하며 사회적 거리두기가 강화되고 있다. 이에 따른 자영업자들의 피해가 예상된다. 정부의 방역 지침과 자영업자들의 대응에 대해 기사를 작성하고자 한다.'라는 주제에 적합하지 않은 질문은 무엇인가?

① 사회적 거리두기 강화에 따른 자영업자들의 주요 어려움은 무엇인가요?

② 정부가 제시한 최신 방역 지침과 권고 사항은 무엇인가요?

③ 최근 국내 외환 시장의 환율 변동은 어떤 영향을 미쳤나요?

④ 자영업자들이 사회적 거리두기 상황에서 효과적으로 대응할 수 있는 전략은 무엇인가요?

정답: ③

해설: ① 사회적 거리두기 강화로 인한 자영업자 어려움: 적합

② 정부의 최신 방역 지침과 권고 사항: 적합

③ 외환 시장 환율 변동의 영향: 부적합

④ 자영업자의 사회적 거리두기 대응 전략: 적합

'최근 국내 외환 시장의 환율 변동은 어떤 영향을 미쳤나요?'는 주제와 직접적인 관련이 없어 적합하지 않다.

**22. 다음 중 프롬프트를 추가 수정하고자 할 때 적합하지 않은 질문은 무엇인가?**

① 프롬프트의 문장을 간결하고 명확하게 수정할 수 있는 방법은 무엇인가요?

② 새로운 요소를 추가하여 프롬프트를 더 창의적으로 만들 수 있는 방법은 무엇인가요?

③ 프롬프트의 내용이 일관성 있는지 확인하려면 어떻게 해야 하나요?

④ 주어진 프롬프트를 무시하고 새로운 주제를 선택하려면 어떻게 해야 하나요?

정답: ④

해설: 프롬프트 수정 작업 관련성 분석:

① 문장을 간결하고 명확하게 수정하는 방법: 매우 적합

② 창의성을 높이기 위해 새로운 요소 추가 방법: 적합

③ 일관성 점검 방법: 적합

**23. 다음 중 팟캐스트 대본을 위한 프롬프트를 작성하려고 할 때 적합하지 않은 질문은 무엇인가?**

① 팟캐스트에서 다룰 핵심 주제는 무엇인가요?

② 청취자의 관심을 끌 수 있는 도입부는 어떻게 구성하면 좋을까요?

③ 대본 작성을 위해 필요한 기술적 장비는 어떤 것들이 있나요?

④ 청취자들이 팟캐스트를 듣는 동안 얻을 수 있는 주요 정보는 무엇인가요?

정답: ③

해설: ① 핵심 주제: 매우 적합

② 청취자 관심 도입부 구성: 적합

④ 청취자가 얻을 주요 정보: 적합

**24. 다음 중 영화 시놉시스 프롬프트를 작성하려고 할 때 가장 적합한 질문은 무엇인가?**

① 영화 제작에 필요한 예산은 얼마나 되나요?

② 주인공의 주요 목표와 갈등은 무엇인가요?

③ 영화 촬영에 사용될 카메라 장비는 무엇인가요?

④ 영화를 상영할 극장 수는 얼마나 되나요?

정답: ②

해설: ① 예산: 관련 없음.

② 주인공의 목표와 갈등: 매우 적합

③ 촬영 장비: 관련 없음.

④ 상영 극장 수: 관련 없음.

**25. 다음 중 광고 카피 라이팅을 위한 프롬프트를 작성하려고 할 때 적합하지 않은 질문은 무엇인가?**

① 타깃 청중이 누구인가요?

② 광고할 제품이나 서비스의 주요 혜택은 무엇인가요?

③ 경쟁 광고와 차별화될 수 있는 포인트는 무엇인가요?

④ 광고를 게재할 매체의 광고비는 얼마인가요?

정답: ④

해설: ① 타깃 청중: 매우 적합

② 제품/서비스 주요 혜택: 매우 적합

③ 경쟁 광고와 차별화: 적합

제2부 미디어 유형별 콘텐츠 프롬프트 디자인

05. 텍스트 미디어 콘텐츠 프롬프트 디자인

06. 이미지 콘텐츠 프롬프트 디자인

07. 영상 미디어 콘텐츠 프롬프트

08. 사운드 미디어 콘텐츠 프롬프트

09. 멀티모달 AI 미디어 콘텐츠 프롬프트

**26. 다음 중 UX 라이팅(User Experience Writing)에 대한 프롬프트를 작성할 때 적합하지 않은 질문은 무엇인가?**

① 사용자들이 쉽게 이해할 수 있는 언어는 무엇인가요?

② 사용자 행동을 유도하기 위한 설득력 있는 문구는 무엇인가요?

③ 사용자 인터페이스(UI) 디자인의 색상은 무엇이 적합한가요?

④ 오류 메시지를 작성할 때 주의해야 할 점은 무엇인가요?

---

**정답: ③**

**해설:** ① 사용자 이해하기 쉬운 언어: 매우 적합

② 사용자 행동 유도 문구: 적합

③ UI 디자인의 적합한 색상: 부적합

④ 오류 메시지 작성 시 주의점: 적합

UX 라이팅User Experience Writing 프롬프트 작성에 적합하지 않다. UX 라이팅은 텍스트에 집중하고, 색상 선택은 주로 UI 디자인과 관련이 있다.

**27. 다음 중 텍스트 미디어 프롬프트 작성 시 유의점이 아닌 것은 무엇인가?**

① 독자의 관심을 끌 수 있는 주제 선정

② 작성할 텍스트의 길이와 형식

③ 독자의 읽기 환경에 따른 가독성 고려

④ 텍스트 작성에 필요한 그래픽 디자인 기술

---

**정답: ④**

**해설:** ① 독자의 관심을 끌 수 있는 주제 선정: 적합

② 작성할 텍스트의 길이와 형식: 매우 적합

③ 독자의 읽기 환경에 따른 가독성 고려: 적합

④ 텍스트 작성에 필요한 그래픽 디자인 기술: 부적합

**28. 다음 중 생성형 AI 스토리 생성기가 아닌 것은 무엇인가?**

① GPT-3

② ChatGPT

③ Midjourney

④ Bard by Google

---

정답: ③

해설: 생성형 AI 스토리 생성기 관련성 분석:

① GPT-3: 생성형 AI 스토리 생성기, 적합

② ChatGPT: 생성형 AI 스토리 생성기, 적합

③ Midjourney: 이미지 생성기, 부적합

④ Bard by Google: 생성형 AI 스토리 생성기, 적합

**29. 미디어 제작 지원 툴과 SW 중 다음 'Sudowrite'의 장점으로 적합하지 않은 설명은 무엇인가?**

① 작가들이 글을 시작할 수 있도록 독창적인 아이디어 제공

② 문맥을 이해하고 적절한 후속 내용을 자동으로 생성

③ 사용자가 원하는 스타일로 텍스트를 모방하는 능력

④ 복잡한 그래픽 디자인 작업을 간편하게 수행

---

정답: ④

해설: 'Sudowrite'의 장점 관련성 분석:

① 독창적인 아이디어 제공: 매우 적합

② 문맥 이해 및 후속 내용 생성: 매우 적합

③ 원하는 스타일로 텍스트 모방: 매우 적합

④ 복잡한 그래픽 디자인 작업 수행: 관련 없음, 부적합

30. 다음 중 AI 글쓰기 도구인 라이팅젤(WritingJail)을 활용하여 취업용 자기 소개서 작성을 위한 프롬프트를 디자인할 때 적합하지 않은 내용은 무엇인가?

① 지원하는 직무와 회사에 대해 설명해 주세요.

② 본인의 강점을 상세히 설명하고 예를 들어 주세요.

③ 본인이 지원한 이유와 회사에 기여할 수 있는 방법을 설명해 주세요.

④ 가장 선호하는 색상과 취미를 상세히 설명해 주세요.

정답: ④

해설: ① 지원하는 직무와 회사 설명: 매우 중요, 적합

② 본인의 강점 및 예시 설명: 중요, 적합

③ 지원 이유 및 회사 기여 방법 설명: 핵심 요소, 적합

④ 선호 색상 및 취미 설명: 직무 적합성과 무관, 부적합

# Chapter 06 이미지 콘텐츠 프롬프트 디자인

디지털 시대에 시각적 콘텐츠는 단순한 보조 도구를 넘어 소통과 표현의 핵심 수단으로 자리 잡았다. 이미지는 정보 전달, 브랜드 구축, 감정 표현 등 다양한 목적을 위해 사용되며 그 중요성과 효용성은 이미 전 분야에 걸쳐 확산된 상황이다. 그렇기 때문에 효과적인 이미지를 제작하기 위해서는 단순한 기술적 능력뿐만 아니라 창의적 사고와 전략적 계획이 필수적이다.

이 장에서는 생성형 AI를 통해 이미지 콘텐츠를 창작하기 위한 프롬프트 디자인의 핵심 원리와 실전 기술에 대해 설명하고자 한다. 프롬프트는 AI 창작 과정의 출발점으로써 명확하고 구체적인 지침을 통해 원하는 결과물을 얻을 수 있도록 한다. 특히 AI의 이미지 생성 기술이 빠르게 발전함에 따라 프롬프트의 중요성이 더욱 부각되고 있다. AI를 통해 창의적이고 유용한 이미지를 얻기 위한 프롬프트는 단순한 기술적 과제가 아니다. 이미지 구성 원리에 대한 지식을 바탕으로 AI에게 정확한 지시를 내려야만 목적에 맞는 창의적 콘텐츠를 생성할 수 있다. 프롬프트 엔지니어링engineering에서 프롬프트 디자인design으로 변화되어야 하는 이유이다.

이미지 생성에 있어서 잘 설계된 프롬프트 디자인은 사용자가 원하는 정보와 결과를 정확하게 얻을 수 있게 해줄 뿐만 아니라 불필요한 반복 작업을 줄여 준다. 따라서 프롬프트를 디자인할 때에 다음의 기본 원칙에 따라 정리하는 것이 좋다.

- 애매모호한 표현을 피하고 명확하고 구체적인 단어 사용
- 사용자가 얻고자 하는 결과를 중심으로 프롬프트 설계
- 중요한 키워드 정보를 추가하여 원하는 답변 유도
- 추출된 응답을 기반으로 프롬프트를 단계적으로 구분하여 복잡한 정보를 쉽게 이해할 수 있도록 지속적 개선

## 제1절  이미지 생성의 이해

이미지 콘텐츠 분야의 프롬프트 디자인 설명에 앞서 이미지가 무엇이고, 이미지를 창작한다는 의미가 무엇인지, 그리고 그 이미지를 구성하는 요소들이 무엇인지를 인지할 필요가 있다. 그래야 AI를 통해 사용자가 원하는 이미지를 정확하게 생성해 낼 수 있을 것이다.

### 1. 이미지 창작의 이해

이미지image는 단순히 시각적으로 보이는 것 이상의 의미를 내포하고 있다. 이미지는 시각적 표현을 통해 감정·생각·경험을 전달하는 도구이자 시각적 재현을 넘어 인간의 감정과 경험을 깊이 있게 표현하는 매체로서의 역할을 한다. 그래서 이미지에는 그 의미들을 전달하고 이해하기 위한 다음의 기본 요소가 존재하게 된다.

첫째, 이미지의 가장 기본 요소는 색상color이다. 색상은 다양한 감정을 불러일으킬 수 있는 강력한 도구로써 사람들의 감정을 유도하고 이미지 자체의 분위기와 메시지를 전달할 수 있다.

둘째, 이미지 구성composition이다. 이미지를 구성하는 요소들이 어떻게 배열되고 상호작

용하는지에 따라 이미지의 전달력과 감성이 달라진다. 이러한 구성 요소들을 조합하여 시각적 하모니를 이루고, 이를 통해 사람들의 시선을 특정 방향으로 유도하거나 특정 감정을 강조할 수 있다.

셋째, 질감texture이다. 질감은 시각적으로 느껴지는 표면의 특성을 의미하며 실제로 만졌을 때의 느낌을 시각적으로 표현한다. 매끄러운 질감, 거친 질감, 부드러운 질감 등은 이미지에 다양한 차원을 추가하며 사람들에게 더 풍부한 시각적 경험, 현실감, 감성적 깊이를 제공한다.

넷째, 상징symbolism이다. 특정 이미지나 형태는 역사적, 문화적 맥락에서 특정 의미를 가질 수 있다. 이미지 전달자는 비둘기, 해골 등의 상징icon을 통해 메시지를 빠르고 정확하게 전달함으로써 사람들이 그 의미를 해석하고 이해하는 데 중요한 단서를 제공한다.

다섯째, 이미지의 감성적 반응evocation이다. 이미지는 주제, 색상, 구성, 질감 등 다양한 요소들의 조화로운 결합을 통해 강렬한 감정적 반응을 유도하며 작품이 오랫동안 기억에 남도록 만든다.

여섯째, 이미지의 맥락context이다. 이미지는 만들어진 시대, 문화, 사회적 배경 등의 맥락을 통해 사회적, 정치적, 문화적 메시지를 전달한다. 사람들은 맥락을 이해함으로써 이미지를 더 깊이 있게 감상할 수 있으며 작품의 의미를 더욱 풍부하게 해석할 수 있다.


창작creation은 인간의 내면 세계와 외부 세계를 연결하고, 이를 통해 새로운 형태, 개념, 감정을 표현하는 과정이라고 말할 수 있다. 창작은 단순히 무언가 만드는 행위를 넘어 창작자의 독창성과 상상력이 결합된 고유의 표현을 만들어 내는 과정이다. 그래서 창작은 인간의 감정, 경험, 사고방식을 시각적, 청각적, 문학적 형태로 구체화하는 과정에서 다양한 요소들이 복합적으로 작용하여 이루어진다.

첫째, 창작은 영감inspiration에서 시작된다. 창작자는 자연, 인간관계, 사회적 이슈 등 다양한 요소에서 영감을 받을 수 있으며, 영감은 창작자의 특정 경험, 사물, 감정, 사상에서 영향을 받아 창작의 동기를 얻게 된다. 그래서 영감은 창작의 원동력이 된다.

둘째, 창작은 상상력imagination과 밀접한 관계가 있다. 상상력은 현실에서 벗어나 새로운 가능성을 탐구하고, 기존의 것을 재해석하며, 독창적인 아이디어를 만들어 내는 능력이다.

셋째, 창작은 기술skill과 표현expression의 결합이다. 창작자는 자신의 아이디어와 감정을 구체적인 형태로 표현하기 위해 다양한 기술을 사용한다. 기술은 예술적 창작의 기초가 되며, 이를 바탕으로 창작자는 자신의 감성과 메시지를 다양한 형태로 표현한다.

넷째, 창작은 실험experimentation과 탐구exploration의 과정이다. 창작자는 새로운 기법, 재료, 주제를 탐구하며 자신만의 독특한 스타일과 표현 방식을 개발한다. 실험과 탐구는 예술적 창작에 새로운 가능성을 열어 주며 예술 작품의 다양성과 풍부함을 더해 준다.

다섯째, 창작은 감정empathy과 공감resonance의 표현이다. 창작자는 자신의 감정을 솔직하게 표현하며 사람들의 감정적 교감을 이루어낸다. 따라서 이미지는 창작자의 감정과 경험을 반영하며 사람들에게 감정적 반응을 유도한다.

여섯째, 창작은 의미meaning와 메시지message를 담고 있다. 창작자는 결과물을 통해 사회적, 정치적, 문화적 메시지를 전달함으로써 세상과 소통한다. 이미지는 단순한 미적 즐거움을 넘어 사회적 이슈를 제기하거나 인간 존재에 대한 깊은 성찰을 이끌어낸다. 창작물은 관객에게 다양한 해석의 가능성을 열어 주며 이를 통해 풍부한 의미를 전달한다.

살펴본 바에 의하면, 이미지는 예술적 감성의 표현 도구로써 색상·구성·질감·상징·감성적 반응·맥락 등의 요소를 통한 '소통 매체communication media'라 할 수 있다. 창작은 예술적 감성의 표현 과정으로써 영감·상상력·기술·실험·감정·의미 등의 요소가 복합적으로 작용한다. '표현 매체expression media'로서 단순한 제작 행위를 넘어 인간의 내면과 외부 세계를 잇는 다리 역할을 한다. 따라서 "이미지를 창작한다는 것"은 내면의 감정·경험·상상력을 시각적 표현으로 구체화하여 예술의 본질적 가치를 실현하는 것을 의미한다. 결국 생성형 AI로 이미지를 창작한다는 것은 단순한 기술적 과제가 아니라 매우 창의적이고 예술적인 복합적 사고를 요하는 작업인 것이다.

그렇다면 생성형 AI는 이러한 창의적인 작업이 어떻게 가능할까? 기술적 측면에서 생성형 AI가 이미지를 창작하기 위해서는 방대한 양의 이미지 데이터를 수집하고 학습하기 위한 크기 조정, 정규화, 라벨링 등의 전처리 과정을 거쳐야 한다. 이후 무작위 노이즈 벡터를 사용하거나 학습된 잠재 공간을 탐색 또는 다른 스타일을 혼합하여 새로운 조합과 변형을 통해 창

제2부 미디어 유형별 콘텐츠 프롬프트 디자인

05. 텍스트 미디어 콘텐츠 프롬프트 디자인

06. 이미지 콘텐츠 프롬프트 디자인

07. 영상 미디어 콘텐츠 프롬프트

08. 사운드 미디어 콘텐츠 프롬프트

09. 멀티모달 AI 미디어 콘텐츠 프롬프트

의적인 이미지를 생성하게 된다. 하지만 여기서 생성형 AI의 오류라 할 수 있는 재미있는 '환각 현상hallucination'이 일어난다. 이는 AI가 실제로 존재하지 않는 정보를 생성하는 현상으로써 학습한 데이터에서 패턴을 찾아내어 이를 기반으로 새로운 정보를 창조할 때 발생된다. AI의 학습 과정에서 데이터의 불완전성, 모델의 과잉적합overfitting, 학습 패턴 인식 오류 등으로 인해 왜곡되거나 비현실적인 디테일이 생성된다. 하지만 이 오류가 이미지 콘텐츠 창작에서는 매우 중요한 요인 중 하나가 된다. 이 환각 현상은 대체로 부정적 측면에서 다루어지지만, 긍정적인 측면에서 창의적이고 혁신적인 이미지를 만들어 낼 수 있다는 양면성이 있다. 그래서 예술 창작 분야에서는 기존에 존재하지 않던 새로운 스타일이나 형태를 만들어 내는 데 큰 기여를 할 수 있게 된다. 물론 창의적인 결과물이 항상 유용한 것은 아니며 종종 비현실적이거나 부정확한 결과를 초래하기도 한다. 따라서 사용자가 모델의 구조와 학습 알고리즘을 정교하게 설계하여 AI의 환각 현상을 제어함으로써 생성된 이미지의 품질을 원하는 방향으로 유도하는 것이 중요해진다. 어찌 보면 생성형 AI가 이미지, 영상 등 인간만이 할 수 있다고 믿어왔던 매우 창의적인 콘텐츠 창작이 가능한 것은 아마도 이 환각 현상 때문이었을 수 있다.

## 2. 이미지 창작의 원리

### 1) 디자인 원리

생성형 AI를 이미지 창작에 효과적으로 활용하기 위해서는 몇 가지 핵심 디자인 원리를 이해하고 적용하는 것이 중요하다. 우리가 사람과 대화할 때 문법과 문맥이 중요한 것처럼 이미지를 통한 소통을 위해서는 이미지 문법이 매우 중요하다. 이런 측면에서 디자인 원리는 시각적 요소들을 조화롭게 배치하여 효과적인 결과를 이루기 위한 기본적인 규칙과 가이드라인이 된다.

- **균형**Balance: 디자인 요소들이 시각적으로 안정감을 주도록 배치시키는 원리. 대칭적 균형, 비대칭적 균형

- **대비**Contrast : 색상, 크기, 모양 등의 차이를 통해 시각적 관심을 끌고 요소들을 구분하는 원리. 밝은 색과 어두운 색의 대비, 큰 글자와 작은 글자의 대비 등
- **강조**Emphasis : 중요한 요소를 눈에 띄게 하여 시각적 초점을 만드는 원리. 크기, 색상, 위치 등
- **반복**Repetition : 디자인 요소를 반복하여 일관성을 주고 통일성을 높이는 원리. 패턴, 색상, 텍스처, 형태 등의 반복적 리듬감 부여
- **비례**Proportion : 디자인 요소들 간의 크기와 스케일의 관계를 통해 디자인을 조화롭고 일관성 있게 만드는 원리
- **통일성**Unity : 디자인 요소들이 일관된 스타일과 테마를 유지하며 하나의 전체를 이루어 디자인이 조화롭고 완성된 느낌을 주는 원리
- **리듬**Rhythm : 디자인 요소들을 반복적으로 배치하여 시각적 흐름을 만들어 디자인에 움직임과 활력을 부여해주는 원리
- **공간**Space : 디자인 요소들 사이의 빈 공간을 말한다. 적절한 여백은 디자인을 깔끔하고 이해하기 쉽게 만든다. 긍정 공간positive space, 요소, 부정 공간negative space, 배경
- **정렬**Alignment : 디자인 요소들을 질서 있게 배치하는 원리
- **통합**Integration : 모든 디자인 요소들이 조화롭게 어우러지도록 하여 디자인의 목적과 메시지를 효과적으로 전달하는 원리

이러한 디자인 원리들을 이해하고 적절히 활용하면 시각적으로 뛰어나고 목적에 맞는 효과적인 이미지를 창작할 수 있다.

## 2) 이미지의 종류

이미지에는 다양한 종류와 스타일이 있다. 각 스타일에는 특정한 목적과 특징을 가지고 있기 때문에 이미지 콘텐츠를 목적에 맞게 생성하기 위해서는 각 이미지 유형과 스타일의 특징을 알고 있어야 한다.

### (1) 사진(Photography)

카메라를 사용하여 현실의 장면을 기록하는 이미지. 사실적이고, 순간을 포착하며, 정확한 디테일을 전달할 수 있다. 보도 사진, 인물 사진, 풍경 사진, 정물 사진 등 다양한 종류가 있다.

### (2) 일러스트레이션(Illustration)

그림이나 드로잉을 통해 이미지를 예술적 또는 풍자적으로 표현하는 사실화. 일러스트레이션또는 일러스트는 창의적이고 상상력을 발휘할 수 있으며 주로 책, 잡지, 광고 등에서 많이 사용된다.

### (3) 회화(Painting)

물감, 캔버스, 붓 등을 사용하여 이미지를 그리는 전통적이고 가장 기본적인 미술 형식. 재료에 따라 수채화, 유화, 아크릴화 등으로 구분되며, 풍경화, 인물화, 정물화, 추상화 등 다양한 스타일이 있다. 이외 다양한 표현 재료object들을 사용하기도 하며, 최근에는 디지털회화Digital Painting로도 확산되고 있다.

### (4) 만화(Comics, Toon), 웹툰(Web-toon)

연속적인 그림과 대사를 통해 이야기를 전개하는 여러 이미지들의 조합

- **만화**: 인쇄물 형식의 책자 스타일. 페이지를 넘기며 보는 전통적 독서 방식으로 인해 편집 디자인 스타일을 따른다. 만화책comic-book, 4컷, 만평 등 다양한 장르로 구성될 수 있다.
- **웹툰**: 만화를 인터넷으로 제공하는 형식의 통칭. 인터넷 화면의 스크롤scroll 방식으로 인해 시퀀스sequence 스타일로 구성됨으로써 영상 제작을 위한 스토리보드, 콘티와 동일한 스타일이다.

### (5) 스케치(Sketching)

간단한 선과 음영을 사용하여 이미지를 신속하게 그리는 기법. 스케치는 아이디어를 시각화하거나 디자인의 초기 구상을 나타내는 데 주로 사용된다.

제2부 미디어 유형별 콘텐츠 프롬프트 디자인

05. 텍스트 미디어 콘텐츠 프롬프트 디자인

06. 이미지 콘텐츠 프롬프트 디자인

07. 영상 미디어 콘텐츠 프롬프트

08. 사운드 미디어 콘텐츠 프롬프트

09. 멀티모달 AI 미디어 콘텐츠 프롬프트

### (6) 스타일화(Stylization)

현실적인 디테일을 단순화하거나 과장하여 특정한 스타일로 이미지를 표현하는 방법. 패션디자인 분야에서 의상의 디자인 콘셉트나 색상 매칭 등 패션 스타일을 구성하기 위한 그림으로 사용되며, 애니메이션, 광고 등에서도 많이 사용된다.

### (7) 포스터(Poster)

메시지나 정보를 전달하기 위해 시각적으로 눈에 띄게 디자인된 광고 홍보물. 주로 상품, 영화, 공연, 이벤트, 교육, 정책, 선거, 계몽, 선전 등의 광고와 홍보 목적에 사용된다.

### (8) 그래픽디자인(Graphic Design)

텍스트와 이미지를 결합하여 시각적으로 매력적이고 기능적인 디자인을 만드는 스타일. 로고BI, CI, 웹디자인, 인쇄물, 패키지디자인, 섬유디자인, 영상디자인 등 다양한 분야에서 활용된다.

### (9) 타이포그래피(Typography)

텍스트를 시각적으로 디자인하는 스타일. 글꼴 형태, 글자 크기, 간격, 줄 간격 등을 통해 텍스트의 가독성과 미적 감각을 향상시킴으로써 출판물, 광고, 웹디자인, 영상 등에서 아주 중요한 역할을 한다.

### (10) 인포그래픽(Infographic)

인포메이션information과 그래픽graphic의 합성어로 데이터, 정보, 지식 등의 많은 정보를 시각적으로 표현하여 쉽게 이해할 수 있도록 하는 그래픽 스타일. 복잡한 정보를 도표, 그래프, 아이콘 등의 간결한 그래픽 이미지로 디자인하여 전달한다. 다이어그램diagram, 지하철 노선도, 교통지도 등이 있다.

### (11) 타투 아트(Tattoo Art)

피부에 잉크를 사용하여 영구적인 디자인을 만드는 인체 예술 스타일. 최근 타투 아트에 관심이 크게 늘면서 1회용 타투라 할 수 있는 헤나Henna 스티커 디자인이 확산되고 있다.

이 외에도 이미지 스타일과 분야는 기술 발전과 창의성에 따라 계속 확장되고 다양화되고 있다. 그래서 각각의 스타일에는 고유한 특성과 목적이 있다. 이미지 창작 시, 이를 이해하고 전달하고자 하는 내용, 타깃 오디언스, 매체 등을 고려하여 목적과 용도에 맞는 스타일을 선택함으로써 더욱 효과적인 시각적 커뮤니케이션을 이룰 수 있다.

## 제2절 이미지 생성 모델의 종류 및 특징

생성형 AI 이미지 저작 툴들은 각각의 고유한 특징과 기능을 가지고 있어 사용자에게 다양한 옵션을 제공한다. 각 툴의 특성을 잘 이해하고 목적에 맞게 선택하여 사용함으로써 완성도 높은 이미지 생성이 가능하다.

### 1) 달리(DALL-E)

OpenAI의 혁신적인 이미지 생성 모델로서 자연어 처리와 이미지 생성 기술을 결합한 강력한 인공지능 모델이다. 사용자가 입력한 텍스트 프롬프트를 기반으로 이미지를 생성한다.

DALL-E의 가장 핵심적인 기능은 복잡하고 독특한 텍스트 설명도 효과적으로 처리함으로써 다양한 콘셉트와 스타일의 이미지를 만들어 낼 수 있다. 사용자는 단순한 문구에서부터 구체적인 디테일을 포함한 설명까지 다양한 텍스트 입력을 통해 원하는 이미지를 얻을 수 있다. 특히 텍스트 설명의 세부 내용을 정확하게 반영하는 능력이 뛰어나다. 사진, 일러스트, 회화 등 다양한 스타일의 이미지를 생성할 수 있는데, 사용자가 원하는 스타일을 명시

05. 텍스트 미디어 콘텐츠 프롬프트 디자인

06. 이미지 콘텐츠 프롬프트 디자인

07. 영상 미디어 콘텐츠 프롬프트

08. 사운드 미디어 콘텐츠 프롬프트

09. 멀티모달 AI 미디어 콘텐츠 프롬프트

적으로 입력하거나 또는 텍스트 설명을 통해 자동으로 스타일을 파악하여 이미지를 생성한다. 웹 기반 인터페이스를 통해 쉽게 접근할 수 있으며, DALL-E가 생성한 이미지는 상업적, 비상업적 용도로 모두 활용 가능하다.

### DALL-E 생성 이미지의 특징

- 사실성과 창의성이 조화를 이루는 특성이 있다. 모델이 현실 세계의 물체와 장면을 학습하여 사실적인 이미지를 생성할 수 있다.
- 텍스트를 세밀하게 해석하고 각 요소를 정확하게 시각화할 수 있는 능력이 뛰어나다. 특정 색상이나 모양, 배경 등 세부적인 요구 사항을 명확하게 반영할 수 있다.
- 특정 예술가의 스타일을 모방하거나 특정 시대의 예술적 요소를 반영한 이미지를 생성할 수 있다. 르네상스 풍의 그림부터 현대적인 디지털 아트 스타일까지 폭넓은 장르를 지원한다.

## 2) 미드저니(Midjourney)

Midjourney 역시 텍스트 기반 이미지 생성형 AI로 사용자가 입력한 텍스트 설명을 바탕으로 다양한 스타일의 이미지를 생성한다. 디스코드Discord 플랫폼을 활용하여 사용자가 명령어를 통해 이미지를 생성할 수 있도록 한다. 사용자는 디스코드 채널에 접속한 후 "/imagine" 명령어와 함께 텍스트 설명을 입력하면 된다. 봇이 명령어를 처리하여 이미지를 생성하고 몇 초 내에 결과를 제공해 준다. 다만 영문 플랫폼이므로 영어 프롬프트를 입력하는 것이 더 정확한 이미지를 생성할 수 있고, 한국어 프롬프트에 대해서 오류가 많은 단점이 있다. 하지만 사용자가 생성한 이미지를 커뮤니티와 공유하고 피드백을 받을 수 있는 기능이 미드저니의 특징이다. 다른 사용자의 작업을 보면서 영감을 얻고, 자신의 작업에 대해 조언을 구할 수 있는 기회를 제공한다. Midjourney 역시 생성한 이미지를 상업적, 비상업적 용도로 모두 활용 가능하다.

## Midjourney 생성 이미지의 특징

- 매우 창의적이고 독창적이다. 사진, 일러스트, 애니메이션, 판타지 아트 등의 이미지를 예술적이고 상징적으로 표현한다.
- 사용자는 동일한 텍스트 설명을 여러 번 입력하여 다양한 버전의 이미지를 생성할 수 있으며, 필요에 따라 세부 요소를 조정하여 최적의 결과를 얻을 수 있다.
- 다양한 예술적, 시대적 스타일을 효과적으로 반영한다. 예술 프로젝트, 디자인 작업, 마케팅 자료 등에서 특정 스타일을 요구할 때 유용하게 사용할 수 있다.
- Midjourney의 디스코드 플랫폼 기반 인터페이스로 봇bot과 채팅을 통해 실시간으로 이미지를 생성하고 결과를 확인할 수 있으며, 사용자들 간의 상호작용이 활발하여 공동 작업 및 피드백 공유가 용이하다.

## 3) Stable Diffusion

Stable Diffusion은 텍스트 설명을 기반으로 이미지를 생성하는 혁신적인 AI 도구로 다양한 이미지 생성 작업에 활용된다. 고해상도 이미지 생성에 매우 뛰어나며, 웹 기반의 직관적이고 사용하기 쉬운 인터페이스를 제공한다. 다른 모델들과 마찬가지로 사용자는 간단히 텍스트 설명이나 키워드 입력으로 사진, 일러스트, 회화 등 다양한 스타일의 이미지를 생성할 수 있다. 오픈 소스로 제공되어 누구나 접근할 수 있으며, 필요에 따라 커스터마이징이 가능하다. 개발자와 연구자들은 모델을 수정하고 개선하여 다양한 실험과 응용 프로그램에 적용할 수 있다. 다만 Stable Diffusion을 제대로 활용하기 위해서는 고사양 PC에 설치하여 사용하는 것이 좋다. 파이썬python 기반으로 작동하기 때문에 DALL-E나 Midjourney보다는 접근성이 많이 떨어지는 단점이 있다. 온라인 사용도 가능하지만, 효율성과 생성 이미지의 결과물에 다소 차이가 발생한다. Stable Diffusion이 생성한 이미지는 상업적, 비상업적 용도로 모두 활용할 수 있다.

## Stable Diffusion 생성 이미지의 특징

- 사실성과 창의성이 조화를 이룬다. 텍스트 설명의 세부 사항을 정확하게 반영하는 능력이 뛰어나다.
- 사실적 이미지 보다는 만화, 그래픽디자인 등에 최적화되어 있다.
- 다양한 예술 스타일과 장르를 지원한다. 특정 예술가의 스타일을 모방하거나 특정 시대의 예술적 요소를 반영한 이미지를 생성할 수 있다.
- 여러 번의 시도를 통해 원하는 이미지를 점점 더 구체화할 수 있으며 생성된 이미지를 즉시 확인하고 수정할 수 있다.


## 4) 기타 AI 기반 이미지 제작 도구

### (1) Leonardo AI
- 직관적이고 사용하기 쉬운 인터페이스를 제공한다.
- 이미지 편집, 스타일 변환 등의 다양한 기능을 제공한다.
- 사용자가 원하는 스타일과 디테일을 세부적으로 설정할 수 있다.
- 매우 사실적인 이미지를 생성한다.

### (2) Adobe Firefly
- Adobe의 첨단 AI 기술을 활용하여 고해상도의 사실적이고 디테일한 이미지 생성이 가능하다.
- Adobe Photoshop, Illustrator 등의 강력한 크리에이티브 도구와 통합되어 사진, 일러스트, 그래픽 등 다양한 스타일의 이미지 생성부터 편집까지 한 곳에서 가능하다.

### (3) Artbreeder
- 여러 이미지를 혼합하여 새로운 이미지를 생성할 수 있다.
- 이미지의 세부 요소를 쉽게 조정할 수 있는 직관적인 슬라이더 인터페이스로 구성되

어 있다.

- 다른 사용자의 이미지를 기반으로 새로운 이미지를 생성하고 공유할 수 있다.

- 인물, 풍경, 애니메이션 캐릭터 등 다양한 스타일의 이미지 생성이 가능하다.

- 예술적이고 창의적인 이미지 실험에 적합하다.


## (4) DeepArt

- 고흐, 피카소 등 유명 예술가의 스타일을 선택하여 예술적 효과를 만들 수 있다.

- 높은 해상도와 품질의 이미지를 생성한다.

- 사진, 그림 등 다양한 이미지를 예술적으로 변환하는 데 적합하다.


## (5) Jasper Art(Jarvis)

- 자연어 설명을 통해 고품질 이미지를 생성한다.

- 다양한 이미지 스타일과 테마를 지원한다.

- 빠른 이미지 생성 속도로 효율적이다.


## (6) NVIDIA GauGAN

- NVIDIA의 강력한 AI 기술을 기반으로 한 고품질 이미지 생성한다.

- 실시간으로 스케치를 고해상도 이미지로 변환한다.

- 스케치만으로 복잡한 장면을 쉽게 생성할 수 있다.

- 다양한 풍경, 건축물, 자연 경관 등의 스타일을 지원한다.

- 교육, 예술적 실험, 디자인 프로토타이핑 등에 유용하다.


## (7) LeiaPix

- 평면 2D 이미지를 깊이감 있는 3D 이미지로 변환하는 기능을 제공한다.

- 3D 효과를 세부적으로 조정할 수 있는 다양한 편집 도구를 제공한다.

- LeiaPix에서 만든 3D 이미지는 Leia의 Lume Pad와 같은 3D 디스플레이 장치에서 특별한 안경 없이도 입체적으로 감상할 수 있다.

제2부 미디어 유형별 콘텐츠 프롬프트 디자인

05. 텍스트 미디어 콘텐츠 프롬프트 디자인

06. 이미지 콘텐츠 프롬프트 디자인

07. 영상 미디어 콘텐츠 프롬프트

08. 사운드 미디어 콘텐츠 프롬프트

09. 멀티모달 AI 미디어 콘텐츠 프롬프트

# 제3절 이미지 생성을 위한 효과적인 프롬프트 디자인 기법

이미지 생성 AI 기술이 발전함에 따라 사용자가 원하는 이미지를 정확하게 생성하는 능력은 매우 중요해졌다. 이를 위해서는 명확하고 구체적인 프롬프트 디자인이 필수적이다. 프롬프트는 AI에 지시를 내리는 방식이기 때문에 얼마나 효과적으로 정확하게 프롬프트를 작성하느냐에 따라 결과물의 질이 크게 달라진다.

## 1. 프롬프트 디자인 기본 방법

### 1) 명확하고 구체적인 지침 제공

명확하고 구체적인 프롬프트는 사용자가 원하는 이미지를 AI가 정확하게 이해하고 생성할 수 있도록 지시한다. 반면, 구체적이지 않은 프롬프트는 AI가 사용자의 의도와 원하는 내용을 정확히 알 수 없기 때문에 의도와 다른 이미지나 왜곡된 이미지를 생성할 수밖에 없다.

#### (1) 주요 요소 및 특징 명시

프롬프트에는 생성할 이미지의 주요 요소와 특징을 명시해야 한다. 예를 들어 "노을이 지는 해변에서 가족이 함께 시간을 보내는 장면"이라는 프롬프트는 노을, 해변, 가족, 함께, 시간을 보냄 등의 구체적인 요소를 명시함으로써 AI가 어떤 이미지를 생성해야 하는지 명확히 지시한다. 각 요소는 이미지의 중요한 구성 부분을 나타내며 AI가 전체 장면을 구성하는 데 필요한 기본적인 정보를 제공해 준다.

#### (2) 색상, 위치 및 크기 지정

색상, 위치 및 크기 등의 세부 사항을 지정하면 AI가 더 정확한 이미지를 생성할 수 있다. 예를 들어 "푸른 하늘 아래 노란 꽃들이 만발한 들판"이라는 프롬프트는 하늘의 색상푸른,

꽃의 색상노란, 위치들판 등을 구체적으로 지시한다. 이와 같은 명확한 색상과 위치 정보는 AI가 이미지의 각 요소를 정확히 배치하고 표현하는 데 도움을 주게 된다. 크기에 대한 지침도 포함할 수 있는데, 예를 들어 "큰 나무가 있는 공원"이라는 프롬프트는 나무의 상대적 크기를 지정하여 AI가 더 정교한 이미지를 생성할 수 있게 해준다.

### (3) 구체적인 행동 및 상황 설명

이미지에서 어떤 행동이나 상황이 발생하는지 구체적으로 설명하는 것은 매우 중요하다. 예를 들어 "아이들이 공원에서 연을 날리는 장면"이라는 프롬프트는 아이들, 공원, 연을 날림 등의 행동과 상황을 명확하게 제시한다. 이러한 행동과 상황은 AI가 이미지의 동적 요소를 이해하고 생성하는 데 필수적인 정보를 제공해 주게 된다.

### (4) 배경 및 환경 설정

이미지의 배경과 환경을 설정하는 것도 중요한 지침의 일부이다. 예를 들어 "산 너머로 해가 지는 장면, 주변에는 높은 나무들이 서 있다"라는 프롬프트는 배경산 너머로 지는 해과 환경높은 나무들을 구체적으로 설명하고 있다. 이러한 정보는 AI가 이미지의 깊이와 배경을 정확하게 표현하는 데 도움이 된다.

## 2) 콘텍스트와 배경 정보 제공

이미지 생성을 위해 AI에 콘텍스트와 배경 정보를 제공하는 것은 AI가 단순히 개별 요소들을 나열하는 것을 넘어 전체적인 상황과 환경을 이해하고 반영할 수 있도록 해줌으로써 결과물의 질과 적합성을 높이는 중요한 요소로 작용한다.

### (1) 상황 및 배경 설명

이미지가 사용될 상황과 배경을 구체적으로 설명하면 AI가 더 풍부한 이미지를 생성할 수 있다. 예를 들어 "중세 시대의 성을 배경으로 하는 전투 장면"이라는 프롬프트는 이미지

제2부 미디어 유형별 콘텐츠 프롬프트 디자인

05. 텍스트 미디어 콘텐츠 프롬프트 디자인

06. 이미지 콘텐츠 프롬프트 디자인

07. 영상 미디어 콘텐츠 프롬프트

08. 사운드 미디어 콘텐츠 프롬프트

09. 멀티모달 AI 미디어 콘텐츠 프롬프트

의 시대적 배경중세 시대과 주요 설정성, 전투을 명확히 제시하고 있다. AI가 단순히 전투 장면을 생성하는 것을 넘어 중세 시대의 느낌을 반영하여 성과 전투를 표현하게 하는 것이다.

### (2) 목적에 맞는 프롬프트 작성

이미지의 목적을 명확히 하면 AI가 그 목적에 맞는 이미지를 생성할 수 있다. 예를 들어 "광고용 이미지를 위해 신제품 스마트폰을 들고 있는 여성 모델"이라는 프롬프트는 이미지의 사용 목적광고과 주요 요소신제품, 스마트폰, 여성, 모델를 명확히 하고 있다. 목적을 명확히 하는 것은 AI가 이미지의 톤, 스타일, 구성을 적절하게 조정하는 데 결정적 도움이 된다. 광고 이미지라면 제품이 돋보이도록 하거나 모델의 표정과 포즈를 세심하게 조정하는 등의 세부 사항을 반영할 수 있다.

### (3) 문화적 및 사회적 맥락 제공

이미지가 특정 문화나 사회적 맥락을 반영해야 할 경우, 이를 명확히 설명하는 것이 중요하다. 예를 들어 "전통 한국 한복을 입고 있는 가족이 설날을 맞이하는 장면"이라는 프롬프트는 문화적 배경한국, 전통, 설날과 구체적인 상황한복을 입고 있는 가족을 설명하고 있다. 이러한 맥락은 AI가 문화적 요소를 정확히 반영하고 그 문화의 특성을 살린 이미지를 생성하는 데 도움이 된다.

### (4) 감정 및 분위기 설정

이미지의 감정과 분위기를 설정하는 것도 중요한 요소이다. 예를 들어 "가을 공원에서 어린아이들이 낙엽을 밟으며 뛰어노는 장면, 따뜻하고 행복한 분위기"라는 프롬프트는 이미지의 감정따뜻함, 행복과 분위기가을 공원, 낙엽를 구체적으로 설명한다. AI가 이미지의 색감, 조명, 표정 등을 조정하여 원하는 감정과 분위기를 전달하는 데 도움이 된다.

## 3) 단계적 접근과 반복적 피드백

AI가 점진적으로 더 나은 결과물을 생성할 수 있도록 단계적 접근과 반복적 피드백도 중요하다. 단계적으로 세부 사항을 더해 가는 접근은 AI가 각 요소를 차례로 이해하고 반영하는 데 도움이 된다.

### (1) 단계적 접근

프롬프트를 단계적으로 접근하면 AI는 각 단계별 요소를 개별적으로 이해하고 나중에 자연스럽게 통합할 수 있는 장점이 있다.

- **초기 프롬프트 설정**: 처음에는 간단하고 기본적인 요소들로 프롬프트 설정

  예) "해변에서의 노을"

    : 단순히 장소해변와 시간노을만을 지정

- **점진적 세부화**: 초기 프롬프트가 이미지 기본 틀을 제공한 후 세부 사항 추가

  예) "해변에서 노을이 지는 동안, 모래사장에서 모래성을 쌓는 아이들"

    : 이전 프롬프트에 행동모래성을 쌓는 아이들을 추가하여 구체화

- **복잡한 요소 통합**: 최종적으로 모든 세부 사항을 통합하여 복잡한 이미지 생성

  예) "해변에서 노을이 지는 동안, 모래사장에서 모래성을 쌓는 아이들과 바다 위에 떠 있는 작은 배"

    : 다양한 요소들을 모두 포함하여 복잡한 장면을 완성

### (2) 반복적 피드백

생성된 이미지를 검토하여 반복적인 피드백을 통해 요구 사항을 충족시키는 방식이다. 모든 세부 사항과 피드백이 반영된 완성 이미지는 처음 설정한 목표에 부합하게 되며 높은 품질을 보장할 수 있다.

- **초기 결과물 평가**: 첫 번째 생성된 이미지를 평가하고 필요한 수정 사항을 파악

예) 초기 프롬프트 "해변에서의 노을"을 "밝고 따뜻한 색상의 노을이 지는 해변"으로 수정

: 초기 이미지에서 노을의 색상을 수정하는 피드백 제공

- **피드백을 통한 수정**: 피드백을 반영하여 프롬프트를 수정할 수 있다.

예) "노을의 색상을 더 밝고 따뜻한 톤으로 변경"

- **반복적 평가와 수정**: 수정된 후 다시 평가하고 추가 피드백을 제공

예) "모래성을 쌓는 아이들의 표정을 더 생동감 있게 변경"

: 반복적 피드백과 수정을 통해 최종적으로 정교하고 만족스러운 이미지 생성

단계적 접근과 반복적 피드백은 AI가 복잡한 이미지를 생성하도록 하는데 중요한 전략이다. 이 두 가지 방법을 함께 사용함으로써 AI가 더 나은 결과물을 생성하도록 하여 최종 이미지의 품질과 정확성을 극대화시킬 수 있다.

## 4) 창의성과 현실성의 균형 유지

이미지 생성을 위한 프롬프트 디자인에서 창의성과 현실성의 균형을 유지하는 것은 매우 중요하다. AI가 생성하는 이미지가 비현실적으로 보이거나 지나치게 평범하여 흥미를 잃지 않도록 하는 것이 중요하다.

### (1) 현실적인 디테일 추가

- **구체적인 묘사**: 현실적인 디테일을 추가하면 이미지는 더 사실적이고 신뢰성 있게 보인다.

예) "커피숍에서 책을 읽는 사람" → "빈티지한 커피숍에서 창가에 앉아 책을 읽는 사람, 창문 밖으로는 비가 내리고 있다"

: 더 구체적이고 현실적이다.

- **물리적 법칙 준수**: 비현실적 이미지 생성을 목적으로 하는 것이 아니라면, 이미지의

요소들이 물리적 법칙을 따르도록 하는 것이 좋다.

예) "공중에 떠 있는 물방울" → "아침 햇살에 반짝이는 물방울이 잔디 위에 맺혀 있다"

: 물리적으로 타당한 장면을 묘사하게 된다.

## (2) 창의적 요소 강조

• **상상력 자극**: 창의적인 요소를 포함하면 이미지가 더욱 흥미롭고 독창적으로 보이게 된다.

예) "숲속의 나무들" → "빛나는 버섯이 자라는 신비로운 숲속"

: 더 매력적인 이미지를 생성할 수 있다.

• **비일상적인 조합**: 일상적이지 않은 요소들을 결합하여 독특한 이미지를 만들 수 있다.

예) "고층 빌딩" → "구름 속에 떠 있는 것 같은 고층 빌딩"

: 비일상적인 조합을 통해 창의적이고 흥미로운 이미지를 생성할 수 있다.

## (3) 균형 유지

• **현실적 요소와 창의적 요소의 조화**: 현실 요소와 창의적 요소를 결합

예) "고전적인 서양의 성" + "마법의 힘으로 떠 있는"

: 창의적 요소를 추가함으로써 두 요소가 균형을 이루어 독창적이면서도 사실적인 이미지를 생성할 수 있다.

• **목적에 맞는 조정**: 이미지의 목적에 따라 창의성과 현실성의 비율을 조정

예) 제품 광고 이미지는 "세련된 주방에서 사용되는 현대적인 커피 머신"처럼 현실적인 디테일 요소를 중시

동화 삽화는 "마법의 숲 속에서 노래하는 요정들"처럼 예술적 창의성을 강조

: 창의성과 현실성의 적절한 균형 유지는 AI가 생성하는 이미지가 매력적이고 신뢰성 있게 보이도록 하는데 중요한 요소가 된다.

이와 같이 명확하고 구체적인 명령 제공은 AI가 사용자의 의도를 정확히 이해하고 그에

제2부 미디어 유형별 콘텐츠 프롬프트 디자인

05. 텍스트 미디어 콘텐츠 프롬프트 디자인

06. 이미지 콘텐츠 프롬프트 디자인

07. 영상 미디어 콘텐츠 프롬프트

08. 사운드 미디어 콘텐츠 프롬프트

09. 멀티모달 AI 미디어 콘텐츠 프롬프트

맞는 이미지를 생성할 수 있도록 가이드를 제시하는 것이다. 프롬프트가 구체적일수록 AI의 작업이 명확해지며, 결과적으로 더 정교하고 정확한 이미지 생성이 가능해질 것이다.

## 2. 프롬프트 디자인을 위한 구성 단계

문서를 작성하기 위한 프롬프트는 글을 작성하는 데 필요한 논리적이고 설명적인 요소에 중점을 두는 반면, 이미지 생성을 위한 프롬프트는 시각적 디테일과 구성 요소를 구체적으로 설명하여 원하는 이미지를 정확하게 생성할 수 있도록 해야 한다. 따라서 이미지 생성을 위한 프롬프트 디자인은 다음의 단계로 초기 구성 후 적절한 프롬프트 문장을 구성하는 것이 좋다.

- **단계 1 주제 정의:** 이미지의 주제를 한 문장으로 설명한다.
- **단계 2 세부 사항 추가:** 주제와 관련된 세부 사항을 나열한다.
- **단계 3 스타일 설명:** 이미지의 스타일이나 분위기를 설명한다.
- **단계 4 목적 설명:** 이미지를 사용하는 목적을 명확히 한다.
- **단계 5 프롬프트 구성:** 1~4 단계에 따라 도출된 내용을 문장으로 구성하여 프롬프트를 완성한다.

이러한 단계에 따라 프롬프트 문장을 구조화하여 디자인함으로써 사용자의 목적에 적합한 이미지 생성의 정확도를 높일 수 있으며, 창의적이고 독창적인 이미지도 얻을 수 있게 된다.

아래 예제는 프롬프트 구성 단계에 따라 비교적 간단한 이미지와 상대적으로 복잡한 이미지를 생성하기 위한 프롬프트를 구성하고 이미지를 생성해 본 것이다.

## 〈프롬프트 예제 1〉 간단한 이미지 프롬프트

- **1단계 주제 정의**: 해변에서 노는 아이들
- **2단계 세부 사항**: 아이들이 모래성을 쌓고 있고 파란 하늘과 맑은 바다가 배경으로 보인다.
- **3단계 스타일**: 밝고 즐거운 분위기
- **4단계 목적**: 여름 휴가 광고
- **5단계 프롬프트 구성**: "맑고 푸른 하늘과 반짝이는 바다를 배경으로 모래성을 쌓으며 해변에서 놀고 있는 아이들의 밝고 경쾌한 풍경. 이미지는 기쁨과 여름 휴가의 느낌을 불러일으켜야 한다."

간단한 이미지 프롬프트 결과물 (DALL-E)

## 〈프롬프트 예제 2〉 복잡한 이미지 프롬프트

- **1단계 주제**: 미래 도시의 모습
- **2단계 세부 사항**: 고층 빌딩, 떠다니는 자동차, 녹색 공간이 많음. 하늘에는 드론이 날고 있고, 거리에는 다양한 사람들이 걸어다님.
- **3단계 스타일**: SF 영화 같은 미래 지향적 분위기
- **4단계 목적**: 미래 도시 계획 발표 자료에 사용
- **5단계 프롬프트 구성**: "높은 빌딩, 하늘을 나는 자동차, 풍부한 녹지 공간을 갖춘 미래 지향적인 도시 풍경. 하늘은 드론으로 가득 차고, 다양한 사람들이 거리를 누비고

제2부 미디어 유형별 콘텐츠 프롬프트 디자인

05. 텍스트 미디어 콘텐츠 프롬프트 디자인

06. 이미지 콘텐츠 프롬프트 디자인

07. 영상 미디어 콘텐츠 프롬프트

08. 사운드 미디어 콘텐츠 프롬프트

09. 멀티모달 AI 미디어 콘텐츠 프롬프트

있다. 이미지에는 도시 계획 프레젠테이션에 적합한 공상과학적이고 미래 지향적인 느낌이 있어야 한다."

복잡한 이미지 프롬프트 결과물 (DALL-E)

# 3. '좋은' 프롬프트와 '부적절한' 프롬프트 디자인

최적의 이미지를 생성하기 위해서는 '좋은 프롬프트 디자인'과 '부적절한 프롬프트 디자인'의 차이를 이해하는 것이 매우 중요하다. AI가 얼마나 정확하고 창의적으로 이미지를 생성할 수 있는지를 크게 좌우하게 된다.

## 1) 좋은 프롬프트 디자인

### (1) 명확하고 구체적임

예) "파란 하늘 아래 넓은 초원이 펼쳐져 있고 초원 중앙에는 커다란 참나무 한 그루가 서 있다. 나무 아래에는 빨간색 피크닉 매트가 깔려 있고, 두 사람이 미소를 지으며 앉아 있습니다. 주변에는 다양한 색깔의 꽃들이 만발해 있다."

명확하고 구체적인 프롬프트에 의한 이미지 결과 (DALL-E)

설명) 이미지 주요 요소파란 하늘, 넓은 초원, 참나무, 피크닉 매트, 사람들, 꽃를 명확하게 제시하고 있다. 구체적인 색상파란, 빨간, 위치초원 중앙, 나무 아래, 분위기미소를 지으며 앉아 있음를 포함하여 AI가 정확한 이미지를 생성할 수 있도록 명확하게 지시하고 있다.

## (2) 콘텍스트 제공

예) "황혼 무렵 해변에 있는 등대. 등대는 흰색과 빨간색으로 칠해져 있으며 주위는 조용하고 평온한 분위기이다. 바다에는 작은 배 한 척이 떠 있고 하늘은 주황색과 보라색으로 물들어 있다."

콘텍스트가 제공된 프롬프트에 의한 이미지 결과 (DALL-E)

제2부 미디어 유형별 콘텐츠 프롬프트 디자인

05. 텍스트 미디어 콘텐츠 프롬프트 디자인

06. 이미지 콘텐츠 프롬프트 디자인

07. 영상 미디어 콘텐츠 프롬프트

08. 사운드 미디어 콘텐츠 프롬프트

09. 멀티모달 AI 미디어 콘텐츠 프롬프트

설명) 시간대황혼 무렵, 장소해변, 주요 객체등대, 배, 색상흰색, 빨간색, 주황색, 보라색, 그리고 분위기조용하고 평온함를 명확히 제시하고 있다.

## (3) 목적에 맞는 세부 사항 제공

예) "게임 광고 포스터 이미지. 중세 시대의 성이 있는 풍경. 성은 돌로 지어져 있으며 높은 탑과 깃발이 있다. 성 주변에는 울창한 숲과 작은 마을이 보인다. 마을 사람들은 중세 의상을 입고 있으며, 시장에서는 활기찬 거래가 이루어지고 있다."

목적에 맞는 세부 사항이 제공된 프롬프트에 의한 이미지 결과 (DALL-E)

설명) 시대중세 시대, 건축물돌로 지어진 성, 주요 특징높은 탑, 깃발, 환경울창한 숲, 작은 마을, 그리고 활동활기찬 시장 거래을 구체적으로 설명하여 AI가 중세 시대의 특정 이미지를 생성할 수 있도록 명확한 지침을 제공하고 있다.

## 2) 부적절한 프롬프트 디자인

부적절한 프롬프트는 좋은 프롬프트에 비해 생성된 이미지의 목적이나 의도가 부합되지 않거나 불분명한 이상한 이미지를 생성하게 된다.

## (1) 불명확하고 모호함

예) "나무가 있는 곳에서 사람들이 모여 있는 장면"

불명확하고 모호한 프롬프트에 의한 이미지 결과 (DALL-E)

설명) 너무 일반적이고 세부 사항이 부족하다. 나무, 사람들, 모여 있는 장면이라는 표현이 너무 모호하여 AI가 어떤 종류의 나무나 사람들을 생성해야 하는지, 사람들이 무엇을 하고 있는지를 알기 어렵다.

## (2) 세부 사항 부족

예) "아름다운 풍경"

세부 사항이 부족한 프롬프트에 의한 이미지 결과 (DALL-E)

제2부 미디어 유형별 콘텐츠 프롬프트 디자인

05. 텍스트 미디어 콘텐츠 프롬프트 디자인

06. 이미지 콘텐츠 프롬프트 디자인

07. 영상 미디어 콘텐츠 프롬프트

08. 사운드 미디어 콘텐츠 프롬프트

09. 멀티모달 AI 미디어 콘텐츠 프롬프트

설명) '아름다운 풍경'은 매우 주관적인 표현이며 어떤 요소가 포함되어야 하는지 명확하지 않다. 산, 바다, 들판, 도시 등 다양한 해석이 가능하기 때문에 AI가 정확한 이미지를 생성하기 어렵다.

## (3) 과도하게 복잡함

예) "파란 하늘 아래 초록색 들판에 빨간 꽃들이 피어 있고, 그 뒤에는 눈 덮인 산이 있으며, 산 정상에는 하얀색 집이 있고, 그 집 앞에는 노란색 문이 있으며, 문 옆에는 파란색 새장이 매달려 있고, 그 안에는 녹색 새가 있다."

과도하게 복잡한 프롬프트에 의한 이미지 결과 (DALL-E)

설명) 이 프롬프트는 너무 많은 세부 사항을 한꺼번에 제시하여 AI가 혼란스러워질 수 있다. 각 요소는 구체적이지만, 전체적으로 조화롭지 않거나 현실적으로 구현하기 어려울 수 있다.

## 3) 좋은 프롬프트와 부적절한 프롬프트 디자인 비교

명확하고 구체적인 프롬프트

불명확하고 모호한 프롬프트

"황금빛 해변과 도시의 야경을 합성한 이미지. 해변에는 해가 저물고 있으며, 파도가 잔잔히 치고 있다. 도시의 야경은 빌딩의 불빛과 네온사인이 화려하게 빛나고 있다. 두 장면이 자연스럽게 이어지도록 해변과 도시는 마치 한 곳인 것처럼 보인다."

"해변과 도시를 합성한 이미지"

설명) 좋은 프롬프트는 해변과 도시의 야경이라는 두 주요 요소를 명확하게 제시하고 해변의 분위기와 도시의 특징을 구체적으로 설명하고 있는 반면, 부적절한 프롬프트는 너무 일반적이고 구체적인 세부 사항이 부족하다. 해변과 도시라는 표현만으로는 어떤 종류의 해변이나 도시인지, 어떤 분위기인지 알기 어렵기 때문에 부자연스러운 이미지를 생성하게 된다.

콘텍스트가 제공된 프롬프트

세부 사항이 부족한 프롬프트

"고대 그리스의 신전과 현대 뉴욕의 스카이라인을 합성한 이미지. 고대 그리스 신전은 장엄한 돌기둥과 아름다운 조각들로 이루어져 있으며, 그 배경으로 뉴욕의 고층 빌딩들이 보인다. 신전과 빌딩들이 자연스럽게 연결되도록 하고 두 시대의 조화로운 대비를 표현."

"산과 바다를 합성한 이미지"

설명) 콘텍스트가 제공된 프롬프트는 고대 그리스 신전과 현대 뉴욕 스카이라인이라는 두 시대를 명확히 구분하고 각 요소의 특징을 자세히 설명한다. 또한, 두 시대의 조화로운 대비를 강조하여 AI가 자연스럽게 이미지를 생성할 수 있도록 제시한다. 하지만 단순히 '산'과 '바다'라는 표현은 매우 일반적이고 구체적인 세부 사항이 없다. 산의 종류눈 덮인 산, 울창한 숲의 산 또는 바다의 상태고요한 바다, 폭풍우가 치는 바다 등 필요한 정보를 제공하지 않기 때문에 AI가 정확한 이미지를 생성하기 어렵다.

목적에 맞게 제시된 프롬프트

과도하게 복잡한 프롬프트

"우주 배경과 열대 우림을 합성한 이미지. 우주 배경에는 별들이 반짝이고 은하수가 흐르고 있다. 열대 우림은 울창한 나무와 다양한 식물들로 가득 차 있으며 하늘에는 작은 외계 우주선이 떠 있다. 이 두 장면이 하나의 독특한 풍경으로 보이도록 생성해 줘."

"도시의 야경과 열대 우림 그리고 우주를 합성한 이미지. 도시의 야경은 빌딩과 네온사인이 가득하며, 열대 우림에는 다양한 동물들과 식물이 있고, 우주에는 별들과 은하가 있다. 모든 요소가 하나의 장면에 자연스럽게 어우러지도록 생성해 줘."

설명) 좋은 프롬프트는 우주와 열대 우림이라는 두 주요 요소를 구체적으로 설명하고 각 장면의 디테일을 명확히 제시하고 있다. 또한, 두 장면이 하나의 독특한 풍경으로 보이도록 지시한다. 반면, 과도하게 복잡한 프롬프트는 너무 많은 세부 사항을 한꺼번에 포함하고 있어 AI가 각 요소를 조화롭게 합성하기 어렵게 하고 있다. 각 요소는 구체적이지만 전체적으로 조화롭지 않거나 비현실적으로 보일 수 있게 구성되어 있다.

이와 같이 좋은 프롬프트 디자인은 명확하고 구체적으로 목적이 분명한 반면에 부적절한 프롬프트 디자인은 모호하고 세부 사항이 부족하거나 과도하게 복잡하여 AI가 효과적으로 작동하기 어렵게 만든다.

이미지 생성을 위한 '좋은 프롬프트 디자인' 원리를 정리하면 다음과 같다.

- **명확성과 구체성:** AI는 명확하고 구체적인 지침을 받을 때 가장 효과적으로 작동한다. 필요한 색상, 위치, 주요 객체 및 상호 관계를 명확히 설명해야 한다.
- **적절한 세부 사항:** 필수적인 세부 사항을 포함하여 AI가 명확한 이미지를 생성할 수 있도록 하되, 과도하게 복잡하지 않아야 한다. 필요한 요소만 포함하고 불필요한 세부 사항은 제외하는 것이 좋다.
- **콘텍스트 제공:** 이미지의 시간, 장소, 분위기 등을 포함하여 AI가 더 풍부한 이미지를 생성할 수 있도록 한다.
- **목적 중심:** 이미지의 목적을 고려하여 프롬프트를 설계해야 한다. 예술적인 창작, 실용적인 디자인, 정보 전달, 특정 분위기 등 목적에 맞게 프롬프트를 조정해야 한다.

## 4. 이미지 생성 프롬프트 키워드

이미지를 생성할 때 특정 장르, 분위기, 느낌 등을 나타내기 위해 사용할 수 있는 프롬프트 디자인 키워드 예시를 정리하였다. 이 키워드들은 AI가 생성할 이미지의 스타일과 분위기를 명확하게 설정하는 데 유용하게 활용할 수 있다.

제2부 미디어 유형별 콘텐츠 프롬프트 디자인

05. 텍스트 콘텐츠 프롬프트 디자인

06. 이미지 콘텐츠 프롬프트 디자인

07. 영상 미디어 콘텐츠 프롬프트

08. 사운드 미디어 콘텐츠 프롬프트

09. 멀티모달 AI 미디어 콘텐츠 프롬프트

## 1) 키워드 예시

### (1) 장르 관련 키워드

이미지의 기본 설정과 스타일을 정의한다.

- **판타지**: 마법의, 신화적 생물, 마법의 숲, 마법사, 용
- **공상과학**: 미래적인, 우주선, 첨단 기술, 사이버펑크, 외계 행성
- **역사적**: 중세의, 르네상스, 빅토리아 시대, 고대 로마, 2차 세계 대전
- **공포**: 유령이 나오는, 소름끼치는, 으스스한, 고딕 양식, 초자연적
- **로맨스**: 사랑의, 열정적인, 친밀한, 부드러운, 로맨틱한 배경
- **모험**: 탐험, 대담한, 액션이 가득한, 퀘스트, 이국적인 장소
- **미스터리**: 수수께끼 같은, 탐정, 서스펜스, 단서, 어두운 골목길
- **코미디**: 유머러스한, 장난기 많은, 엉뚱한, 웃긴, 가벼운 마음의

### (2) 분위기 관련 키워드

이미지의 전반적인 분위기와 감정을 설정한다.

- **어두운**: 음침한, 그림자가 드리운, 불길한, 신비로운, 우울한
- **밝은**: 쾌활한, 햇살이 가득한, 빛나는, 활기찬, 생기 넘치는
- **평온한**: 고요한, 평화로운, 잔잔한, 조용한, 휴식이 되는
- **긴장감 있는**: 서스펜스가 있는, 불안한, 초조한, 팽팽한, 날카로운
- **로맨틱한**: 사랑에 빠진, 꿈꾸는 듯한, 매혹적인, 진심 어린, 열정적인
- **우울한**: 슬픈, 애절한, 어두운, 반성적인, 가슴 아픈
- **장엄한**: 웅장한, 기념비적인, 영웅적인, 위풍당당한, 전설적인
- **기발한**: 상상력이 넘치는, 엉뚱한, 장난기 있는, 비현실적인, 창의적인

### (3) 느낌 관련 키워드

구체적인 감각적 디테일을 추가하여 이미지의 특성을 강조한다.

- **아늑한**: 따뜻한, 포근한, 초대하는, 편안한, 가정적인

- **으스스한**: 이상한, 유령이 나올 것 같은, 오싹한, 불안하게 하는, 서늘한
- **이국적인**: 외국의, 신비로운, 열대의, 다채로운, 독특한
- **호화로운**: 화려한, 사치스러운, 우아한, 부유한, 웅장한
- **미니멀한**: 단순한, 깔끔한, 정돈된, 현대적인, 세련된
- **시골스러운**: 시골의, 소박한, 자연스러운, 전원적인, 빈티지한
- **도시적인**: 도시 풍경, 대도시의, 현대적인, 산업적인, 분주한
- **자연적인**: 유기적인, 야생의, 무성한, 푸른, 목가적인

## 2) 키워드 조합 프롬프트 예시

- **판타지 배경의 평온한 분위기**: "신비로운 생물들이 살고 있는 마법의 숲, 부드러운 빛이 가득한 평온한 느낌"

판타지 배경의 평온한 분위기 프롬프트 결과물 (DALL-E)

- **공상 과학 모험의 장엄한 느낌**: "미래 도시의 스카이라인, 우주선이 하늘을 날고 있는 웅장한 모험"

공상과학 모험의 장엄한 느낌의 프롬프트 결과물 (DALL-E)

- **역사적 로맨스의 아늑한 분위기**: "빅토리아 시대의 거실, 벽난로 앞에서 사랑을 나누는 두 사람"

역사적 로맨스의 아늑한 분위기 프롬프트 결과물 (DALL-E)

- **공포 장면의 으스스한 분위기:** "버려진 저택, 유령들이 나올 것 같은 그림자와 소름끼
  치는 구석"

공포 장면의 으스스한 분위기 프롬프트 결과물 (DALL-E)

- **코미디 배경의 기발한 터치:** "장난기 넘치는 만화 같은 공원, 웃기는 옷을 입고 있는
  동물들"

고코미디 배경의 기발한 터치 프롬프트 결과물 (DALL-E)

이미지 생성 목적에 맞는 키워드를 설정하고 조합하여 프롬프트를 작성하면 AI는 원하
는 특정 느낌의 스타일과 분위기의 이미지를 더 정확하게 생성할 수 있는 좋은 프롬프트가
된다.

## 제4절 이미지 개선 및 재생성을 위한 프롬프트 최적화

# 1. 생성된 이미지 개선을 위한 프롬프트 최적화 및 프롬프트 작성 시 주의 사항

이미지를 생성한 후, 이미지 개선을 위해 최적화된 프롬프트를 작성하는 것은 매우 중요하다. 초기 이미지 생성을 위한 최적화된 프롬프트와 마찬가지로 개선 및 재생성을 위해 최적화된 프롬프트는 원하는 변경 사항을 명확하게 전달하고 세부적인 지침을 제공하여 AI가 이미지를 더 잘 개선할 수 있도록 도와주게 된다. 반면, 부적절한 프롬프트는 모호하거나 불명확하여 AI가 이미지를 더 이상하게 만들 우려가 있다.

개선과 재생성은 처음 이미지를 생성할 때의 프롬프트 디자인 과정과 원리는 동일하다.

## 1) 최적화된 프롬프트 사례

### (1) 명확하고 구체적임

예) "현재 이미지에서 배경의 하늘을 더 파랗고 맑게 만들어 줘. 구름은 적당히 추가하여 하늘이 자연스럽게 보이도록 하고 전경의 나무는 좀 더 푸르고 선명하게 표현해 줘. 또한, 이미지 전체의 밝기를 약간 높여서 더 밝고 생동감 있게 만들어 줘."

| 초기 생성 이미지 | 수정된 이미지 |
|:---:|:---:|

설명) 이 프롬프트는 이미지의 특정 부분을 구체적으로 지적하고 어떤 방식으로 개선해야 하는지 명확하게 설명한다. 하늘의 색상, 구름의 추가, 나무의 푸르름, 이미지의 밝기 조정 등 세부적인 지침을 제공하여 AI가 원하는 대로 이미지를 개선할 수 있게 제시하고 있다.

## (2) 세부적인 개선 사항 제공

예) "인물의 피부 톤을 더 자연스럽고 균일하게 조정해 줘. 또한, 인물의 눈 색상을 초록색으로 변경하고 웃는 표정을 좀 더 강조해 줘. 배경의 책장은 더 밝은 갈색으로 변경하고 책의 배치를 좀 더 정리된 느낌으로 바꿔 줘."

초기 생성 이미지                    수정된 이미지

설명) 이 프롬프트는 인물과 배경의 구체적인 개선 사항을 제시한다. 피부 톤, 눈 색상, 표정, 배경의 색상 및 정리 등 각각의 요소에 대해 명확한 지침을 제공하여 AI가 개선 작업을 효율적으로 수행할 수 있도록 제시하고 있다.

## (3) 목적에 맞는 최적화

예) "이 이미지는 광고용이야. 텍스트가 들어갈 부분을 고려하여 오른쪽 상단의 여백을 좀 더 넓혀 줘. 전체적인 색감을 더 선명하고 화사하게 조정하여 시각적으로 더 매력적으로 보이게 해 줘."

제2부 미디어 유형별 콘텐츠 프롬프트 디자인

05. 텍스트 미디어 콘텐츠 프롬프트 디자인

06. 이미지 콘텐츠 프롬프트 디자인

07. 영상 미디어 콘텐츠 프롬프트

08. 사운드 미디어 콘텐츠 프롬프트

09. 멀티모달 AI 미디어 콘텐츠 프롬프트

초기 생성 이미지

수정된 이미지

설명) 이 프롬프트는 이미지의 목적을 명확히 하고 그에 맞는 구체적인 조정을 요구하고 있다. 광고용 이미지로 사용하기 위한 여백 조정, 색감 개선 등의 지침을 제공하여 AI가 목적에 맞는 최적화를 할 수 있도록 제시하고 있다.

## 2) 부적절한 프롬프트 사례

### (1) 모호하고 불명확함

예) "이미지를 좀 더 좋게 만들어 줘."

초기 생성 이미지

수정된 이미지

설명) 이 프롬프트는 매우 모호하고 불명확하다. '좀 더 좋게'라는 표현은 주관적이며 어떤 부분을 어떻게 개선해야 하는지에 대한 구체적인 지침이 없다. AI가 무엇을 개선해야 할지 이해하기 어려워 효과적인 결과를 기대하기 어렵다.

## (2) 세부 사항 부족

예) "색상을 좀 더 밝게 해줘."

초기 생성 이미지                        수정된 이미지

설명) 이 프롬프트는 구체적인 부분에 대한 설명이 부족하다. 어느 부분의 색상을 밝게 해야 하는지, 얼마나 밝게 해야 하는지에 대한 구체적인 지침이 없기 때문에 AI가 정확한 개선 작업을 제대로 수행하기 어렵다.

## (3) 과도하게 복잡함

예) "배경의 하늘을 파랗게 하고 구름을 추가하고, 나무를 푸르게 하되 나무의 잎사귀는 더 자세하게 표현하고, 인물의 피부 톤을 자연스럽게 하고 눈 색상을 초록색으로 바꾸며, 책장을 밝은 갈색으로 변경하고 책의 배치를 정리하고, 전체 이미지를 밝게 해 줘."

초기 생성 이미지                        수정된 이미지

설명) 너무 많은 세부 사항을 한꺼번에 요구하고 있다. 따라서 AI가 각 요소를 조화롭게 개선하기 어렵다. 각각의 요청은 구체적이지만, 전체적으로 부자연스럽거나 비현실적으로 보일 수 있다.

이와 같이 이미지 개선을 위한 최적화된 프롬프트는 명확하고 구체적이며 AI가 원하는 결과를 정확하게 이해하고 개선할 수 있도록 지시하는 반면, 부적절한 프롬프트는 모호하고 세부 사항이 부족하거나 과도하게 복잡하여 AI가 효과적으로 작동하기 어렵게 만든다.

## 2. 프롬프트 디자이너의 역량

프롬프트 디자인은 이미지 생성 결과물의 질을 결정짓는 중요한 요소로써 잘 디자인된 프롬프트는 높은 품질의 예술적 이미지를 얻게 된다. 그렇지 못한 프롬프트는 실망스러운 결과물을 초래하게 될 것이다. '좋은 프롬프트'를 구성하기 위한 원리와 방법을 기반으로 할 때, 사용자들은 자신의 창의적인 아이디어를 구체화할 수 있고, 원하는 결과물을 얻기 위해 프롬프트를 어떻게 구성하고 수정해야 하는지를 자연스럽게 익히게 된다.

결국, 예술적이고 창의적인 이미지는 단순히 우연에 의해 얻어지는 것이 아니다. 프롬프트 디자인은 단순한 기술적 요소를 넘어 창의적 사고와 전략적 접근을 요구한다. 명확한 목적을 가지고 정확한 문장 및 단어를 제시하는 구체적인 프롬프트가 필수적이다. 원하는 분위기와 스타일이 분명하게 드러나도록 프롬프트를 구성해야 하며 이를 위해 반복적인 수정과 보완이 필요하다. 따라서 프롬프트 디자인의 중요성을 이해하고 효과적으로 적용하는 능력은 성공적인 이미지 생성의 핵심이며, 이를 통해 예술적 표현의 새로운 가능성을 탐구할 수 있게 될 것이다.

## 【선다형 문제】

### 1. AI 이미지 생성에 있어 가장 중요한 요소는 무엇인가? (난이도 하)

① 프롬프트 편집

② 구체적인 프롬프트

③ 기발한 아이디어

④ 성능 좋은 컴퓨터

정답: ②

해설: 이미지 생성에서 명확하고 구체적인 프롬프트는 AI가 사용자의 의도를 정확히 이해하고 원하는 이미지를 생성할 수 있도록 한다.

### 2. 아래 중 이미지 창작의 원리에 해당하지 않는 것은? (난이도 하)

① 균형

② 대비

③ 강조

④ 코딩

정답: ④

해설: 디자인 원리에는 균형, 대비, 강조 등이 포함되지만 컴퓨터 코딩은 포함되지 않는다.

### 3. Midjourney에서 이미지를 생성하기 위해 사용하는 플랫폼은? (난이도 하)

① 슬랙

② 디스코드

③ 줌

④ 달리

정답: ②

해설: Midjourney는 디스코드 플랫폼을 활용하여 이미지를 생성한다.

4. 이미지 생성을 위한 좋은 프롬프트의 특징은? (난이도 하)

① 모호한 지침

② 많은 세부 사항

③ 명확한 지침

④ 재미있고 긴 지침

정답: ③

해설: 명확하고 구체적인 지침은 AI가 작업을 명확히 이해하고, 정교한 이미지를 생성하는 데 필요하다.

5. 다음 중 이미지 생성을 위한 프롬프트의 구성 단계가 아닌 것은? (난이도 하)

① 주제 정의

② 세부 사항 추가

③ 코드 작성

④ 스타일 설명

정답: ③

해설: 프롬프트 구성 단계에는 주제 정의, 세부 사항 추가, 스타일 설명 등이 포함되지만, 코드 작성은 포함되지 않는다.

6. 이미지 생성 모델에서 '환각 현상'이란 무엇을 의미하나? (난이도 중)

① 실제로 존재하지 않는 정보를 생성하는 현상

② AI가 오류를 수정하는 현상

③ 텍스트를 이미지로 변환하는 현상

④ 사용자가 입력한 프롬프트를 이해하는 현상

정답: ①

해설: 환각 현상은 AI가 실제로 존재하지 않는 정보를 생성하는 현상으로 예술 창작에 있어 독창적인 이미지를 만들어 낼 수 있다.

7. AI를 통해 독창적이고 유용한 이미지를 얻기 위해 필요한 것은? (난이도 중)

① 기술적 능력

② 창의적 사고

③ 빠른 컴퓨터

④ 많은 데이터

정답: ②

해설: 창의적이고 유용한 이미지를 얻기 위해서는 단순한 기술적 능력뿐만 아니라 창의적 사고와 전략적 계획이 필수적이다.

8. 프롬프트 디자인에서 '단계적 접근'의 장점은 무엇인가? (난이도 중)

① 이미지 생성 시간이 줄어듦.

② 요소를 개별적으로 이해하고 통합할 수 있음.

③ 더 적은 데이터로 많은 생성물을 만들어 냄

④ 단일 이미지를 반복해 생성할 수 있음.

정답: ②

해설: 단계적 접근은 AI가 각 요소를 개별적으로 이해하고 나중에 자연스럽게 통합할 수 있게 한다.

제2부 미디어 유형별 콘텐츠 프롬프트 디자인

05. 텍스트 미디어 콘텐츠 프롬프트 디자인

06. 이미지 콘텐츠 프롬프트 디자인

07. 영상 미디어 콘텐츠 프롬프트

08. 사운드 미디어 콘텐츠 프롬프트

09. 멀티모달 AI 미디어 콘텐츠 프롬프트

## 9. 이미지 생성에서 '비례(Proportion)'의 원리는 무엇을 의미하나? (난이도 중)

① 디자인 요소들 간의 크기의 관계

② 디자인 요소들 간의 색상의 관계

③ 디자인 요소들의 텍스트 배치

④ 디자인 요소들의 질감 조화

정답: ①

해설: 비례는 디자인 요소들 간의 크기와 스케일의 관계를 통해 디자인을 조화롭게 만드는 원리이다.

## 10. 이미지 생성 프롬프트에서 '상황 및 배경 설명'의 중요성은? (난이도 중)

① AI가 더 풍부한 이미지를 생성할 수 있도록 돕기 위해.

② 이미지의 색상을 결정하기 위해.

③ 이미지를 저해상도로 만들기 위해.

④ AI가 텍스트를 더 창의적으로 생성할 수 있도록 하기 위해.

정답: ①

해설: 상황 및 배경 설명은 AI가 더 풍부한 이미지를 생성할 수 있도록 돕는 중요한 요소이다.

## 11. 프롬프트에서 '추상적 설명'을 피해야 하는 이유는? (난이도 중)

① AI가 이를 이해하지 못할 가능성이 높기 때문

② 프롬프트가 너무 길어지기 때문

③ AI가 이미지를 생성할 시간이 늘어나기 때문

④ 텍스트 데이터의 양이 증가하기 때문

정답: ①

해설: 추상적 설명은 AI가 이해하기 어렵기 때문에 피해야 한다.

## 12. 생성형 AI에서 '환각 현상'이 예술 창작에 긍정적인 이유는? (난이도 상)

① 실제로 존재하는 정보를 자유롭게 변형하기 때문

② 기존에 존재하지 않던 새로운 스타일을 만들어 내기 때문

③ 기존에 존재하는 이미지를 정확하게 재현하기 때문

④ AI의 성능을 점차적으로 향상시키기 때문

정답: ②

해설: 환각 현상은 기존에 존재하지 않던 새로운 스타일이나 형태를 만들어 낼 수 있어 예술 창작에 긍정적인 영향을 미친다.

## 13. 생성형 AI에서 '피드백을 통한 수정'의 장점은 무엇인가? (난이도 상)

① 초기 이미지의 오류를 수정할 수 있음.

② AI의 학습 속도를 높일 수 있음.

③ 프롬프트의 길이를 줄일 수 있음.

④ AI의 이미지 생성 양을 늘릴 수 있음.

정답: ①

해설: 피드백을 통한 수정은 초기 이미지의 오류를 수정하고 더 나은 결과물을 얻는 데 도움이 된다.

## 14. 프롬프트 디자인에서 '목적 중심'의 원리는 무엇을 의미하나? (난이도 상)

① 이미지의 목적을 고려하여 프롬프트를 설계하는 것

② 이미지의 목적을 고려하여 속도를 높이는 것

③ 이미지의 목적을 고려하여 AI의 학습 성능을 테스트하는 것

④ 프롬프트를 복잡하게 만들어 이미지를 다양하게 생성하는 것

정답: ①

해설: 목적 중심의 원리는 이미지의 목적을 고려하여 프롬프트를 설계하는 것을 의미한다.

15. 이미지 생성을 위한 프롬프트 작성 시, '문화적 및 사회적 맥락'을 제공하는 이유는?

   (난이도 상)

   ① AI가 전체적인 상황과 환경을 이해하고 요소들 간의 관계를 반영할 수 있도록 하기 위해.

   ② AI의 학습 속도를 높여 보다 정확한 이미지를 생성할 수 있도록 하기 위해.

   ③ 프롬프트의 길이를 늘려 보다 정확한 이미지를 생성할 수 있도록 하기 위해.

   ④ AI가 제시된 요소들을 정확히 나열할 수 있도록 하기 위해.

정답: ①

해설: 문화적 및 사회적 맥락 제공은 AI가 전체적인 상황과 환경을 이해하고 반영할 수 있도록 돕는다.

16. '프롬프트 디자인을 위한 구성 단계'에서 첫 번째 단계는 무엇인가? (난이도 상)

   ① 프롬프트 작성

   ② 스타일 설명

   ③ 주제 정의

   ④ 목적 설명

정답: ③

해설: 프롬프트 디자인의 첫 번째 단계는 주제를 정의하는 것이다.

## [프롬프트 문제]

17. 해변에서 노을을 즐기고 있는 가족의 장면을 묘사하는 프롬프트는?

   ① 노을 지는 해변에서 파도를 즐기는 가족

   ② 저녁 해변에서 가족이 함께 시간을 보내는 장면

③ 노을이 지는 해변에서 가족이 함께 시간을 보내는 장면

④ 해변에서 운동하는 가족

정답: ③

해설:

①은 '노을'이나 '가족'과 관련된 내용은 있으나 '파도'를 더 즐기는 가족을 나타낸다.

②는 '가족이 함께 시간을 보내는' 부분은 맞지만, '노을'이라는 특정한 시간대를 명시하지 않았다. '저녁'이라는 표현은 '노을'을 포함할 수 있지만 직접적인 묘사가 부족하다.

③은 '노을', '해변', '가족'이라는 세 가지 요소를 모두 포함하고 있어 질문에 가장 부합한다.

④는 '운동하는 가족'이라는 장면은 '노을'과는 관련이 없다.

따라서 ③이 해변에서 노을을 즐기는 가족의 모습을 제대로 묘사하고 있다.

### 18. 산과 호수가 있는 평화로운 아침 풍경을 묘사하는 프롬프트는?

① 산속 호숫가에서 모닥불을 피우는 사람들

② 호수와 산이 있는 고요한 아침 풍경, 물안개가 피어오르는 모습

③ 호수 뒤편의 산 위로 태양이 떠오르는 일출

④ 멀리 산이 보이고 호수가 있는 도시 공원에서 아침 산책을 즐기는 사람들

정답: ②

해설: ②는 '호수와 산', '고요한 아침 풍경', '물안개' 등 구체적으로 산과 호수가 있는 평화로운 아침 풍경을 묘사하고 있다.

### 19. 도시의 커피숍에서 아침을 맞이하는 사람들을 설명하는 프롬프트는?

① 길거리 커피숍에서 책을 읽고 있다.

② 커피를 들고 출근하는 사람들 모습

③ 도시 공원의 커피숍에서 즐겁게 대화를 나누는 사람들

④ 도시의 커피숍, 사람들이 모닝커피를 마시며 신문을 읽고 있다.

제2부 미디어 유형별 콘텐츠 프롬프트 디자인

05. 텍스트 미디어 콘텐츠 프롬프트 디자인

06. 이미지 콘텐츠 프롬프트 디자인

07. 영상 미디어 콘텐츠 프롬프트

08. 사운드 미디어 콘텐츠 프롬프트

09. 멀티모달 AI 미디어 콘텐츠 프롬프트

정답: ④

해설: ④는 '도시의 커피숍'이라는 장소와 '모닝커피'라는 시간대, '신문을 읽는 사람들'이라는 활동
을 정확히 설명하고 있다.

따라서 ④가 도시의 커피숍에서 아침을 맞이하는 사람들을 잘 설명하고 있다.

## 20. 다음 중 구체적이고 명확한 프롬프트는?

① 놀이터에 사람들이 모여 있는 장면

② 도시 거리에서 보이는 모습의 사람들

③ 가을 너무 아래 공원 벤치에 앉아 있는 사람들

④ 학교 운동장에서 노는 아이들

정답: ③

해설: ③은 '공원 벤치에 앉아 있는 사람들'과 '가을 나무들'이라는 구체적인 배경을 함께 설명하고
있어 명확하고 상세한 장면을 제공한다.

## 21. 다음 중 부적절한 프롬프트는?

① 해변의 일몰을 배경으로 서핑을 하는 사람들

② 눈 덮인 아주 높은 산 정상에서의 일출

③ 좋은 풍경과 잘생긴 남자

④ 도시의 야경을 배경으로 자전거를 타는 사람들

정답: ③

해설: ③은 매우 일반적이고 구체적이지 않으며, 어떤 종류의 풍경을 의미하는지, 잘생긴 기준이
무엇인지에 대한 정보가 부족하다.

## 22. 주어진 프롬프트를 개선한 것은?

> "동물원에서 동물을 보는 아이들"

① 아이들이 동물원에서 기린을 보고 있음

② 동물원에서 기린을 보고 있는 아이들, 배경에는 푸른 하늘과 나무들

③ 동물원에서 동물을 보는 사람들

④ 아이들이 놀고 있는 동물원

정답: ②

해설: ②는 '기린을 보고 있는 아이들'과 '푸른 하늘과 나무들'이라는 배경까지 포함하여 매우 구체적이고 생생한 장면을 묘사하고 있다.

①③④는 제시된 프롬프트의 목적과 내용을 벗어나 있다.

## 23. 프롬프트를 사용하여 두 이미지를 합성하는 방법을 가장 잘 설명한 것은?

> "여름 해변과 겨울 산을 합성하여 하나의 이미지를 만드시오."

① 여름 해변과 겨울 산을 하나로 합치세요

② 여름 해변과 겨울 산을 자연스럽게 연결하여 합성하세요. 해변에는 사람들이 놀고 있고, 산은 눈으로 덮여 있습니다.

③ 눈이 오는 겨울 산과 여름 해변의 사람들을 동시에 표현하세요.

④ 여름 해변과 겨울 산을 합성하세요. 해변에는 사람들이 있고 눈이 내리고 있습니다.

정답: ②

해설: ①③은 프롬프트 내용의 세부 정보가 부족하다.

②는 합성 방법에 대한 구체적인 지침을 제공하고 있다. '자연스럽게 연결'하고, '해변에는 사람들이 놀고 있으며', '산은 눈으로 덮여 있다'는 추가적인 세부 사항을 포함하여 매우 구체적이다.

④는 세부 사항이 부족하여 비현실적 이미지로 AI가 내용을 잘못 해석할 수 있다.

따라서 ②가 두 이미지의 합성 방법을 가장 잘 설명하고 있다.

제2부 미디어 유형별 콘텐츠 프롬프트 디자인

05. 텍스트 미디어 콘텐츠 프롬프트 디자인

06. 이미지 콘텐츠 프롬프트 디자인

07. 영상 미디어 콘텐츠 프롬프트

08. 사운드 미디어 콘텐츠 프롬프트

09. 멀티모달 AI 미디어 콘텐츠 프롬프트

## 24. 주어진 프롬프트의 개선점을 가장 잘 제안한 것은?

> "가을 숲속 산책로"

① 노란 잎이 깔린 가을 숲속의 산책로를 따라 걷는 사람들

② 낙엽이 깔린 숲길을 따라 조깅을 하는 사람들

③ 사람들이 있는 가을 숲 산책로

④ 가을에 물놀이를 하는 사람들과 숲길을 산책하는 사람들

정답: ①

해설: ①은 기존 프롬프트를 구체적으로 확장하여 '노란 잎이 깔린 숲속 산책로'와 '걷는 사람들'을 추가함으로써 더 생생하고 상세한 장면을 제공하였다.

## 25. 프롬프트의 명확성과 구체성을 가장 잘 평가한 것은?

> "강변 축제의 밤에 불꽃놀이가 펼쳐지는 장면"

① 명확하고 구체적이며 불꽃놀이의 시각적 요소를 잘 설명함.

② 일반적이고 불명확하여 장소적 특성이 잘 드러나지 않음.

③ 짧고 간결함.

④ 과도하게 복잡함.

정답: ①

해설: ①은 '축제의 밤에 불꽃놀이가 펼쳐지는 장면'이라는 프롬프트의 명확성과 구체성을 올바르게 평가하고 있다. '불꽃놀이'라는 시각적 요소가 명확히 설명되어 있다.

## 26. 프롬프트를 통해 이미지를 구체적으로 만드는 방법을 가장 잘 설명한 것은?

> "노을이 지는 바다"

① 노을이 지는 바다에 수십 척의 배가 물 위에 떠 있고, 하늘에는 비행기와 드론이 날아다닌다. 해변에는 수백 명의 사람들이 놀고 있고, 파도치는 바다에서는 수십 명이 서핑을 하고 있다.

② 노을이 지는 바다 위에 낚싯배가 떠 있다.

③ 노을이 지는 바다, 붉은 빛이 물든 하늘과 반짝이는 물결

④ 밤바다

정답: ③

해설: ③은 '노을이 지는 바다'라는 프롬프트를 구체적으로 확장하여 '붉은 빛이 물든 하늘'과 '반짝이는 물결'이라는 상세한 시각적 요들을 추가하고 있다.

## 27. 주어진 테마를 기반으로 창의적인 프롬프트를 가장 잘 작성한 것은?

"우주 탐험"

① 우주를 탐험하는 우주인

② 외계인이 은하계를 탐험하는 장면

③ 우주 탐험을 위해 외계 행성에 착륙하는 우주선과 탐험가들

④ 우주비행사를 태운 우주선이 발사되는 모습, 배경에는 외계인들이 지구를 침공하여 공격하고 있다.

정답: ③

해설: ③은 '우주를 탐험하는 우주선과 승무원들', '외계 행성에 착륙하는 모습'이라는 구체적이고 상세한 장면을 포함하여 '우주 탐험' 테마를 아주 잘 반영하고 있다.

## 28. 두 프롬프트를 비교하고 더 나은 이유를 가장 잘 설명한 것은?

ㄱ. "맑은 하늘과 산"

ㄴ. "눈 덮인 산봉우리와 맑은 하늘을 배경으로 한 산"

① ㄱ이 더 나은 이유는 간결하고 이해하기 쉽다.

② ㄱ이 더 나은 이유는 산을 다양한 방식으로 해석할 수 있다.

③ ㄴ이 더 나은 이유는 구체적이고 명확하여 AI가 원하는 이미지를 정확하게 생성할 수 있다.

④ ㄴ이 더 나은 이유는 산과 하늘의 색상을 지정하여 AI가 이미지의 분위기를 잘 파악

할 수 있다.

정답: ③

해설: ③은 프롬프트가 구체적이고 명확하다는 점을 강조하며, AI가 원하는 이미지를 정확하게 생성할 수 있음을 설명하고 있다.

**29. 광고용 이미지를 위한 프롬프트를 가장 잘 작성한 것은?**

① 최신 스마트폰을 들고 광고하는 여성

② 스마트폰, 여성 모델, 광고 이미지

③ 도시에서 신제품 스마트폰을 들고 있는 남성 모델

④ 현대적 배경에 최신 스마트폰을 들고 있는 남성

정답: ③

해설: ③은 '신제품 스마트폰', '남성 모델', '현대적인 도시 풍경'이라는 구체적인 요소들을 포함하고 있으며, 광고용 이미지에 필요한 정보를 잘 제공하고 있다.

**30. 프롬프트가 명확하지 않은 경우 어떻게 개선할 수 있는지 가장 잘 설명한 것은?**

① 구체적인 세부 사항을 추가함.

② 짧고 간결하게 수정함.

③ 같은 프롬프트를 반복함.

④ 다른 프롬프트를 사용함.

정답: ①

해설: ①은 프롬프트가 명확하지 않을 때 구체적인 세부 사항을 추가하여 명확하게 만드는 방법을 설명하고 있다.

제2부 미디어 유형별
콘텐츠 프롬프트 디자인!

05. 텍스트 미디어 콘텐츠
프롬프트 디자인

06. 이미지 콘텐츠 프롬프트
디자인

07. 영상 미디어 콘텐츠
프롬프트

08. 사운드 미디어 콘텐츠
프롬프트

09. 멀티모달 AI 미디어 콘텐츠
프롬프트

# 영상 미디어 콘텐츠 프롬프트

## 제1절 영상 콘텐츠의 생성형 AI 개요

### 1. 기존 영상에 대한 개념 이해

AI 영상 콘텐츠에 앞서, 먼저 영상에서 가장 대중적인 장르인 방송, 영화, 광고를 중심으로 개념들에 대해 살펴보자.

방송은 방송법[1]에 의해 정의되어 있다. 영화는 영화 및 비디오물의 진흥에 관한 법률[2]약칭 영화비디오법, 광고는 표시·광고의 공정화에 관한 법률[3]약칭 표시광고법에 정의되어 있다. 일반인에게도 친숙하게 접하는 매체라 따로 규정짓지 않아도 알고 있다. 그러나 서로 같은 것 같아도 다르며, 일부 혼재되어 있다. 공통점은 많은 기자재와 장비, 기술, 관련 심의 규정이 존재한다.

---

1) 방송법에는 "방송"이라 함은 방송 프로그램을 기획·편성 또는 제작하여 이를 공중(개별 계약에 의한 수신자를 포함하며, 이하 "시청자"라 한다)에게 전기통신 설비에 의하여 송신하는 것으로서 다음 각 목의 것을 말한다. 각 목은 텔레비전방송, 라디오방송, 데이터방송, 이동멀티미디어방송을 말한다.

2) 영화비디오법에서는 영화를 "연속적인 영상이 필름 또는 디스크 등의 디지털 매체에 담긴 저작물로서 영화 상영관 등의 장소 또는 시설에서 공중(公衆)에게 관람하게 할 목적으로 제작한 것'으로 정의하고 있다.

3) 표시광고법에서는 "광고란 사업자등이 상품 등에 관한 제1호 각 목의 어느 하나에 해당하는 사항을 「신문 등의 진흥에 관한 법률」 제2조제1호 및 제2호에 따른 신문·인터넷신문, 「잡지 등 정기간행물의 진흥에 관한 법률」 제2조제1호에 따른 정기간행물, 「방송법」 제2조제1호에 따른 방송, 「전기통신기본법」 제2조제1호에 따른 전기통신, 그 밖에 대통령령으로 정하는 방법으로 소비자에게 널리 알리거나 제시하는 것"을 말한다.

이렇게 세 개의 영상 분야, 매체를 통한 분류는 이제 의미가 없어질지도 모른다. 또한, 다양한 영상의 장르가 디지털 플랫폼에서 혼용되어 사용되고 있다. 이제는 대세로 잡은 영상은 바로 OTT와 유튜브, 아프리카TV 등이다. 그 외 많은 SNS, 영상 플랫폼은 셀 수 없이 존재한다. 물론 이러한 다양한 채널들의 영상은 방송과 영화, 광고의 제작 형식과 포맷에서부터 탄생하였다.

최근 문화와 콘텐츠 개념이 확산되고 융합되면서 어떤 영역과 분야이든 혼재되어 나타난다. 이제는 영상에서도 솔리드 미디어Solid Media처럼 방송, OTT, 유튜브 제작, 영화로 딱 구분 지을 수 없는 시대이다. 물처럼 흐르고 흡수되고 번지는 리퀴드 미디어liquid Media로서 다양한 디지털 플랫폼에서 노출되고 있으며, 모든 기술과 창작, 시청과 구독이 디지털 트랜스포메이션DX이 되는 시대이다.

이러한 DX 시대에 예전과 비교해 개념과 속성이 많이 달라졌다. 과거에는 영상 제작은 거대 자본의 방송국, 영화 제작사, 광고 제작사만이 만들 수 있었다. 하지만 이제는 누구나 쉽게 만들 수 있다. 비디오 카메라 등 촬영과 편집 장비가 디지털로 바뀌고 경량화되었고 가격도 싸졌기 때문이다. 그럼에도 영상 제작을 위해서는 독창적인 아이디와 기획 능력, 자막과 배경 등 디자인적 능력, 컴퓨터 편집 능력 등 전문적 능력이 필요했었다. 이제는 자신의 제작 방향, 기획 의도만 있으면 다양한 방식으로 영상을 제작할 수 있게 되었다. 그것은 바로 AI 덕분이다.

AI를 활용한 영상 제작은 무궁무진하다. 개인이 한국말로 인사하면 AI는 사람의 얼굴과 입 모양을 분석하여 세계 각국의 언어로 말할 수 있으며, 입의 움직임도 정확하게 변환시키고 있다.

또한, 배우의 움직임, 운동선수의 움직임 또는 운동에 사용하는 공예를 들면 배구공이나 농구공 등을 자동으로 인식해서 피사체를 따라가며 촬영하는 것이다. 이것을 통해 무인으로 스포츠 경기를 촬영하고 중계할 수도 있다. 그뿐만 아니라 스포츠 중계를 간단하게 하이라이트로 편집해 주고, 쇼츠 영상까지 만들어 제작할 수 있다.

실제로 이미 간단한 스튜디오 토크쇼, 뉴스쇼, 아마추어 스포츠 중계에서 3명의 촬영감독이 붙어서 할 일들을 이제는 한 명이 AI 촬영을 통해서 진행하고 있으며, 쇼츠 영상 생성, 캐릭터 생성, 애니메이션 제작 등 다양하게 진화하고 있다.

## 2. 영상 콘텐츠의 생성형 AI 기본 개념

비디오 콘텐츠의 생성형 AI는 인공지능 기술을 사용하여 비디오를 자동으로 생성, 편집, 변형하는 다양한 애플리케이션을 말한다. 생성형 AIGenerative AI는 인공지능의 한 분야로, 주어진 데이터를 학습하여 새로운 데이터를 생성하는 모델을 의미한다.

영상 콘텐츠 생성형 AI는 이러한 기술을 이용해 비디오를 자동으로 생성·편집·변형하는 것을 목표로 한다. 이러한 제작은 기계학습과 딥러닝을 통해 생성된다. 즉 대량의 데이터를 학습하여 패턴을 인식하고 새로운 데이터를 예측하는 알고리즘을 만드는 과정이다.

딥러닝은 인공신경망을 사용해 데이터의 복잡한 패턴을 학습하는 기술로, 영상 생성에서는 주로 CNNConvolutional Neural Network과 GANGenerative Adversarial Networks이 사용된다. 이 부분은 텍스트, 이미지, 사운드 부문과 유사하게 진행되고 학습된다.

GANGenerative Adversarial Networks은 두 개의 신경망, 생성자Generator와 판별자Discriminator로 구성된다. 여기서 생성자는 새로운 데이터를 생성하고, 판별자는 이 데이터가 진짜인지 가짜인지 구별한다. 두 신경망이 서로 경쟁하면서 점점 더 현실적인 데이터를 생성하게 된다.

## 제2절 영상 콘텐츠 분야에서의 프롬프트 디자인 활용

컴퓨터에 글자를 입력하면 영상이 전환되는 AI 영상 제작이 가능한 시대이다. AI 자동 생성으로는 텍스트를 입력하면 비디오가 생성되는 것이다. 즉 텍스트 설명을 입력하면 해당 내용을 기반으로 비디오를 생성한다. 예를 들어 특정 주제에 대한 뉴스 비디오나 강의 비디오를 자동으로 생성할 수 있으며, 이미지와 오디오를 입력하면 비디오를 생성시키기도 한다. 또한, 이미지와 오디오 파일을 AI로 생성한 후, 이를 토대로 비디오를 제작할 수 있다.

비디오 편집에서도 AI로 진행될 수 있다. 하이라이트 편집, 쇼츠 영상 제작 등이 있다. 긴 비디오에서 중요한 부분을 자동으로 추출하여 편집하는 것이다. 예를 들어 앞서 설명한 대로 스포츠 경기의 하이라이트 비디오를 생성할 수 있다. 또는 유튜브, 아프리카TV의 콘텐츠를 요약식으로 편집하여 짧은 영상을 자동으로 제작할 수 있다.

또한, 영상 이미지에 특정 필터 및 이펙트를 적용하는 기능도 있다. AI를 사용하여 다양한 비디오 필터와 시각 효과를 자동으로 적용하는 것이다. 이는 특정 무드와 특정 장면을 연출하는 데 용이할 것이다.

또한, 얼굴이나 특정 물체, 간판 등을 다른 이미지로 대체하거나 변형하는 데 쉽게 사용할 수 있다. 특히 사람의 얼굴을 다른 이미지로 대체하고, 이미지 대체뿐 아니라 동작, 입 모양, 눈 깜빡임까지 연동되어 작동할 수 있게끔 하고 있다. 이를 디지털 아바타라고 하는데, 사람의 얼굴을 디지털 아바타로 변환하여 비디오 콘텐츠에 삽입하는 기술이다.

또한, 딥페이크는 AI를 이용해 특정 인물의 얼굴을 다른 얼굴로 바꾸는 것을 말한다. 이는 가짜뉴스에 이용하여 특정 인물이 어떤 메시지를 직접 발표하는 것처럼 꾸밀 수도 있다. 또는 자신이 지지하는 가수가 찬송가, 불교 음악 등을 부르는 것처럼 만들어 특정 시장에 배포하는 경우도 있다. 그래서 AI 사용은 사용자에게 윤리적 의무가 따른다. 중요한 것은, 가상의 공간에서 디지털 아바타의 활동은 현실의 제작자가 법적 책임을 져야만 한다는 것이다.

그 외에도 AI를 활용한 영상 콘텐츠 제작 중에 활용도가 높은 것은 많은 영상 컷을 자동으로 편집해 주는 것이다. 영화나 TV 쇼의 일부 장면을 AI를 사용하여 생성하거나 편집하고, 게임 내의 시네마틱 장면을 자동으로 생성하여 게임 개발 시간을 단축한다. 특히 영화는 촬영한 장면들을 씬별로 구분하고, 촬영 횟수테이크별로 구분해 놓고, 오케이 컷을 별도로 입력해 놓으면 자동으로 영화 전체를 편집할 수 있다.

온라인 강좌 역시, 기본 인물의 모습과 목소리만 학습시키면 AI는 이후, 텍스트만 입력해도 동영상 강좌를 만들 수 있다. 이를 통해 인문학 유튜브 콘텐츠, 온라인 강의, 제품 설명서 등 텍스트 자료를 기반으로 강의 비디오를 자동으로 생성하여 교육 콘텐츠를 빠르게 제공할 수 있다.

특히 제품 설명은 단순한 사용 설명서 외에도 제품의 장점을 제작하는 등 광고 영상에도 사용하고 있다. 특히 개인 미디어를 통한 협찬, 인플루언서의 광고 등 다양한 영상 플랫폼을 통한 광고 시장이 확대되면서 더욱 활발하게 사용될 전망이다.

앞서 설명한 대로 방송국이나 영화사, 광고 회사 외에도 인브랜드의 소셜미디어 계정을 위한 다양한 비디오 콘텐츠를 자동 생성할 수 있으며, 이미 유튜브 등에 라이브 방송 중에서 실시간 하이라이트를 편집하거나, 오디오 소스만을 활용하여 영상 이미지를 생성하여 제작할 수 있다.

# 1. 영상 미디어 콘텐츠 활용 분야

## 1) 마케팅 및 광고

■ 광고 및 제품 설명 비디오
• 제품 설명서를 입력하면 AI가 이를 바탕으로 제품의 특징과 사용법을 시각적으로 설명하는 비디오를 생성한다. 예를 들면 한 전자 제품 회사는 신제품의 매뉴얼을 AI에 입력하여 사용자 가이드 비디오를 자동 생성, 고객이 제품 사용법을 쉽게 이해할 수 있게 한다.

## (2) 교육

### (1) 온라인 강의 비디오

- 교재나 강의 노트를 입력하면 AI가 이를 바탕으로 교육 콘텐츠를 시각적으로 표현하는 강의 비디오를 생성한다. 온라인 교육 플랫폼은 수학 교재를 AI에 입력하여 수업 동영상을 자동 생성, 학생들이 다양한 수업 자료를 통해 학습할 수 있게 한다.

### (2) 인문학 콘텐츠 등 강의형 유튜브

- 캐릭터를 가상 또는 현실로 설정하고, 인문학 내용을 입력하면 인문학 콘텐츠를 생성할 수 있다. 유튜브의 경우, 흥미롭고 유머러스한 채널도 인기지만, 의외로 정보 전달, 인문학 콘텐츠도 인기 장르이다.
- 토크쇼 등 라이브 비디오 편집이 가능하다. 라이브 방송 중 중요한 부분을 실시간으로 편집하여 하이라이트 비디오를 생성할 수 있다.

## 3) 뉴스 및 저널리즘, SNS

### (1) 뉴스

- 텍스트 뉴스 기사를 입력하면 AI가 이를 바탕으로 관련 이미지와 동영상을 사용해 뉴스 보도 비디오를 생성한다. 뉴스 매체는 기사를 AI에 입력하여 주요 뉴스 사건에 대한 비디오를 신속하게 제작, 시청자에게 제공할 수 있다.

### (2) 소셜미디어 콘텐츠

- 소셜미디어 포스트 비디오, 즉 쇼츠나 릴스 등 다양한 짧은 영상을 편집하는 툴이다. 블로그 포스트나 소셜미디어 글을 입력하면 AI가 이를 바탕으로 간결하고 시각적으로 매력적인 비디오 콘텐츠를 생성한다. 예를 들면 한 블로거는 글을 AI에 입력하여 해당 내용을 요약한 비디오를 자동 생성, 팔로워들에게 시각적으로 전달할 수 있다.

### 4) 부동산 등 제품 마케팅 활용

■ 부동산 소개 비디오

- 부동산 매물 설명을 입력하면 AI가 이를 바탕으로 해당 부동산의 특징과 장점을 보여 주는 비디오를 생성할 수 있다. 부동산 에이전시는 매물 설명을 AI에 입력하여 해당 부동산의 소개 비디오를 자동 생성, 잠재 구매자에게 효과적으로 보여 준다.
- 부동산 사례를 들었지만, 다양한 제품과 서비스의 특징과 장점을 AI를 통해 제작할 수 있다.

### 5) 자서전 및 문학 작품, 기업 브로슈어 설명 영상

■ 자서전 홍보 비디오

- 자서전이나 문학 작품의 내용을 입력하면 AI가 이를 바탕으로 줄거리와 주요 장면을 시각화한 홍보 비디오를 생성한다. 예를 들면 한 작가는 자서전의 일부 내용을 AI에 입력하여 책의 줄거리와 주요 장면을 보여 주는 홍보 비디오를 제작, 출판 전 홍보 활동에 활용할 수 있다.

## 2. 영상 콘텐츠의 프롬프트 장단점과 고려 사항

AI를 활용하여 누구나 영상을 만들 수 있다. AI를 활용하면 영상 제작이 훨씬 더 접근 가능해지며, 전문적인 기술이 없는 사람들도 쉽게 영상을 만들 수 있는 환경이 조성되기 때문이다. 특히 비전문가도 간단한 영상 편집을 통해 원하는 결과물을 얻을 수 있어 교육, 마케팅, 개인 프로젝트 등 다양한 분야에서 유용하게 활용될 수 있다.

다만, 창의성과 고급 편집 작업에서는 여전히 인간의 개입이 필요하며, AI 도구의 한계를 이해하고 적절히 활용하는 것이 중요하다. 여기서는 쉽게 만들 수 있는 이유와 장점, 단점과 고려 사항을 정리해 보겠다.

제2부 미디어 유형별 콘텐츠 프롬프트 디자인

05. 텍스트 미디어 콘텐츠 프롬프트 디자인

06. 이미지 콘텐츠 프롬프트 디자인

07. 영상 미디어 콘텐츠 프롬프트

08. 사운드 미디어 콘텐츠 프롬프트

09. 멀티모달 AI 미디어 콘텐츠 프롬프트

## 1) AI를 활용한 영상 콘텐츠 제작의 장점

### (1) 쉬운 접근성

- **사용자 친화적인 도구**: AI 기반 영상 편집 도구들은 보통 직관적인 인터페이스를 제공하여 초보자도 쉽게 사용할 수 있다. 예를 들어 드래그앤드롭Drag & Drop 방식이나 간단한 클릭만으로 편집할 수 있는 기능이 포함된다.

- **자동 편집 기능**: AI가 자동으로 장면을 선택하고, 자르고, 효과를 추가하여 전체 영상을 편집할 수 있다. 사용자는 기본적인 지침만 제공하면 AI가 효과적으로 제작할 수 있다.

### (2) 초보자도 가능한 기능

- **튜토리얼과 가이드**: AI 툴은 보통 사용법에 대한 튜토리얼과 실시간 가이드를 제공하여 사용자가 쉽게 따라 할 수 있도록 돕고 있다.

- **피드백 제공**: AI가 편집 과정에서 실시간 피드백을 제공하여 사용자가 실수를 바로잡고 더 나은 결과물을 얻을 수 있도록 한다.

### (3) 템플릿 제공

- **프리셋 및 템플릿**: 초보자도 쉽게 할 수 있도록 다양한 영상 템플릿과 스타일 프리셋을 제공하여 사용자는 원하는 템플릿을 선택하고 간단히 내용을 입력하는 것만으로 영상을 제작할 수 있다.

- **자동 완성**: AI는 사용자가 업로드한 영상과 이미지를 분석하여 자동으로 적절한 템플릿을 추천하고, 이에 맞춰 편집을 완성해 준다.

### (4) 자동화된 작업

- **자막 및 번역**: AI는 음성을 인식하여 자동으로 자막을 생성하거나 번역할 수 있다.

- **음악 및 효과 추가**: AI가 영상의 분위기와 맞는 음악이나 사운드 효과를 자동으로 선택하고 추가해 준다.

## (5) 자동화 편집

- **자동화**: 반복적이고 시간 소모적인 작업을 자동화하여 전체 편집 시간을 줄일 수 있다. 예를 들어 장면 전환, 컷 편집, 효과 추가 등의 작업을 자동으로 처리할 수 있다.
- **신속한 미리보기**: AI를 사용하면 실시간으로 편집 결과를 미리 볼 수 있어 빠른 피드백과 수정이 가능하다.
- **초기 아이디어 제공**: AI가 다양한 편집 아이디어와 스타일을 제시하여 편집자가 선택하거나 참고할 수 있다. 이는 창의적인 작업을 촉진하는 데 도움이 될 것이다.
- **자동 태깅 및 분류**: 영상 내의 특정 장면이나 인물을 자동으로 태그하고 분류하여 검색과 편집 작업을 간편하게 만든다.
- **일관성 유지**: AI는 동일한 편집 스타일과 톤을 일관되게 유지할 수 있어 브랜드 일관성을 유지하는 데 유리하다.
- **고급 효과 적용**: AI는 복잡한 시각적 효과나 필터를 자동으로 적용하여 영상의 품질을 향상시킬 수 있다.

## (6) 개인화된 콘텐츠

- **맞춤형 편집**: 시청자의 선호도와 행동 데이터를 기반으로 개인화된 콘텐츠를 자동으로 생성하고 편집할 수 있다.
- **다양한 버전 생성**: 같은 콘텐츠의 여러 버전을 신속하게 생성하여 다양한 플랫폼이나 시청자 그룹에 맞춤형으로 제공할 수 있다.

## (7) 데이터 기반 결정

- **분석 및 최적화**: AI는 시청 데이터와 피드백을 분석하여 가장 효과적인 편집 방식을 제안하고, 콘텐츠의 성과를 최적화할 수 있다.
- **예측 모델**: 시청자 반응을 예측하여 어떤 편집 스타일이 더 효과적인지 사전에 판단할 수 있다.

05. 텍스트 콘텐츠 프롬프트 디자인
06. 이미지 콘텐츠 프롬프트 디자인
07. 영상 미디어 콘텐츠 프롬프트
08. 사운드 미디어 콘텐츠 프롬프트
09. 멀티모달 AI 미디어 콘텐츠 프롬프트

## 2) AI를 활용한 영상 콘텐츠 제작의 단점

### (1) 독창성 부족:

- AI는 기존 데이터에 기반하여 결과를 생성하기 때문에 완전히 새로운 아이디어나 독창성을 제공하기 어려울 수 있다. 인간의 창의성을 대체하기 힘들기 때문이다.

### (2) 품질 문제

- 아직 AI가 생성한 콘텐츠는 항상 높은 품질을 보장하지 않으며 수작업으로 조정하거나 수정이 필요할 수 있다. 특히 복잡한 시각적 효과나 세밀한 편집이 필요한 경우 한계가 있다.

### (3) 윤리적 문제

- 가짜 뉴스 및 허위 사실을 현실감 있게 제작하여 혹세무민할 수 있다. 즉 현실 세계에서 사람들에게 잘못된 정보를 제공할 수 있으며 사회 문제를 제기할 수 있다.
- 상업적 이용을 위해 부적절한 콘텐츠 제작으로 윤리적 문제가 발생할 수 있다.
- 저작권 및 초상권 침해, 허위 정보 생성 등 AI 사용 시 이러한 문제를 고려해야 한다. 또한, 자신이 만든 AI 제작물도 저작권을 주장하는 데 아직 사회적 법적 제도적으로 체계적이지 못한 점도 있다.

### (4) 기술적 제한

- AI 기술은 빠르게 발전하고 있지만 여전히 한계를 갖고 있다. 복잡한 작업이나 고도의 창의성이 요구되는 작업에서는 인간의 개입과 사고가 필요하다.

## 3) 고려 사항

### (1) 목표 명확화와 인간의 개입

- AI 프롬프트를 사용할 때 목표와 기대치를 명확히 설정해야 한다. 어떤 종류의 콘텐츠를 만들고 싶은지, 어떤 톤과 스타일이 필요한지 구체적으로 정의해야 한다.
- 즉 인간이 AI에게 정확히 입력값을 주어야 한다. 입력값 설정을 위해서 인간은 다양한 사고와 기술 배경, 출력값에 대한 상상력이 있어야 한다. 그래서 향후 AI 활용의 성공은 여기서부터 확연하게 차이가 드러날 수 있다.
- AI가 생성한 콘텐츠는 완벽하지 않으므로 인간의 검토와 수정이 필요하다. 최종 결과물을 인간이 확인하고 조정하는 절차를 거쳐야 한다.
- 고급 편집 기술의 경우, AI 도구는 기본적인 편집에는 유용하지만, 복잡하고 정교한 편집 작업에는 한계가 있을 수 있다. 고품질의 전문 영상을 제작하려면 여전히 인간 편집자의 기술이 필요하다.

### (2) 데이터 품질

- AI가 학습할 데이터의 품질이 결과에 큰 영향을 미친다. 신뢰할 수 있고 양질의 데이터를 사용해야 한다.
- 이는 향후 많은 데이터를 소유한 AI 생성 플랫폼의 독점화가 가능하다. 왜냐하면 독점적이라는 뜻은 그만큼 많은 사람이 사용한다는 것이다. 많이 사용하는 만큼 데이터가 쌓여서 AI 영상 품질이 향상될 수 있다. 좋은 AI 영상의 출력값을 기대하는 만큼 또 사용자가 증가한다.
- AI의 독점적 플랫폼은 향후 인간의 다양한 시선, 입체적 분석, 진실에 대한 접근 대신 AI의 출력값에 맹목적일 수 있다.

### (3) 제한된 템플릿으로 창의성 및 독창성 제한

- 제공되는 템플릿과 자동화된 기능에 의존할 경우 독창적인 표현이 어려울 수 있다. 창의적인 편집은 여전히 사용자의 개입이 필요하다.

제2부 미디어 유형별 콘텐츠 프롬프트 디자인

05. 텍스트 콘텐츠 프롬프트 디자인

06. 이미지 콘텐츠 프롬프트 디자인

07. 영상 미디어 콘텐츠 프롬프트

08. 사운드 미디어 콘텐츠 프롬프트

09. 멀티모달 AI 미디어 콘텐츠 프롬프트

- AI의 한계가 분명 존재하다. AI는 학습 데이터에 기반하므로 특정한 시각적 효과나 예술적 감각을 구현하는 데는 한계가 있을 수 있다. 최신 기술을 계속 학습하고 업그레이드하는 것이 중요하다.

## (4) 품질 차이는 곧 유료 서비스의 차이

- 고급 AI 편집 도구나 추가 기능은 유료인 경우가 많다. 지출 비용, 즉 예산을 고려해야 한다.

## 제3절 영상 콘텐츠 생성 모델의 종류 및 특징

AI를 활용한 영상 콘텐츠를 무료로 쉽게 경험해 보는 것도 중요할 것이다. 그리고 많은 사람이 사용하는 범용적인 툴을 활용해서 쉽게 접근하는 것이 좋다. 텍스트를 입력해서 자동으로 AI 영상 콘텐츠를 제작하거나, 이미지를 조합하여 간단한 영상을 만들어 주는 기본 툴을 활용하는 것도 좋다.

초보자도 쉽게 접근할 수 있는 AI 영상 콘텐츠 생성 모델을 세 가지 소개한다. 바로 런웨이, 피카랩스, 제로스코프이다.

## 1. 대표적인 영상 콘텐츠 생성 모델 소개

### 1) 런웨이(Runway ML GEN-2)

Runway는 텍스트 프롬프트에서 비디오 생성을 위해 3단계 과정을 거치면 된다. 텍스트로 영상을 만들지 또는 이미지로 영상을 구현할지 선택하면 된다. 또는 자신의 스마트폰으로 촬영한 영상으로 비디오를 편집할 수 있다.

런웨이 툴은 향상된 비디오 해상도 및 전환 기능을 사용하여 제품을 개선하여 유동적인 비디오를 만들 수 있다. 작업 비용은 기본에서 베이직, 무제한 등 비디오 생성 제공에 따라 다양하게 책정되어 있다. 초보자는 무료로 활용한 뒤, 상업적 사용에 따라 비용을 부담하면 된다.

Runway는 텍스트에서 비디오 생성, 이미지에서 비디오, 비디오에서 비디오로 생성하는 AI 툴을 갖고 있다. 또한, 다양한 비디오 편집 기능 및 이미지 툴을 포함하여 사용자가 쉽게 활용할 수 있다. 비즈니스 측면에서 사용하기 위해서는 자신의 필요와 산업에 맞는 AI 비디오 툴을 이용하면 된다.

Runway는 다양한 AI 기반 도구를 제공하여 영상 콘텐츠 제작을 혁신적으로 간소화하는 플랫폼이다. Runway를 사용하면 비전문가도 쉽게 고품질의 영상을 제작할 수 있으며, 다양한 창의적인 기능을 활용할 수 있다. Runway의 주요 특징을 정리하면 다음과 같다.

## ㅇ 주요 특징

### ① 실시간 비디오 편집

• **사용자 친화적인 인터페이스**: 직관적인 인터페이스를 통해 실시간으로 비디오를 편집할 수 있다. 드래그앤드롭 방식으로 쉽게 클립을 배치하고 편집할 수 있다.

• **실시간 미리보기**: 편집한 내용을 실시간으로 미리 볼 수 있어 즉각적인 피드백을 받으며 작업할 수 있다.

### ② AI 기반 자동화 도구

• **자동 배경 제거**: AI를 활용하여 영상에서 배경을 자동으로 제거할 수 있다. 이를 통해 그린 스크린 없이도 다양한 배경을 추가할 수 있다.

• **자동 자막 생성**: 음성을 텍스트로 변환하여 자동으로 자막을 생성한다. 다양한 언어를 지원하며, 자막 스타일을 커스터마이즈할 수 있다.

- **오브젝트 추적**: 영상 내 특정 오브젝트를 인식하고 추적하여 필요한 경우 이를 강조하거나 효과를 적용할 수 있다.

### ③ 크리에이티브 효과

- **스타일 전환**: AI를 활용하여 영상에 다양한 예술적 스타일을 적용할 수 있다. 예를 들어 영상의 색감이나 필터를 변경하여 독특한 분위기를 연출할 수 있다.
- **비주얼 이펙트**: 다양한 비주얼 이펙트를 쉽게 추가할 수 있다. AI는 영상의 콘텍스트를 분석하여 가장 적합한 효과를 추천해 준다.

### ④ 협업 기능

- **클라우드 기반 편집**: 클라우드 기반으로 작업이 이루어져 팀원들과 실시간으로 협업할 수 있다. 프로젝트 파일을 공유하고 동시에 작업할 수 있다.
- **버전 관리**: 편집된 영상의 버전을 관리하고 이전 버전으로 쉽게 돌아갈 수 있다.

### ⑤ 다양한 미디어 지원

- **멀티미디어 파일 지원**: 다양한 형식의 비디오, 오디오, 이미지 파일을 지원한다. 이를 통해 다양한 소스의 미디어를 하나의 프로젝트에 통합할 수 있다.
- **템플릿 제공**: 다양한 템플릿을 제공하여 빠르게 콘텐츠를 제작할 수 있다. 템플릿을 커스터마이즈하여 독특한 영상을 만들 수 있다.

### ⑥ AI 도구와의 통합

- **딥러닝 모델 통합**: Runway는 다양한 딥러닝 모델을 통합하여 사용자가 필요에 따라 모델을 선택하고 활용할 수 있다.
- **API 지원**: 개발자를 위한 API를 제공하여 AI 기능을 커스터마이즈하거나 기존 워크플로우에 통합할 수 있다.

## 2) 피카랩스(Pika Labs)

피카랩스는 스탠퍼드대학교 인공지능 연구소 박사과정에 있던 두 명의 창업자가 만든 AI 영상 툴이다. 누구나 쉽게 간단하게 텍스트로 영상을 만들 수 있도록 AI 툴을 만들었다. 물론 AI 영상을 활용하기 위해서는 사용자가 좋은 아이디어가 있어야 한다. 즉 사용자의 아이디어는 텍스트를 입력할 수 있는 능력과 같다.

Pika Labs는 누구나 쉽게 사용할 수 있도록 설계된 AI 기반 영상 제작 도구이다. 직관적인 인터페이스, 자동화된 기능, 다양한 템플릿, 클라우드 기반 협업 기능 등이 사용자의 편의를 높여 주며, 비전문가도 쉽게 고품질의 영상을 제작할 수 있다. 이러한 특징들은 Pika Labs를 영상 제작 초보자뿐만 아니라 숙련된 사용자에게도 매우 유용한 도구로 만든다.

Pika Labs는 AI 기반의 영상 제작 도구로, 비전문가도 쉽게 사용할 수 있도록 설계되었다. 그 사용 편의성은 다양한 요소에서 나타난다. 사용 편의성 요소로 직관적인 인터페이스, 자동화 기능, 템플릿 제공 등이 있다.

Pika Labs는 사용자가 쉽게 접근할 수 있는 직관적인 사용자 인터페이스UI를 제공하고 있다. 드래그앤드롭 방식과 간단한 클릭만으로 영상 편집이 가능하다. 자동화된 기능으로 자동 자막 생성과 음성 합성 기능이 있다. 입력된 텍스트를 자연스러운 음성으로 변환하여 영상에 추가할 수 있으며, 다양한 음성 옵션을 제공하고 있다. 또한, 입력한 텍스트 내용을 분석하여 관련 이미지나 영상 클립을 자동으로 추천한다.

또한, 여러 스타일과 주제에 맞는 템플릿을 제공하여, 사용자는 빠르게 작업을 시작할 수 있다. 템플릿은 커스터마이즈할 수 있어 독창적인 영상을 만들 수 있다. 특히 장점으로는 초보자 친화적이다. 처음 영상 편집을 시도하는 사용자도 템플릿을 통해 쉽게 작업을 시작할 수 있다.

o 주요 기능과 특징

① 텍스트 기반 영상 생성
- **텍스트 입력**: 사용자는 원하는 내용을 텍스트로 입력하면, Pika Labs가 이를 분석하

제2부 미디어 유형별 콘텐츠 프롬프트 디자인

05. 텍스트 미디어 콘텐츠 프롬프트 디자인

06. 이미지 콘텐츠 프롬프트 디자인

07. 영상 미디어 콘텐츠 프롬프트

08. 사운드 미디어 콘텐츠 프롬프트

09. 멀티모달 AI 미디어 콘텐츠 프롬프트

여 관련된 영상을 자동으로 생성한다.

- 스토리보드 생성: 입력된 텍스트를 바탕으로 AI가 자동으로 스토리보드를 생성하고 영상의 흐름을 잡아 준다.

### ② 자동 자막 생성

- **자연어 처리**NLP: AI가 텍스트를 분석하여 자동으로 자막을 생성한다. 자막의 스타일과 위치를 사용자가 조정할 수 있다.
- **다국어 지원:** 다양한 언어의 자막을 생성할 수 있어 글로벌 시청자에게도 적합한 콘텐츠를 제작할 수 있다.

### ③ 음성 합성

- **텍스트 음성 변환**TTS: 입력된 텍스트를 자연스러운 음성으로 변환하여 영상에 추가한다. 다양한 음성 옵션을 제공하여 남성, 여성, 다양한 억양을 선택할 수 있다.
- **자동 동기화:** 음성과 영상의 동기화를 자동으로 맞춰 준다.

### ④ 비주얼 콘텐츠 추천

- **이미지 및 클립 추천:** 텍스트 내용을 분석하여 관련된 이미지나 영상 클립을 자동으로 추천한다. Pexels, Unsplash, Pixabay 등과 같은 이미지 라이브러리와 연동되어 있다.
- **템플릿 제공:** 다양한 스타일과 주제에 맞는 템플릿을 제공하여 사용자가 빠르게 시작할 수 있다.

### ⑤ 편집 기능

- **비주얼 효과:** 다양한 필터와 비주얼 효과를 자동으로 적용하여 영상의 품질을 높일 수 있다.
- **커스터마이징:** 자동 생성된 영상을 사용자가 직접 수정하고 커스터마이징할 수 있다. 컷 편집, 장면 전환, 효과 추가 등이 가능하다.

⑥ 배경 음악 및 효과음 추가

- **음악 라이브러리**: 다양한 배경 음악을 제공하여 영상에 맞는 음악을 선택할 수 있다. AI가 영상의 분위기에 맞는 음악을 추천해 준다.

- **효과음 추가**: 필요한 효과음을 추가하여 영상을 더 생동감 있게 만들 수 있다.

⑦ 클라우드 기반 협업

- **실시간 협업**: 클라우드 기반으로 작업이 이루어지기 때문에 팀원들과 실시간으로 협업할 수 있다. 프로젝트를 공유하고 동시에 작업할 수 있다.

- **버전 관리**: 편집된 영상의 버전을 관리하고, 이전 버전으로 쉽게 돌아갈 수 있다.

## 3) 제로스코프

무료로 짧은 영상, 1초 영상을 만들기 쉬운 사이트이다. 이러한 영상을 모아서 유튜브의 음악 채널 등에 활용하기 좋은 예이다. 비교적 간단한 영상을 만들 수 있어서 AI 기초를 습득하는 데 도움이 된다.

ㅇ 주요 기능과 특징

① 빠른 제작 시간

- **즉각적인 결과**: 제로스코프는 텍스트를 입력하면 AI가 자동으로 영상을 생성하므로 짧은 시간 내에 결과물을 얻을 수 있다.

- **실시간 피드백**: 실시간 미리보기 기능을 통해 즉각적으로 영상의 효과를 확인하고, 필요한 경우 빠르게 수정할 수 있다.

② 자동화 기능

- **자동 편집**: 텍스트를 기반으로 장면을 자동으로 분할하고, 각 장면에 맞는 이미지와

영상을 자동으로 삽입하여 편집 과정을 단순화한다.

- **자막 및 음성 생성**: 텍스트를 기반으로 자동으로 자막을 생성하고, 음성을 합성하여 영상을 더욱 풍부하게 만든다.

### ③ 사용 편의성

- **직관적인 인터페이스**: 사용하기 쉬운 인터페이스로 인해, 비전문가도 쉽게 짧은 영상을 제작할 수 있다.
- **템플릿 제공**: 다양한 템플릿을 통해 빠르게 영상을 제작할 수 있으며, 템플릿을 커스터마이즈하여 독창적인 영상을 만들 수 있다.

### ④ 비주얼 효과

- **시각적 매력**: 다양한 비주얼 효과와 필터를 자동으로 적용하여 짧은 영상을 시각적으로 매력 있게 만들 수 있다.
- **배경 음악 및 효과음**: AI가 추천하는 배경 음악과 효과음을 통해 영상의 완성도를 높일 수 있다.

## 4) 그 외에 다양한 동영상 AI 생성 프로그램

### (1) Adobe Premiere Pro with Adobe Sensei

Adobe의 AI 플랫폼으로, 자동 리프레임, 장면 검색, 색상 보정 등의 기능을 제공한다. 자동화 기능으로 영상의 주요 장면을 자동으로 인식하고 편집할 수 있으며, 프로페셔널 수준의 편집 기능을 제공하여 고품질의 결과물을 얻을 수 있다. 장편 영화 편집에도 사용할 수 있는 이유는 방대한 양의 촬영본을 자동으로 분석하고 주요 장면을 빠르게 편집할 수 있기 때문이다. 또한, 다양한 자동화 기능을 통해 신속하게 마케팅 영상을 제작할 수 있다

제2부 미디어 유형별 콘텐츠 프롬프트 디자인

05. 텍스트 미디어 콘텐츠 프롬프트 디자인

06. 이미지 콘텐츠 프롬프트 디자인

07. 영상 미디어 콘텐츠 프롬프트

08. 사운드 미디어 콘텐츠 프롬프트

09. 멀티모달 AI 미디어 콘텐츠 프롬프트

## (2) Colossyan

사용자 정의가 가능하고 탐색이 쉽다. 비디오 생성기를 사용하면 다양한 아바타 중에서 선택하고 아바타에 스크립트를 제공할 수 있다. 첫 번째 동영상이 생성된 후 버튼 터치로 전체 동영상을 자동 번역하여 다른 지역을 타깃팅할 수 있다. 악센트와 옷을 쉽게 변경할 수 있으며 120개 이상의 언어 중에서 선택할 수 있다.

## (3) DeepBrain AI

기술적인 지식이 없는 사람도 쉽게 사용할 수 있다. 브랜드에 가장 잘 어울리는 맞춤형 AI 아바타를 쉽게 찾을 수 있으며, 직관적인 도구는 초보자가 사용하기 매우 쉽도록 설계되었다.

## (4) Synthesia

Synthesia로 AI 아바타로 비디오를 빠르게 만들 수 있다. 이 플랫폼에는 60개 이상의 언어와 다양한 템플릿, 스크린 레코더, 미디어 라이브러리 등이 포함되어 있다.

## (5) Fliki

강력한 텍스트-비디오 기능을 갖추고 있다. AI를 사용하여 몇 분 만에 생생한 음성 해설이 포함된 비디오를 만들 수 있다. Fliki는 또한 2,000개 이상의 언어에 걸쳐 75개 이상의 사실적인 텍스트 음성 변환 음성을 제공한다.

## (6) Pictory

긴 형식의 텍스트로 짧은 브랜드 콘텐츠를 만드는 데 유용하다. Pictory를 사용하면 텍스트를 사용하여 비디오를 쉽게 편집할 수 있으므로 웨비나, 팟캐스트, 줌 녹화 등을 편집하는 데 적합하다. 사용이 간편하고 청중을 늘리고 브랜드를 구축하는 데 도움이 되는 전문적인 결과를 제공하기까지 몇 분밖에 걸리지 않는다. Pictory의 또 다른 훌륭한 기능은 공유 가능한 비디오 하이라이트 릴을 만들 수 있다는 것인데, 이 기능은 예고편을 만들거나 소셜 미디어에서 짧은 클립을 공유하려는 사람들에게 유용할 것이다.

## (7) InVideo

광범위한 스톡 영상 라이브러리를 자랑한다. 마케팅 및 설명 동영상을 생성하기 위한 강력한 AI를 찾고 있다면 InVideo가 도움이 될 것이다. 비디오 제작 또는 비디오 편집에 대한 배경 지식이 필요하지 않으므로 누구나 프로그램을 쉽게 접근할 수 있다.

## (8) Elai.io

라이브러리에서 템플릿 중 하나를 선택하기 전에 먼저 블로그 게시물 URL 또는 HTML 텍스트를 복사하여 붙여 넣고 남은 일은 비디오를 검토하고, 변경하고, 렌더링 및 다운로드하는 것이다. Elai.io 는 배우, 음성 해설 또는 포스트 프로덕션 없이 교육 비디오를 만들려는 사용자에게 특히 유용하다.

## (9) 비욘드

Vyond는 클라우드 기반 AI 생성 비디오 소프트웨어의 선두이다. 이 플랫폼은 회사가 전문 장비나 기술 없이도 교육, 내부 커뮤니케이션, 마케팅, 영업 등 모든 비즈니스 요구에 맞는 비디오를 만들 수 있도록 지원하고 있다. 2023년 6월 Vyond는 플랫폼에 Vyond Go를 추가하여 사용자가 1분 이내에 편집 가능한 비디오 스크립트와 비디오를 생성할 수 있도록 했다. 그렇게 해서 자신만의 콘텐츠최대 4,000자를 입력하여 프롬프트를 만들거나 Vyond의 ChatGPT 생성 스크립트를 사용하여 편집 가능한 비디오 스크립트와 비디오를 만들도록 구성했다.

## (10) Descript

쉽게 편집할 수 있도록 오디오 및 비디오 파일을 텍스트로 변환하는 오디오 및 비디오 편집 도구이다. 멀티 트랙 편집 및 공동 작업 기능을 포함한 다양한 편집 도구와 기능을 제공하므로 콘텐츠 제작자팟캐스트, TikTok 및 YouTube 비디오 등를 위한 다목적 솔루션으로 활용할 수 있다. 마케팅, 영업, 학습 및 개발 분야의 사용 사례를 통해 Descript는 비즈니스 담당자에게 기존 편집 도구 없이도 비디오를 편집할 수 있는 방법을 제공하고 있다.

## 2. 영상 콘텐츠 제작을 위한 생성형 AI 모델 선택 시 고려 사항

AI 영상 제작 툴을 사용한다고 해서 AI가 모든 것을 해결해 주지 않는다. 인간이 해야 할 일을 조금 더 빠르게 해 주고, 이미지를 찾는 복잡한 일을 단순하게 해 주는 것이다. 또한, 고가의 장비를 저렴한 비용으로 해결해 줄 수 있는 것이며, 장시간의 소요를 조금 단축해 줄 뿐이다. 물론 몇 개의 키워드를 넣으면 AI는 다양한 이미지와 영상을 불러올 수 있다. 그러나 그것은 간단한 상황만을 연출할 때 뿐이다.

결국, AI 영상을 만들기 위해서는 기본 소스 자료, 스토리, 이미지, 키워드를 준비해야 한다. 물론 이런 기본 소스와 이미지, 스토리텔링, 키워드도 사전에 AI를 통해서 미리 설정해 주면 된다. 그렇게 되면 역사적 사실, 또는 판타지, 액션 등 여러 장르로 상황에 맞게 동영상을 만들 수 있도록 스토리텔링과 기본 아트 콘셉트를 내놓기도 한다. 결국, 그러한 AI의 콘셉트와 스토리텔링, 영상 이미지를 선택할 수 있는 기본 능력과 소양을 인간이 가지고 있어야 한다.

AI로 영상 편집과 영상 제작을 할 때 인간이 고려해야 할 중요한 점들은 다음과 같다.

첫 번째로 인간이 갖는 창의성과 감성이 사용자에게 있어야 한다. AI는 기술적으로 뛰어난 편집을 할 수 있지만, 창의성과 감성적인 요소는 인간의 영역이다. 스토리텔링, 감정적인 연결, 그리고 고유한 시각적 스타일을 반영하는 것이 중요하다. 또한, 사용자가 생각하는 이미지와 톤, 느낌 등 AI가 생성한 콘텐츠가 의도한 감정적인 톤을 잘 전달하고 있는지 확인해야 한다.

두 번째로 AI의 한계를 인식하고 사용자가 잘 활용할 수 있어야 한다. AI는 반복적이고 규칙적인 작업에서 강점을 보이지만, 복잡한 창의적 결정이나 미묘한 감정 표현 등에서는 한계가 있을 수 있다. 또한, AI가 생성한 콘텐츠에서 오류나 부적절한 장면을 감지하고 수정하는 인간의 역할이 필요하다. AI가 생성한 콘텐츠를 검토하고 품질을 보장하기 위해 필요한 수정 작업을 수행해야 하며, 브랜드 이미지와 일관된 콘텐츠를 유지하기 위해 AI가 생성한 다양한 콘텐츠를 조율하고 조정할 수 있어야 한다.

세 번째로는 윤리적 측면이다. AI가 사용하는 미디어이미지, 음악, 영상 클립 등의 저작권을 확인하고 준수해야 한다. 또한, 타인에 대한 무단 사용, 이미지 왜곡 등 개인 프라이버시를 보호해야 한다. AI가 생성한 콘텐츠에 포함된 개인정보나 프라이버시 침해 요소를 검토해야 할 것이다. AI 생성을 통한 특정인의 영상물은, 특정 개인에 대한 명예훼손이나 허위 사실 유포로 이어질 수 있다. 이는 피해자에게 심각한 정신적, 사회적 피해를 줄 수 있다.

## 제4절 동영상 프롬프트 작성 기법

### 1. 효과적인 프롬프트 작성을 위한 키워드 활용

간단한 동영상을 만들기 위해 제작 순서 과정을 정리해 본다.

#### 1) 이야기의 핵심 키워드, 주제와 소재 찾기

먼저 간단한 동영상을 만들기 위해 내용과 원고를 알려 주는 AI 영상을 준비한다. 예를 들면 왜 건강 보조제가 필요한지, 건강 보조 식품에는 어떤 것이 있는지, 제일 잘 팔리는 것이 어떤 제품인지 알려 달라고 하는 것들이다.

#### 2) 자막 또는 음성 대본 준비하기

스토리텔링의 키워드들을 준비했다면 이제는 대본을 준비한다. 앞서 키워드를 통해 찾아 놓은 내용들을 다시 AI를 활용하여 구체적인 대본을 준비한다. 대본을 작성하면, AI를 활용하여 음성을 준비한다. 아울러 자동 자막도 준비한다. 발음이나 자막을 보면서 수정할 부분이 있는지 한 번 확인한다.

### 3) 이미지 톤 설정하기

필요한 이미지 또는 보여 주어야 할 이미지의 키워드, 또는 본인이 준비한 이미지를 준비한다. 이미지 또는 이미지 키워드를 입력하여 이미지를 준비하거나 짧은 동영상을 컷을 준비한다. 또는 애니메이션으로 만들 것인지도 검토해 본다. 자신이 그린 그림체, 이미지를 준비할 것인지, 탬플릿에 있는 아바타를 활용할지 등 선택한다.

### 4) AI 생성형 동영상 편집기

찾아 놓은 대본, 또는 이미지, 영상 클립 등을 다양하게 준비한다. 대본을 통해서 자동으로 영상 클립이 만들어졌거나 이미지로 전환되었을 것인데, 이것을 1분여 동안의 쇼츠 영상을 위해 AI 생성형 프로그램에 순서를 정해서 자동으로 동영상을 만드는 옵션을 정한다. 아울러 이미지와 영상에 맞는 백그라운드 음악도 설정한다.

## 2. 프롬프트 작성 시 주의 사항

### 1) AI를 활용한 기본 준비

먼저 영상에서 보여 줄 주요한 키워드를 찾아야 한다. 예를 들면 "벌꿀의 효용성"에 대해 한다고 해보자. 그럼 키워드는 당연히 벌과 꿀이 나올 것이다. 그런데 벌이 어디서 날까? 노란 유채꽃밭, 민들레꽃밭 등 구체적 장소에 대한 기존 이미지를 떠올려야 할 것이다.

그다음 벌꿀의 효용을 AI를 통해 대본을 만들었다면, 바로 건강에 대한 이미지가 나올 것이다. 그렇다면 건강에 해당되는 이미지를 자신이 설정해야 한다. 헬스한 몸일 수도 있고, 화창한 날씨에 웃는 노인의 얼굴, 씩씩하게 축구를 하는 소녀, 스케이보드타는 소년의 이미지를 떠오를 수 있다.

　　그리고 동영상의 소비층을 생각해 봐야 할 것이다. 벌꿀의 효용성을 통해 바쁜 직장인을 대상으로 한다면, 스트레스받는 직장인의 모습, 협상에 난항을 겪는 직장인, 혼자 소주를 마시는 샐러리맨의 이미지 등이 필요할 것이다. 또는 자라나는 청소년기를 대상으로 한다면, 청소년의 이미지뿐만 아니라 실제적인 구매자인 청소년의 부모를 이미지화해야 할 것이다. 물론 AI를 통한 대본과 스토리텔링을 구현한다면, 텍스트를 통해 동영상 클립과 이미지를 쉽게 생상할 것이다. 그것에 알맞은 톤과 이미지를 사용자는 선택하면 된다.

## 제5절 프롬프트 디자인 실습 및 적용

### 1. 실습 예시

#### 1) 이미지에 대한 키워드

- 생각해 놓은 이미지를 텍스트로 작성해 본다.

  "노란 꽃밭에 벌과 나비가 날아다니는 영상을 구현해 줘"

- 간단한 키워드로도 설정할 수 있다.

  "노란 꽃밭, 벌, 나비"

- 배경 등 디테일하게 설정할 수 있다. 푸른 하늘이 보이는 꽃밭일 경우에 다음과 같이 키워드를 설정한다.

  "노란 꽃밭, 벌, 나비, 푸른 하늘"

〈예시: ai사이트 Runway(runwayml.com) 활용〉

① 런웨이 사이트에 들어가서 로그인을 하고요. 영상창으로 들어갑니다.

② 영어가 잘 지원되지 않는 경우, 챗GPT나 구글 번역으로 문장을 만듭니다.

예를 들어

"낙엽이 떨어지는 쓸쓸한 도시의 거리, 외투를 입은 남자가 가로등 밑을 지나간다."를 만들어 보겠습니다.

영어로 번역하면 이렇습니다.

A lonely city street with falling leaves, a man in a coat walks under a streetlight.

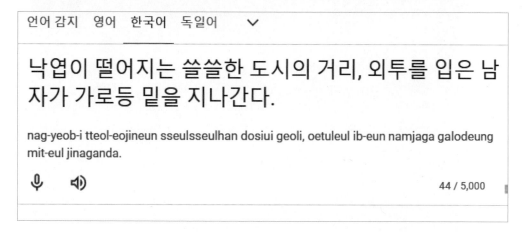

제2부 미디어 유형별 콘텐츠 프롬프트 디자인

05. 텍스트 미디어 콘텐츠 프롬프트 디자인

06. 이미지 콘텐츠 프롬프트 디자인

07. 영상 미디어 콘텐츠 프롬프트

08. 사운드 미디어 콘텐츠 프롬프트

09. 멀티모달 AI 미디어 콘텐츠 프롬프트

③ 런웨이 입력창에 넣습니다.

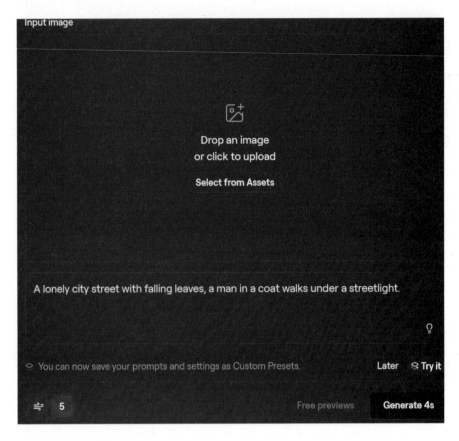

④ Generate 4를 누릅니다.

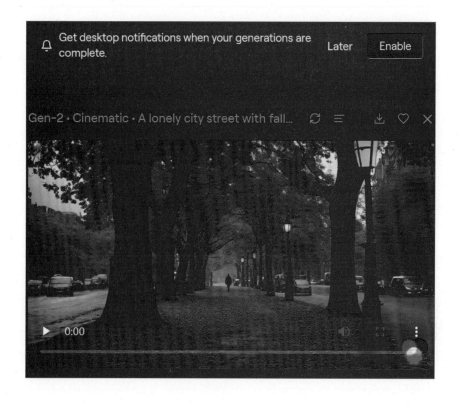

⑤ 이후 4초 정도의 영상 이미지가 나옵니다.

⑥ 이러한 짧은 영상들을 모아서 자막과 오디오를 만들고, 편집 프로그램에 업로드하여 편집합니다

## 2) 광고와 마케팅 활용

• 광고나 제품 판매를 위해서도 영상을 구현해 놓을 수 있다.

"우리 사진관에서 촬영해서 사람들이 행복해하는 모습을 보여 줘."

• 간단한 키워드로도 설정할 수 있다.

"사진 스튜디오, 사진사, 가족"

- 디테일한 키워드로 묘사할 수 있다. 아시아 계열의 사진사와 가족인지를 설정한다. 범용적인 AI 이미지는 흑인과 백인, 인도인 등으로 묘사할 수 있다. 또한, 가족들이 어떤 표정을 짓고 있는지, 몇 명인지를 입력해 놓는다.

"사진 스튜디오, 동양인의 사진사, 3인 가족이 웃고 있는 모습"

### 3) 쇼츠 등 이미지 나열을 통한 동영상 만들기

- 어떤 주제를 설정해서 1분 정도의 스토리텔링을 만든다.
- 대본을 AI를 통해 설정하고, 자막과 아나운서 목소리를 AI로 설정한다.
- 각 문단에 맞는 이미지를 구현해 놓는다.
- 각 이미지를 AI 영상 편집 타임라인에 배치해 둔다. 각 이미지에 맞게 해당 자막과, 음성을 맞춰 둔다.
- 배경 음악을 설정해 둔다.
- 자동으로 영상 편집과 장면 전환을 하게끔 설정한다.
- 동영상을 영상 파일로 추출해 둔다.

## 2. 고급 실습

### 1) 텍스트 기반 편집으로 빠르게 러프컷 제작하기

- 먼저 간단한 키워드 5개를 입력하여 50초 내외의 동영상을 만들어 본다.
- 대본을 자동으로 생성하고 텍스트를 강조 표시해 두어 스토리텔링에 기반한 영상을 만들어 본다.

## 2) 텍스트를 음성으로 만들고, 자막으로도 만들어 본다.

• 기존의 캡션 및 녹음을 위해서는 많은 시간과 비용이 필요하다. 음성 인식 자막 기능을 활용해 보자.

• 8개 이상의 언어로 대본을 자동으로 정확하게 생성하고, 화자를 구별하고, 영상의 리듬과 음성 패턴에 맞는 캡션을 만들어 보자.

## 3) 불필요한 오디오 제거하기

• AI 기반의 '음성 강화' 기능으로 불필요한 배경 노이즈를 제거하고 음성의 품질을 높여 본다.

## 4) 영상에서 초상권에 위배될 지나가는 행인들을 지우기

- AI 기반으로 배경 설정이나 불필요한 인물들을 지우는 작업을 해 본다.

## 5) 영상을 요약하기(Scene Edit Detection)

• 긴 영상에서 새로운 편집본을 만들어야 할 때 가장 먼저 하는 작업은 여러 개의 짧은 원본 클립으로 나누는 일을 해 보자.

• 장면 전환을 일일이 찾아 각 클립 컷을 번거롭게 수동으로 배치하는 대신, Premiere Pro의 장면 편집 탐지 기능을 사용하면 장면이 자동으로 편집되게 할 수 있다. 타임라인에 있는 클립을 마우스 오른쪽 버튼으로 클릭하여 장면 편집 탐지를 선택하고, 컷 추가 여부를 결정하고, 하위 클립을 담을 새 저장소를 만들거나 각 편집점에 클립 마커를 표시한다.

## 6) 자동 색상(Auto Color)

- 자동 색상 기능을 통해 몇 번의 클릭만으로 이미지나 동영상의 색상 교정을 적용해 보자. 노출, 대비, 화이트 밸런스 등 기본 교정을 더 빠르게 수행할 수 있다.

## 7) 색상 일치(Color Match)

- 동일한 장면에서 서로 다른 샷의 색상이 달라지는 문제를 해결할 수 있다. 여러 테이크의 채도, 화이트 밸런스, 밝기를 교정하고, 개별 샷을 하나의 장면으로 통합해 보는 것이다.
- 카메라를 두 대를 쓸 경우, 화이트 밸런스를 맞추지 않아 두 개의 동일한 시간대의 촬영본이 다를 수 있다. 이럴 때 각 카메라에서 찍은 영상 소스의 컬러를 맞추는 것이다.

## 8) 리믹스(Remix)

- 비트에 사운드트랙과 시각적 요소를 맞추면서 편집 과정에서 영상의 타이밍에 맞게 음악을 조정할 수 있는 작업을 해 보자.

## 9) 자동 더킹(Auto Ducking)

- 대화와 배경 오디오가 잘 어우러지게 할 수 있게 만들어 본다.
- 촬영할 때 배우의 발성과 배경 소음, 백그라운드 뮤직이 혼재될 수 있다.
- 자동 더킹은 대화하는 동안 음악과 사운드 효과의 레벨을 낮추는 오디오 키프레임을 자동으로 생성한다. 아무도 말하지 않을 때는 사운드트랙의 레벨이 다시 높아지게 된다.

## 10) 자동 리프레임(Auto Reframe)

- 영상 제작을 할 때 유튜브 쇼츠형 세로형으로 할지, 노트북용으로 가로 비율로 할지 등을 선택해서 그에 맞게 화면 비율을 맞추는 것이다.
- 홍보용 영상을 tv를 통해서 디스플레이할 때 세로로 할지 가로로 할지도 선택할 수 있다.
- 가로 16:9 종횡비는 많은 카메라와 디바이스의 기본값이고, 세로 9:16 종횡비는 소셜 플랫폼에서 널리 쓰이는 비율이다. Instagram이나 TikTok과 같은 소셜미디어 플랫폼에 적합한 정사각형 또는 세로 종횡비로 변경해야 할 때도 효과적으로 활용할 수 있다.

## 11) AI 영상 편집 도구 중 하나인 "Deep Video Portraits"의 기능

- 얼굴의 움직임과 표정을 다른 비디오로 합성한다.

## 12) AI 영상 제작에서 스타일 트랜스퍼(Style Transfer)의 개념

- 한 이미지의 스타일을 다른 이미지에 적용하는 것

## 13) AI 영상 제작에서 자주 사용되는 알고리즘 중 하나인 RNN(Recurrent Neural Network)의 주요 특징

- 시간 순서가 있는 데이터를 처리하는 데 적합하다.

## 14) AI 영상 제작에서 GANs(Generative Adversarial Networks)의 역할

• 고해상도 이미지와 비디오를 생성한다.

## 15) AI 영상 제작에서 사용하는 오토인코더(Autoencoder)의 주요 목적

• 데이터를 압축하고 복원하는 것

## 16) 딥페이크(Deepfake) 기술의 정의

• 인공지능을 사용하여 사람의 얼굴이나 몸을 다른 사람의 것으로 바꾸는 기술

## 17) AI를 활용한 영상 제작에서 객체 인식(Object Detection)이 사용되는 주요 목적

• 영상 속의 특정 사물이나 사람을 식별하고 추적하기 위한 것

## 18) AI를 활용한 영상 제작 과정에서 '장면 전환 감지' 기능의 주된 역할

• 장면이 바뀌는 부분을 자동으로 식별하여 편집하기 위한 것

## 19) AI가 영상 제작에서 '객체 추적' 기능을 수행할 때, 주로 사용되는 기술

• 합성곱 신경망 CNN

# 【선다형 문제】

## 1. AI가 영상 제작 과정에서 어떻게 활용될 수 있는지에 대한 설명으로 맞지 않는 것은?

① 자동 편집

② 색 보정 및 효과 적용

③ 음성 인식 및 자막 생성

④ 유튜브 채널 100만 급상승용 영상 제작

정답: ④

## 2. 영상 제작에서 딥러닝 모델이 수행할 수 있는 역할에 대해 맞는 것은?

① 객체 인식 및 추적, 장면 전환 감지, 얼굴 인식 등을 포함할 수 있습니다.

② 빅데이터 수집을 위한 플랫폼 정보 입수

③ 음성 인식 및 자막 생성을 위한 코덱 정보 처리

④ 알고리즘 수정을 통한 정보 제공 변경

정답: ①

## 3. AI를 활용한 영상 제작에서 발생할 수 있는 윤리적 문제 중 올바르지 않은 것은?

① 뉴스 영상 등 현장 사실의 왜곡, 가짜 뉴스 전파로 진실을 호도할 수 있음.

② 특정인의 언드레스(Undressed) 등을 활용한 이미지 배포는 AI 제작이기 때문에 가능함.

③ 개인정보 침해 문제 등을 포함할 수 있음.

④ 딥페이크 기술의 악용 가능성

정답: ②

제2부 미디어 유형별
콘텐츠 프롬프트 디자인

05. 텍스트 미디어 콘텐츠
프롬프트 디자인

06. 이미지 콘텐츠 프롬프트
디자인

07. 영상 미디어 콘텐츠
프롬프트

08. 사운드 미디어 콘텐츠
프롬프트

09. 멀티모달 AI 미디어 콘텐츠
프롬프트

### 4. AI를 사용한 영상 제작의 주요 이점은 무엇인가요?

① 제작 시간이 단축된다.

② 품질이 항상 향상된다.

③ 비용이 증가한다.

④ 창의성이 감소한다.

정답: ①

### 5. AI 영상 제작에서 GANs(Generative Adversarial Networks)의 역할은 무엇인가요?

① 비디오 편집을 자동화한다.

② 고해상도 이미지와 비디오를 생성한다.

③ 음성 인식을 개선한다.

④ 동영상의 해상도를 낮춘다.

정답: ②

### 6. 딥러닝 기술을 활용한 영상 제작의 한계는 무엇인가요?

① 데이터가 부족할 경우 정확도가 낮아진다.

② 색상의 다양성이 증가한다.

③ 제작 시간이 너무 짧아진다.

④ 모든 문제를 해결할 수 있다.

정답: ①

### 7. AI를 통해 생성된 영상의 윤리적 문제는 무엇인가요?

① 저작권 침해 가능성

② 제작 비용 증가

③ 제작 시간 단축

④ 화질 저하

정답: ①

8. 다음 중 AI 영상 제작에 사용되는 기술이 아닌 것은 무엇인가요?

① 머신러닝

② 비디오 인코딩

③ 데이터 분석

④ 회계 처리

정답: ④

9. AI 영상 제작에서 딥페이크 기술의 주요 용도는 무엇인가요?

① 현실적인 애니메이션 캐릭터를 만드는 것

② 사진을 흑백으로 변환하는 것

③ 사람의 얼굴을 다른 얼굴로 바꾸는 것

④ 동영상의 길이를 늘리는 것

정답: ③

10. AI 영상 제작에서 자주 사용되는 알고리즘 중 하나인 RNN(Recurrent Neural Network)의 주요 특징은 무엇인가요?

① 큰 데이터 세트를 빠르게 처리한다.

② 시간 순서가 있는 데이터를 처리하는 데 적합하다.

③ 이미지 분류에 사용된다.

④ 데이터의 군집화를 수행한다.

정답: ②

**11. AI 영상 편집 도구 중 하나인 "Deep Video Portraits"의 기능은 무엇인가요?**

① 동영상의 해상도를 높인다.

② 비디오의 배경을 자동으로 변경한다.

③ 얼굴의 움직임과 표정을 다른 비디오로 합성한다.

④ 오디오 품질을 향상시킨다.

정답: ③

**12. AI 영상 제작에서 '스타일 트랜스퍼(Style Transfer)' 기술의 주요 목적은 무엇인가요?**

① 비디오를 실시간으로 스트리밍하는 것

② 한 이미지의 스타일을 다른 이미지에 적용하는 것

③ 동영상의 색상 균형을 조정하는 것

④ 오디오 트랙을 편집하는 것

정답: ②

**13. 다음 중 AI 기반 영상 압축 기술의 이점은 무엇인가요?**

① 압축된 영상의 해상도가 낮아진다.

② 저장 공간을 절약할 수 있다.

③ 압축된 영상은 복원할 수 없다.

④ 압축 과정이 매우 느리다.

정답: ②

14. AI를 이용한 동영상 자동 편집 프로그램의 기능은 무엇인가요?

① 자동으로 동영상의 길이를 줄인다.

② 중요한 장면을 자동으로 인식하고 편집한다.

③ 모든 동영상을 동일한 스타일로 변환한다.

④ 동영상의 해상도를 자동으로 낮춘다.

정답: ②

15. AI 영상 제작에서 사용하는 '오토인코더(Autoencoder)'의 주요 목적은 무엇인가요?

① 데이터를 압축하고 복원하는 것

② 음성 인식을 향상시키는 것

③ 비디오를 실시간으로 스트리밍하는 것

④ 이미지를 흑백으로 변환하는 것

정답: ①

16. AI를 활용한 영상 편집 도구의 주요 기능이 아닌 것은?

① 장면 전환 감지

② 음성 인식 및 자막 생성

③ 실시간 스트리밍

④ 색 보정

정답: ③

17. 다음 중 딥페이크(Deepfake) 기술의 정의로 가장 적절한 것은?

① 영상의 화질을 개선하는 기술

② 인공지능을 사용하여 사람의 얼굴이나 몸을 다른 사람의 것으로 바꾸는 기술

제2부 미디어 유형별 콘텐츠 프롬프트 디자인

05. 텍스트 미디어 콘텐츠 프롬프트 디자인

06. 이미지 콘텐츠 프롬프트 디자인

07. 영상 미디어 콘텐츠 프롬프트

08. 사운드 미디어 콘텐츠 프롬프트

09. 멀티모달 AI 미디어 콘텐츠 프롬프트

③ 오디오 파일을 텍스트로 변환하는 기술

④ 동영상을 자동으로 편집해 주는 기술

정답: ②

**18. AI를 활용한 영상 제작에서 객체 인식(Object Detection)이 사용되는 주요 목적은 무엇인가?**

① 영상의 색상을 자동으로 보정하기 위해.

② 영상 속의 특정 사물이나 사람을 식별하고 추적하기 위해.

③ 음향 효과를 추가하기 위해.

④ 자막을 자동으로 생성하기 위해.

정답: ②

**19. AI를 활용한 영상 제작 과정에서 '장면 전환 감지' 기능의 주된 역할은 무엇인가?**

① 영상의 화질을 향상하기 위해.

② 음악을 자동으로 추가하기 위해.

③ 장면이 바뀌는 부분을 자동으로 식별하여 편집하기 위해.

④ 영상의 길이를 자동으로 조절하기 위해.

정답: ③

**20. AI 기반 영상 편집 도구에서 '음성 인식' 기술이 주로 사용되는 용도는 무엇인가?**

① 영상의 화질을 향상하기 위해.

② 배경 음악을 자동으로 선택하기 위해.

③ 음성을 텍스트로 변환하여 자막을 생성하기 위해.

④ 영상의 색상을 자동으로 조절하기 위해.

제2부 미디어 유형별 콘텐츠 프롬프트 디자인

05. 텍스트 미디어 콘텐츠 프롬프트 디자인

06. 이미지 콘텐츠 프롬프트 디자인

07. 영상 미디어 콘텐츠 프롬프트

08. 사운드 미디어 콘텐츠 프롬프트

09. 멀티모달 AI 미디어 콘텐츠 프롬프트

**정답:** ③

**21. AI를 활용한 영상 편집의 장점으로 가장 적절한 것은?**

① 모든 편집 작업이 수작업으로 진행된다.

② 작업 속도가 느리다.

③ 반복적인 작업을 자동화하여 효율성을 높인다.

④ 항상 전문가의 개입이 필요하다.

**정답:** ③

**22. 딥러닝을 활용한 영상 제작에서 '스타일 트랜스퍼(Style Transfer)'의 정의로 가장 적절한 것은?**

① 한 영상의 스타일을 다른 영상에 적용하는 기술

② 영상의 해상도를 높이는 기술

③ 영상에서 특정 객체를 인식하는 기술

④ 동영상 파일 형식을 변환하는 기술

**정답:** ①

**23. 영상 편집 기획에서 챗GPT를 사용할 때, 어떤 정보를 챗GPT에 제공해야 가장 유익한 답변을 받을 수 있는가?**

① 영상의 전체 길이와 파일 형식

② 예산과 촬영 날짜

③ 영상의 목적, 대상 시청자, 그리고 주요 메시지

④ 사용하고자 하는 편집 소프트웨어의 이름

**정답:** ③

**24. AI를 활용한 영상 제작에서 발생할 수 있는 주된 문제점으로 가장 적절한 것은?**

① 영상 제작 속도가 느려진다.

② 개인정보 보호와 관련된 윤리적 문제

③ 전문가의 도움이 필요 없다.

④ 모든 영상이 동일한 스타일로 제작된다.

정답: ②

**25. AI를 사용하여 생성된 영상의 진위 여부를 판단하는 방법으로 가장 적절한 것은?**

① 모든 AI 영상은 진짜이다.

② AI 영상은 사람이 만든 영상과 항상 구별된다.

③ 딥페이크 탐지 알고리즘을 사용하여 분석한다.

④ AI 영상은 항상 저화질이다.

정답: ③

**26. AI를 활용하여 영상의 디테일을 높이는 주된 방법은 무엇인가?**

① AI에게 모든 장면을 무작위로 재배치하게 한다.

② AI 기반 슈퍼 해상도 기술을 사용하여 영상의 해상도를 높인다.

③ AI가 자동으로 영상의 길이를 늘리게 한다.

④ AI가 모든 디테일을 수동으로 추가하게 한다.

정답: ②

해설: AI 기반 슈퍼 해상도 기술을 사용하여 영상의 해상도를 높인다.

27. AI를 활용하여 영상의 특정 부분을 디테일하게 편집할 때, 가장 효과적인 방법은 무엇인가?

    ① 전체 영상을 무작위로 자르게 한다.

    ② AI 기반 객체 인식 기능을 사용하여 특정 객체나 사람을 강조하고 배경을 흐리게 한다.

    ③ AI가 자동으로 모든 장면을 흑백으로 변환하게 한다.

    ④ AI가 자동으로 영상의 해상도를 낮추게 한다.

정답: ②

해설: AI 기반 객체 인식 기능을 사용하여 특정 객체나 사람을 강조하고 배경을 흐리게 한다.

28. 유튜브 쇼츠 제작 시 AI를 활용한 자동 편집 기능의 주요 이점은 무엇인가?

    ① 쇼츠의 길이를 자동으로 10분으로 설정한다.

    ② 영상의 품질을 낮춘다.

    ③ 쇼츠의 흐름을 매끄럽게 하고, 시청자의 관심을 끌 수 있는 요소를 자동으로 강조한다.

    ④ 모든 쇼츠를 같은 방식으로 편집한다.

정답: ③

해설: 쇼츠의 흐름을 매끄럽게 하고, 시청자의 관심을 끌 수 있는 요소를 자동으로 강조한다.

29. 챗GPT를 사용하여 유튜브 영상 설명을 작성할 때, 가장 효과적인 방법은 무엇인가?

    ① 챗GPT에게 모든 설명을 자동으로 작성하게 한다.

    ② 챗GPT에게 영상의 주제, 주요 포인트, 그리고 포함할 키워드를 제공하여 설명을 작성하게 한다.

    ③ 챗GPT에게 영상의 해상도를 조정하게 한다.

    ④ 챗GPT에게 유튜브 댓글을 자동으로 관리하게 한다.

제2부 미디어 유형별 콘텐츠 프롬프트 디자인

05. 텍스트 미디어 콘텐츠 프롬프트 디자인

06. 이미지 콘텐츠 프롬프트 디자인

07. 영상 미디어 콘텐츠 프롬프트

08. 사운드 미디어 콘텐츠 프롬프트

09. 멀티모달 AI 미디어 콘텐츠 프롬프트

정답: ②

해설: 챗GPT에 영상의 주제, 주요 포인트, 그리고 포함할 키워드를 제공하여 설명을 작성하게 한다.

30. AI를 활용하여 영상의 특정 부분을 디테일하게 편집할 때, 가장 효과적인 방법은 무엇
인가?

① AI에 전체 영상을 무작위로 자르게 한다.

② AI 기반 객체 인식 기능을 사용하여 특정 객체나 사람을 강조하고 배경을 흐리게 한다.

③ AI가 자동으로 모든 장면을 흑백으로 변환하게 한다.

④ AI가 자동으로 영상의 해상도를 낮추게 한다.

정답: ②

해설: AI 기반 객체 인식 기능을 사용하여 특정 객체나 사람을 강조하고 배경을 흐리게 한다.

# Chapter 08 사운드 콘텐츠 프롬프트 디자인

제2부 미디어 유형별
콘텐츠 프롬프트 디자인

05. 텍스트 미디어 콘텐츠
프롬프트 디자인

06. 이미지 콘텐츠 프롬프트
디자인

07. 영상 미디어 콘텐츠
프롬프트

08. 사운드 미디어 콘텐츠
프롬프트

09. 멀티모달 AI 미디어 콘텐츠
프롬프트

## 제1절  사운드 콘텐츠의 생성형 AI 개요

AI 기술의 급속한 발전은 사운드 콘텐츠 제작 분야에 혁명적인 변화를 가져오고 있다. 작곡, 편곡, 믹싱, 마스터링 등 음악 제작의 전 과정에 AI가 활용되어 창작자의 효율성을 높이고, 창의성의 새로운 가능성을 열어주고 있다.

작곡가는 이제 AI를 사용하여 멜로디, 하모니, 리듬을 자동으로 생성하고 수정할 수 있으며 이는 작곡 중 아이디어 및 실험 과정을 용이하게 하고 제작자의 창의성을 자극한다. 그리고 AI는 방대한 양의 음악 데이터를 학습하여 다양한 장르와 스타일의 음악을 생성하여 크리에이터에게 신선한 영감의 원천을 제공한다.

또한, AI는 음질 개선, 노이즈 제거, 악기 분리와 같은 사운드 편집 및 믹싱 작업에 사용되어 제작 프로세스를 자동화·최적화하고, 이를 통해 제작 시간과 비용을 절감하는 동시에 고품질 사운드를 더 쉽게 얻을 수 있다. AI 기술은 또한 개인화된 음악 추천, 자동 태깅 및 음성 합성과 같은 기능을 통해 사운드 콘텐츠의 배포 및 소비 경험을 향상한다. AI 기술의 지속적인 발전은 사운드 콘텐츠 산업에서 새로운 비즈니스 모델과 가치 창출 기회를 제공할 것으로 예상된다.

# 생성형 AI의 기본 개념과 작동 원리

생성형 AIGenerative AI는 학습한 데이터를 바탕으로 새로운 콘텐츠를 생성하는 인공지능 기술을 말한다. 음악, 이미지, 텍스트 등 다양한 분야에서 활용되며, 사운드 콘텐츠 제작에서는 주로 GANGenerative Adversarial Networks과 Transformer 모델이 사용된다. GAN은 서로 경쟁하는 두 개의 신경망생성자와 판별자으로 구성된 모델이다. 생성자는 실제 데이터와 유사한 가짜 데이터를 생성하고, 판별자는 실제 데이터와 가짜 데이터를 구분하는 역할을 한다. 두 신경망은 서로 경쟁하며 학습하는 과정에서 점차 실제 데이터의 분포를 모방하는 능력을 갖추게 된다. 이를 통해 GAN은 실제와 유사한 새로운 음악이나 사운드를 생성할 수 있다.

Transformer 모델은 주로 자연어 처리 분야에서 사용되었으나, 최근에는 음악 생성에도 활용되고 있다. Transformer는 시퀀스 데이터에서 장기 의존성을 효과적으로 학습할 수 있는 어텐션Attention 메커니즘을 사용한다. 이를 통해 음악의 시간적 흐름과 구조를 잘 파악하고, 문맥에 맞는 음악 요소를 생성할 수 있다.

생성형 AI 모델들은 방대한 양의 음악 데이터를 학습함으로써 음악의 패턴과 규칙을 이해하고, 이를 바탕으로 새로운 음악을 생성한다. 학습 과정에서 음악의 장르, 스타일, 악기, 화성, 리듬 등 다양한 특징을 파악하며, 이를 조합하고 변주하여 독창적인 사운드를 만들어 낸다.

생성형 AI는 사람과 유사한 창의적 능력을 보여 주며, 작곡가와 프로듀서들에게 새로운 아이디어와 영감을 제공한다. 동시에 인간 창작자의 감수성과 심미적 판단력을 완전히 대체하기는 어려운 만큼, 인간과 AI의 협업과 상호작용이 더욱 중요해질 것으로 보인다.

# 제2절 사운드 콘텐츠 분야에서의 프롬프트 디자인 활용 [1] [2]

제2부 미디어 유형별 콘텐츠 프롬프트 디자인

05. 텍스트 미디어 콘텐츠 프롬프트 디자인

06. 이미지 콘텐츠 프롬프트 디자인

07. 영상 미디어 콘텐츠 프롬프트

08. 사운드 미디어 콘텐츠 프롬프트

09. 멀티모달 AI 미디어 콘텐츠 프롬프트

프롬프트 디자인은 AI 모델에 원하는 사운드 콘텐츠의 특성과 스타일을 명확하게 전달하는 역할을 한다. 적절한 프롬프트를 통해 AI는 사용자의 의도를 정확히 이해하고, 그에 맞는 고품질의 사운드를 생성할 수 있다.

예를 들어 작곡가가 "신나는 분위기의 댄스 팝 음악을 만들어 줘. 템포는 120BPM이고, 신디사이저 리드 음색을 사용해줘."라는 프롬프트를 입력하면, AI는 해당 조건에 맞는 음악을 생성한다. 이때 장르, 분위기, 템포, 음색 등 핵심 키워드를 포함한 프롬프트 디자인이 AI의 음악 생성 방향을 결정하게 된다.

또 다른 사례로, 사운드 디자이너가 "우주 공간을 표현하는 앰비언트 사운드를 만들어 줘. 깊고 웅장한 드론 소리와 무작위로 출현하는 신호음을 포함시켜 줘."라는 프롬프트를 활용할 수 있다. 이를 통해 AI는 우주를 연상시키는 독특한 사운드 이펙트를 생성해 줄 수 있다.

이처럼 프롬프트 디자인은 창작자의 아이디어와 요구 사항을 AI에 전달하여, 원하는 결과물을 얻는 데 핵심적인 역할을 한다. 명확하고 구체적인 프롬프트를 통해 AI와 효율적으로 소통하고 협업할 수 있다.

## 1. 사운드 미디어 콘텐츠 활용 분야

생성형 AI는 다양한 사운드 미디어 콘텐츠 분야에서 활용될 수 있으며, 그 예로는 다음과 같다.

---

1) McHugh, S. (2016). The Affective Power of Sound: Oral History on Radio. The Oral History Review, 43(2), 252–272.
2) Havens, T., Lotz, A. D., & Tinic, S. (2009). Critical Media Industry Studies: A Research Approach. Communication, Culture & Critique, 2(2), 234–253.

## 1) 음악 작곡

생성형 AI를 통해 새로운 음악 작곡을 시작할 수 있다. AI는 이전에 작곡된 음악의 데이터를 학습하여 특정 스타일이나 장르에 적합한 새로운 트랙을 만들 수 있다. 작곡가는 이렇게 생성된 곡을 기반으로 창작 프로세스를 구축하거나 AI가 생성한 멜로디를 수정하여 고유한 작곡을 만들 수 있다.

## 2) 사운드 디자인

영화, 게임, 광고의 사운드 디자인과 같은 분야에서 AI를 활용하여 음향 효과를 만들 수 있다. AI는 다양한 소리와 효과를 학습하고 결합하여 새로운 소리를 생성함으로써 보다 혁신적이고 창의적인 청각 경험을 제공할 수 있다.

## 3) 음성 합성

생성형 AI를 사용하여 음성을 합성하고 가상 캐릭터의 음성을 생성할 수 있다. 여기에는 음성 오디오북, 음성 안내 시스템 및 가상 캐릭터의 음성이 포함된다. AI 기반 음성 합성은 보다 자연스러운 발음과 감정 표현으로 발전하여 보다 사실적인 음성 경험을 제공한다.

## 4) DJ 및 음악 리믹싱

생성형 AI는 DJ 믹싱을 지원하거나 음악 리믹싱에 사용할 수 있다. AI는 다양한 음악적 요소를 학습하고, 트랙을 빠르게 분석하고, 이를 결합하여 새로운 믹스를 만들어 DJ와 음악 프로듀서가 창의적이고 혁신적인 노력을 기울이는 데 도움을 줄 수 있다.

## 5) 오디오 생성 및 합성

AI를 사용하여 물리적 소리, 환경 소리, 악기 소리 등 음악이나 음성과 관련된 새로운 소리를 생성하고 합성할 수 있다. 이러한 기술은 가상현실VR 또는 증강현실AR에 사용되어 사실적이고 몰입감 있는 오디오 경험을 제공할 수 있다.

이 외에도 생성형 AI는 음악 분석, 음악 추천 시스템, 음악 편집, 음성 인식 및 처리 등에도 활용될 수 있어 사운드 미디어 콘텐츠의 다양한 영역에서 활용도를 확대하고 있다.

# 2. 사운드 미디어 콘텐츠의 프롬프트 장단점과 고려 사항

사운드 미디어 콘텐츠의 프롬프트는 사용자가 원하는 정보를 효과적으로 전달하고, 청취자가 그 정보를 어떻게 받아들이고 이해할지에 영향을 미치는 중요한 요소이다. 다음은 사운드 미디어 콘텐츠 프롬프트의 주요 장단점과 고려 사항이다.

## 1) 장점

### (1) 명확한 지시 제공
- 청취자에게 콘텐츠의 흐름을 명확하게 알려 주어 이해를 돕는다.
- 예를 들어 팟캐스트에서 주제 전환을 알리거나 특정 정보에 대한 집중을 유도할 때 유용하다.

### (2) 청취자 참여 유도
- 질문이나 의견을 요구하는 프롬프트를 사용하면 청취자가 적극적으로 콘텐츠에 참여하게 할 수 있다.

제2부 미디어 유형별 콘텐츠 프롬프트 디자인

05. 텍스트 콘텐츠 프롬프트 디자인

06. 이미지 콘텐츠 프롬프트 디자인

07. 영상 미디어 콘텐츠 프롬프트

08. 사운드 미디어 콘텐츠 프롬프트

09. 멀티모달 AI 미디어 콘텐츠 프롬프트

- 청취자 의견을 반영하여 콘텐츠를 개선하는 데 도움을 준다.

## (3) 콘텐츠 구조화

- 프롬프트를 통해 콘텐츠를 논리적이고 일관성 있게 구조화할 수 있다.
- 청취자에게 다음에 무엇이 나올지 예측할 수 있게 하여 청취 경험을 향상시킨다.

## (4) 기억 유도

- 핵심 정보를 반복하거나 강조하는 프롬프트는 청취자의 기억에 도움이 된다.
- 중요한 정보를 청취자가 놓치지 않도록 도와준다.

## 2) 단점

## (1) 과도한 사용

- 프롬프트를 너무 많이 사용하면 콘텐츠가 끊기고 자연스러움이 떨어질 수 있다.
- 청취자가 프롬프트에 지나치게 의존하게 되어 스스로 정보를 이해하는 데 어려움을 겪을 수 있다.

## (2) 혼동 유발

- 잘못된 타이밍이나 부적절한 프롬프트는 오히려 청취자를 혼동시킬 수 있다.
- 명확하지 않은 프롬프트는 청취자의 이해를 방해할 수 있다.

## (3) 자연스러움 저해

- 프롬프트가 너무 인위적이면 대화의 자연스러움을 해칠 수 있다.
- 청취자에게 부자연스럽게 느껴질 수 있다.

## 3) 고려 사항

### (1) 청취자 대상 이해

- 프롬프트를 사용할 때 청취자의 연령, 관심사, 배경지식을 고려해야 한다.
- 청취자에게 적합한 톤과 스타일을 사용해야 한다.

### (2) 목적 명확화

- 프롬프트의 목적을 명확히 하고 해당 목적에 맞는 적절한 프롬프트를 사용해야 한다.

### (3) 정보 전달, 참여 유도, 이해 촉진 등의 목적에 따라 프롬프트를 달리해야 한다.

### (4) 균형 유지

- 프롬프트의 빈도와 길이를 적절하게 조절하여 콘텐츠의 흐름을 유지해야 한다.
- 필요할 때만 사용하고, 너무 길거나 너무 짧지 않게 조절해야 한다.

### (5) 피드백 반영

- 청취자의 피드백을 수집하고 이를 반영하여 프롬프트를 개선해야 한다.
- 청취자의 반응을 통해 어떤 프롬프트가 효과적인지 분석해야 한다.

### (6) 자연스러움 유지

- 프롬프트가 자연스럽게 콘텐츠에 녹아들도록 설계해야 한다.
- 대화나 이야기의 흐름을 방해하지 않도록 주의해야 한다.

사운드 미디어 콘텐츠에서 프롬프트를 효과적으로 활용하면 청취자에게 더 나은 경험을 제공할 수 있지만, 과도하거나 부적절한 사용은 오히려 부정적인 영향을 미칠 수 있다. 따라서 청취자의 특성과 콘텐츠의 목적을 고려한 신중한 접근이 필요하다.

## 제3절 오디오 및 음악 생성 모델의 종류 및 특징

## 1. 대표적인 오디오 및 음악 생성 모델 소개

### 1) WaveNet (2016)

- 딥마인드에서 개발한 오디오 생성 모델로, 오디오 파형을 직접 모델링한다.
- 자연스러운 음성 합성과 음악 생성이 가능하며 높은 품질의 오디오를 생성할 수 있다.
- 단점으로는 학습과 생성 과정에서 연산량이 많아 속도가 느리다는 점이 있다.

### 2) NSynth (2017)

- 구글 마젠타 팀에서 개발한 신경망 기반 오디오 합성 모델이다.
- 주어진 오디오 샘플을 인코딩하고 새로운 사운드를 만들어 낼 수 있다.
- WaveNet보다 빠른 속도로 오디오를 생성할 수 있지만 결과물의 품질은 상대적으로 낮다.

### 3) GANSynth (2019)

- GAN을 활용한 오디오 합성 모델로, NSynth의 후속 모델이다.
- 임의의 오디오 특성을 지정하여 해당 특성을 가진 새로운 사운드를 생성할 수 있다.
- 빠른 속도로 고품질의 오디오를 생성할 수 있지만, 학습에 많은 데이터와 시간이 필요하다.

## 4) Jukebox (2020)

- OpenAI에서 개발한 음악 생성 모델로, 가사와 멜로디를 함께 생성할 수 있다.
- 다양한 장르와 스타일의 음악을 생성할 수 있으며 생성된 음악의 품질이 높다.
- 단점으로는 대규모 모델인 만큼 학습과 생성에 막대한 연산 자원이 필요하다는 점이다.

## 5) DDSP (2020)

- 구글 마젠타 팀에서 개발한 차등 디지털 신호 처리DDSP 기반 오디오 생성 모델이다.
- 오디오 신호 처리와 기계학습을 결합하여 사실적인 악기 음색을 합성할 수 있다.
- 적은 양의 데이터로도 학습이 가능하며 빠른 속도로 고품질의 오디오를 생성할 수 있다.

# 2. 사운드 생성형 AI 모델 선택 시 고려 사항

오디오 및 음악 생성 모델을 선택할 때는 다음과 같은 요소를 고려해야 한다.

- **생성 품질**: 모델이 생성하는 오디오나 음악의 품질이 창작 목적에 부합하는지 확인한다.
- **생성 속도**: 실시간 합성이 필요한 경우, 빠른 생성 속도를 지원하는 모델을 선택한다.
- **학습 데이터**: 모델 학습에 필요한 데이터의 양과 종류를 고려하여 가용한 데이터에 적합한 모델을 선택한다.
- **사용 난이도**: 모델의 사용법과 파라미터 조정의 난이도를 고려하여 창작자의 기술적 역량에 맞는 모델을 선택한다.
- **확장성**: 필요에 따라 모델을 커스터마이징하거나 확장할 수 있는지 여부를 확인한다.

각 모델의 특징과 장단점을 비교 분석하고, 창작 목적과 제작 환경에 맞는 모델을 선택하는 것이 중요하다. 또한, 모델의 한계를 이해하고 창작자의 역량과 조화를 이루어 활용하는 것이 효과적인 음악 제작으로 이어질 수 있다.

제2부 미디어 유형별 콘텐츠 프롬프트 디자인

05. 텍스트 미디어 콘텐츠 프롬프트 디자인

06. 이미지 콘텐츠 프롬프트 디자인

07. 영상 미디어 콘텐츠 프롬프트

08. 사운드 미디어 콘텐츠 프롬프트

09. 멀티모달 AI 미디어 콘텐츠 프롬프트

## 제4절 장르, 분위기, 악기 등을 명시한 오디오 프롬프트 작성 기법

### 1. 효과적인 프롬프트 작성을 위한 키워드 활용

오디오 프롬프트를 작성할 때는 원하는 결과물의 특징을 명확하게 전달할 수 있는 키워드를 사용하는 것이 중요하다. 장르, 분위기, 악기 등을 구체적으로 명시하여 AI가 이해하기 쉬운 형태로 프롬프트를 구성해야 한다.

- **장르 키워드**: "클래식", "재즈", "락", "힙합", "일렉트로니카" 등 음악 장르를 나타내는 키워드를 사용한다.

- **분위기 키워드**: "밝은", "어두운", "신비로운", "로맨틱한", "역동적인" 등 원하는 분위기를 표현하는 키워드를 포함한다.

- **악기 키워드**: "피아노", "기타", "드럼", "바이올린", "신디사이저" 등 특정 악기를 지정하는 키워드를 활용한다.

> 예시:
>
> "경쾌하고 희망찬 분위기의 팝 음악을 만들어줘. 어쿠스틱 기타와 피아노 선율이 어우러지는 사운드로 해줘."
>
> "웅장하고 드라마틱한 영화 배경음악을 만들어줘. 현악기와 관악기의 조화로운 오케스트레이션이 돋보이게 해줘."

### 2. 프롬프트 작성 시 주의 사항

- **모호한 표현 지양**: "좋은", "멋진", "인상적인" 등 주관적이고 모호한 표현은 AI가 이해

하기 어려울 수 있으므로 피한다.

- **구체적인 지시 제공**: "빠른 템포로", "높은 음역대에서", "점진적으로 크레셴도" 등 구체적인 음악적 지시를 포함한다.

- **간결한 문장 구성**: 불필요하게 긴 문장보다는 간결하고 명확한 표현을 사용하여 AI의 이해도를 높인다.

- **문맥상 모순 방지**: 프롬프트 내에서 상충되는 내용이 포함되지 않도록 문장을 정리하고 검토한다.

> **예시:**
> (X) "슬프면서도 행복한 느낌의 음악을 만들어줘."
> (O) "슬픔과 희망이 교차하는 복합적인 감정을 담은 음악을 만들어줘. 마이너 코드로 시작해서 메이저 코드로 전환되는 진행으로 해줘."

명확하고 구체적인 키워드를 사용하고, 간결하면서도 모순 없는 프롬프트를 작성하는 것이 효과적인 오디오 생성으로 이어질 수 있다. 프롬프트 작성 능력은 창작자의 의도를 AI에 정확히 전달하는 데 있어 매우 중요한 역량이라고 할 수 있다.

# 3. 가사 및 멜로디 생성을 위한 프롬프트 디자인

## 1) 가사 생성을 위한 프롬프트 디자인 기법

- **주제와 키워드 제시**: 가사의 중심 주제와 관련 키워드를 프롬프트에 포함하여 AI가 맥락을 이해할 수 있도록 한다.

제2부 미디어 유형별 콘텐츠 프롬프트 디자인

05. 텍스트 미디어 콘텐츠 프롬프트 디자인

06. 이미지 콘텐츠 프롬프트 디자인

07. 영상 미디어 콘텐츠 프롬프트

08. 사운드 미디어 콘텐츠 프롬프트

09. 멀티모달 AI 미디어 콘텐츠 프롬프트

- **감정과 분위기 묘사**: 가사에 담길 감정과 분위기를 구체적으로 묘사하여 AI가 적절한 어휘와 표현을 선택할 수 있게 한다.

- **운율과 라임 지정**: 원하는 운율과 라임 패턴을 프롬프트에 지정하여 가사의 흐름과 압운을 제어할 수 있다.

> **예시:**
> "'사랑'을 주제로 한 가사를 만들어줘. 설렘, 기쁨, 그리움 등의 감정을 담고,
> 4행시 형식으로 각 행의 끝 단어는 ABAB 라임으로 맞춰줘."

## 2) 멜로디 생성을 위한 프롬프트 디자인 기법

- **음계와 화성 지정**: 특정 음계장조, 단조 등나 화성 진행I-IV-V-I 등을 프롬프트에 명시하여 멜로디의 음악적 기반을 제시한다.

- **리듬과 박자 패턴 제안**: 멜로디의 리듬 패턴이나 박자4/4, 3/4 등를 프롬프트에 포함하여 멜로디의 흐름을 제어한다.

- **가사와의 연계성 고려**: 가사의 내용과 분위기에 어울리는 멜로디를 생성할 수 있도록 프롬프트에 가사 정보를 포함한다.

> **예시:**
> "C장조의 발라드 스타일 멜로디를 만들어줘. 4/4박자에 8분음표 위주의 리듬으로,
> 가사에서 제시한 '그리움'의 정서가 느껴지는 선율이 되게 해줘."

제2부 미디어 유형별 콘텐츠 프롬프트 디자인

05. 텍스트 미디어 콘텐츠 프롬프트 디자인

06. 이미지 콘텐츠 프롬프트 디자인

07. 영상 미디어 콘텐츠 프롬프트

08. 사운드 미디어 콘텐츠 프롬프트

09. 멀티모달 AI 미디어 콘텐츠 프롬프트

## 4. 가사와 멜로디의 조화를 고려한 프롬프트 디자인

- **가사와 멜로디의 상호 보완**: 가사와 멜로디가 서로 어울리고 시너지를 낼 수 있도록 프롬프트를 디자인한다.

- **감정의 기복 고려**: 가사의 내용에 따른 감정의 변화를 멜로디에 반영할 수 있도록 프롬프트에 지시한다.

- **후렴구 강조**: 노래의 핵심 메시지가 담긴 후렴구를 강조하기 위해 후렴구 부분의 멜로디를 더욱 인상적으로 만들 것을 프롬프트에 포함한다.

> 예시:
> "2절로 갈수록 희망적인 메시지를 담은 가사에 어울리도록, 멜로디도 점차 밝고 경쾌한 분위기로 변화하는 구성으로 만들어줘. 특히 후렴구에서는 희망찬 메시지가 강조되는 인상적인 멜로디가 되도록 해줘."

가사와 멜로디 생성을 위한 프롬프트 디자인은 음악의 각 요소를 조화롭게 구성하는 데 중점을 둔다. 주제, 감정, 분위기 등을 일관성 있게 프롬프트에 반영하여 가사와 멜로디가 유기적으로 어우러지는 음악을 생성할 수 있도록 해야 한다. 동시에 창작자의 의도와 스타일이 프롬프트에 잘 드러나도록 하여 생성된 음악이 창작자의 개성을 반영할 수 있게 하는 것이 중요하다.

### 1) 생성형 AI 사운드 제작을 위한 프롬프트 팁

사운드 제작을 위한 템포, 음량, 음높이, 장르, 스타일 및 작곡을 위한 가이드라인은 다양한 요소를 고려해야 한다. 아래는 몇 가지 예시 프롬프트이다.

## (1) 템포(Tempo)

- **느린 템포**Slow Tempo : 60~70BPM, 잔잔하고 차분한 분위기의 발라드 또는 클래식 음악
- **중간 템포**Moderate Tempo : 90~110BPM, 팝, 락 또는 재즈 스타일의 곡
- **빠른 템포**Fast Tempo : 120~140BPM, 댄스, 일렉트로닉 또는 힙합 트랙

## (2) 음량(Volume)

- **낮은 음량**Low Volume : 부드럽고 편안한 배경 음악, 예: 로파이 힙합
- **중간 음량**Medium Volume : 밸런스가 잘 맞는 믹스, 예: 어쿠스틱 팝
- **높은 음량**High Volume : 강렬하고 에너제틱한 사운드, 예: EDM 페스티벌 트랙

## (3) 음높이(Pitch)

- **낮은 음높이**Low Pitch : 베이스가 강한 곡, 예: 둠 메탈, 트랩
- **중간 음높이**Mid Pitch : 멜로디와 베이스가 조화를 이루는 곡, 예: 클래식 록, 재즈
- **높은 음높이**High Pitch : 트레블이 강조된 곡, 예: 클래식 음악, 팝 발라드

## (4) 장르(Genre)

- **팝**Pop : 밝고 경쾌한 멜로디, 귀에 쏙 들어오는 후크
- **락**Rock : 강한 기타 리프, 드럼 비트, 에너제틱한 보컬
- **재즈**Jazz : 복잡한 코드 진행, 즉흥 연주, 스윙 리듬
- **클래식**Classical : 오케스트라 편곡, 복잡한 구조, 다양한 악기 사용
- **힙합**Hip-Hop : 강한 비트, 리드미컬한 랩, 샘플링된 멜로디

## (5) 스타일(Style)

- **어쿠스틱**Acoustic : 자연스러운 악기 소리, 단순한 편곡
- **일렉트로닉**Electronic : 신디사이저, 드럼 머신, 디지털 효과
- **로파이**Lo-Fi : 빈티지한 사운드, 노이즈, 반복적인 리듬

- **오케스트라**Orchestral : 클래식 악기 사용, 웅장한 사운드스케이프
- **레트로** Retro : 80년대 신스팝, 빈티지 악기와 효과

사운드 제작을 위한 프롬프트를 구성할 때 다양한 요소를 고려하는 것은 매우 중요하다. 각 요소는 음악의 분위기와 스타일을 결정짓는 핵심적인 역할을 하며, 원하는 느낌과 효과를 정확히 표현할 수 있도록 도와준다.

## 2) 작곡 프롬프트 예시(Composition Prompt Examples)

### (1) 밝고 경쾌한 팝송
100BPM, 중간 음량, 중간 음높이, 팝 장르, 어쿠스틱 스타일. 기타와 피아노를 사용하여 밝고 귀여운 멜로디를 만들고, 후렴구에 귀에 쏙 들어오는 후크를 추가하세요.

### (2) 감성적인 발라드
70BPM, 낮은 음량, 높은 음높이, 발라드 장르, 클래식 스타일. 피아노와 현악기를 사용하여 부드럽고 감성적인 멜로디를 구성하세요.

### (3) 에너제틱한 댄스 트랙
130BPM, 높은 음량, 중간 음높이, EDM 장르, 일렉트로닉 스타일. 신디사이저와 강렬한 비트를 사용하여 클럽에서 들을 수 있는 에너제틱한 트랙을 만드세요.

### (4) 즉흥적인 재즈곡
110BPM, 중간 음량, 중간 음높이, 재즈 장르, 재즈 스타일. 색소폰과 피아노의 즉흥 연주를 중심으로 복잡한 코드 진행을 만들어 보세요.

제2부 미디어 유형별 콘텐츠 프롬프트 디자인

05. 텍스트 미디어 콘텐츠 프롬프트 디자인

06. 이미지 콘텐츠 프롬프트 디자인

07. 영상 미디어 콘텐츠 프롬프트

08. 사운드 미디어 콘텐츠 프롬프트

09. 멀티모달 AI 미디어 콘텐츠 프롬프트

### (5) 어두운 분위기의 힙합 트랙

90BPM, 중간 음량, 낮은 음높이, 힙합 장르, 로파이 스타일. 샘플링된 멜로디와 강한 비트를 사용하여 어두운 분위기를 조성하세요.

이 예시들을 참고하여 원하는 사운드와 분위기에 맞는 음악을 제작해 볼 수 있다.

## 3) 생성형 AI 사운드 제작 기술과 도구의 활용

생성형 AI 사운드 제작 과정에서 활용할 수 있는 다양한 새로운 기술과 도구들을 아래에 정리해 보았다. 이들 기술은 딥러닝 및 머신러닝 알고리즘, AI 기반 소프트웨어, 디지털 오디오 워크스테이션DAW, 그리고 AI 기반 플러그인으로 나눌 수 있다.

### (1) 딥러닝 및 머신러닝 알고리즘
① GANsGenerative Adversarial Networks

예시: 새로운 사운드나 음악을 생성하기 위해 GAN을 사용. 한 네트워크가 사운드를 생성하고 다른 네트워크가 이를 평가하여 점점 더 현실적인 사운드를 만든다.

② RNNsRecurrent Neural Networks

예시: 시퀀셜 데이터를 처리하여 음악 작곡에 활용. 예를 들어 이전 노트와 리듬을 기반으로 다음 노트를 예측하여 음악을 생성한다.

③ Transformer 모델

예시: GPT-3와 같은 트랜스포머 모델을 사용하여 음악 생성 및 편집. 자연어 처리에 강점을 가지며, 음악의 구조와 스타일을 학습하여 창작에 적용할 수 있다.

## (2) AI 기반 소프트웨어

### ① Magenta

설명: 구글의 오픈 소스 프로젝트로 음악 및 예술 창작을 위한 다양한 도구와 모델을 제공한다. 예를 들어 멜로디 RNN을 사용하여 새로운 멜로디를 생성할 수 있다.

### ② Amper Music

설명: 사용자가 원하는 스타일과 장르에 맞는 음악을 생성해 주는 AI 서비스. 간단한 입력으로 맞춤형 음악을 제작할 수 있다.

### ③ AIVAArtificial Intelligence Virtual Artist

설명: 다양한 장르의 음악을 생성할 수 있는 AI 작곡가. 예를 들어 영화 사운드트랙, 비디오 게임 음악 등을 자동으로 생성할 수 있다.

## (3) 디지털 오디오 워크스테이션(DAW)

### ① Ableton Live

설명: AI 플러그인과 통합하여 음악 제작을 더욱 창의적으로 할 수 있다. 예를 들어 AI 기반의 비트 생성기를 사용하여 독창적인 리듬을 만들 수 있다.

### ② Logic Pro X

설명: AI 기반의 드러머 및 스마트 템포 기능을 제공하여 음악 제작을 돕는다. 자동으로 곡의 템포를 분석하고 조정해 준다.

### ③ FL Studio

설명: 다양한 AI 기반 플러그인을 지원하여 음악 제작을 간편하게 할 수 있다. 예를 들어 자동으로 멜로디를 생성하거나 리듬을 맞춰 주는 도구를 사용할 수 있다.

제2부 미디어 유형별 콘텐츠 프롬프트 디자인

05. 텍스트 미디어 콘텐츠 프롬프트 디자인

06. 이미지 콘텐츠 프롬프트 디자인

07. 영상 미디어 콘텐츠 프롬프트

08. 사운드 미디어 콘텐츠 프롬프트

09. 멀티모달 AI 미디어 콘텐츠 프롬프트

### (4) AI 기반 플러그인

#### ① iZotope Neutron

설명: AI를 사용하여 믹싱 과정을 자동화하고 최적의 믹스 설정을 제안한다. 예를 들어 자동으로 트랙의 밸런스를 맞추고 EQ 설정을 조정해 준다.

#### ② LANDR

설명: AI 기반의 마스터링 서비스로, 자동으로 트랙을 분석하고 최적의 마스터링을 제공한다. 사용자는 클릭 몇 번만으로 고품질의 마스터링을 받을 수 있다.

#### ③ Endlesss

설명: AI 기반의 협업 도구로, 실시간으로 다른 사용자와 함께 음악을 제작할 수 있다. 예를 들어 여러 명이 동시에 작업하여 라이브로 곡을 만들어 낼 수 있다.

이러한 기술과 도구들은 사운드 제작을 더욱 효율적이고 창의적으로 만들 수 있다. 각 도구와 기술의 특성을 이해하고 적절히 활용하면 독창적인 음악과 사운드를 창작하는 데 큰 도움이 될 것이다.

# 제5절 사운드 콘텐츠 프롬프트 디자인 실습 및 적용

## 1. 프롬프트 디자인 실습 예시

### 1) 프롬프트 디자인 실습 예시

#### (1) 장르와 분위기 중심의 프롬프트

"Lo-fi 힙합 비트를 만들어줘. 차분하고 편안한 분위기의 멜로디에 잔잔한 드럼 비트가 어우러지는 사운드로 해줘."

"펑크 록 스타일의 음악을 만들어줘. 빠른 템포에 에너지 넘치는 기타 리프와 강렬한 드럼 연주가 돋보이게 해줘."

#### (2) 악기와 음색 중심의 프롬프트

"재즈 피아노 솔로를 만들어줘. 블루스 스케일을 활용한 즉흥 연주 느낌으로, 풍부한 화성과 유연한 리듬 변화가 있도록 해줘."

"신디사이저 중심의 일렉트로닉 음악을 만들어줘. 두꺼운 베이스 사운드와 글리치 효과가 가미된 독특한 음색의 신디사이저 멜로디를 만들어줘."

#### (3) 가사와 멜로디 연계 프롬프트

"'희망'이라는 주제의 발라드 곡을 만들어줘. 처음에는 슬픈 감정을 담은 가사와 멜로디로 시작해서 점차 희망찬 분위기로 전환되는 구성으로 해줘. 특히 후렴구에서는 희망의 메시지가 강조되는 감동적인 멜로디가 되도록 해줘."

제2부 미디어 유형별 콘텐츠 프롬프트 디자인

05. 텍스트 미디어 콘텐츠 프롬프트 디자인
06. 이미지 콘텐츠 프롬프트 디자인
07. 영상 미디어 콘텐츠 프롬프트
08. 사운드 미디어 콘텐츠 프롬프트
09. 멀티모달 AI 미디어 콘텐츠 프롬프트

> "'여행'을 소재로 한 팝 음악을 만들어줘. 경쾌하고 신나는 멜로디에 여행의 설렘과 자유로움을 느낄 수 있는 가사를 입혀줘. 간주 부분에는 이국적인 분위기의 악기 솔로가 어울릴 것 같아."

> "Lo-fi 힙합 비트를 만들어줘. 차분하고 편안한 분위기의 멜로디에 잔잔한 드럼 비트가 어우러지는 사운드로 해줘."

> "펑크 록 스타일의 음악을 만들어줘. 빠른 템포에 에너지 넘치는 기타 리프와 강렬한 드럼 연주가 돋보이게 해줘."

## 2) 사운드 미디어 생성형 AI 쉽게 만들기

### (1) Soundraw

웹 기반 AI 음악 생성 도구로, 장르, 분위기, 악기 구성 등을 선택하면 자동으로 음악을 생성한다. 무료 플랜으로도 충분히 활용 가능하며 직관적인 인터페이스로 초보자도 쉽게 사용할 수 있다.

**Soundraw AI music generator https://soundraw.io/**

< Soundraw 음악 제작 실습 가이드 >

- Soundraw 웹사이트 접속 https://soundraw.io/ 후 회원 가입/로그인
- "Create Music" 클릭하여 음악 생성 페이지 이동
- 분위기, 장르, 길이 등 음악 스타일 설정
- (선택) 인트로/아웃트로, 테마, 템포, 악기 등 추가 설정
- "Generate Music" 클릭하여 음악 생성 후 미리 듣기
- (선택) 마음에 드는 음악 선택 후 각 파트별 편집
- "Download" 클릭하여 음악 다운로드

**꿀팁: 다양한 설정 조합을 시도하고 튜토리얼 영상 참고!**

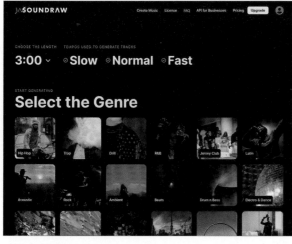

이미지 출처 Soundraw

## (2) SUNO AI

Suno AI는 텍스트 프롬프트를 통해 다양한 장르와 스타일의 음악을 제작하는 AI 기반 플랫폼이다. 가사 입력을 통해 완성도 높은 노래를 만들 수 있으며, 인공지능 기술로 음악 제작 과정을 단순화하여 전문 음악가부터 초보자까지 누구나 쉽게 이용할 수 있다.

Suno AI music generator https://suno.com/

< Suno AI로 음악 제작 실습 >

- 앱 다운로드: App Store 또는 Google Play에서 "Suno AI" 검색 후 설치

- 로그인: 회원 가입 또는 기존 계정으로 로그인

- 음악 생성 시작: "Create" 또는 "+" 버튼 클릭

- 프롬프트 입력: 원하는 음악 스타일, 가사 등 상세하게 텍스트로 작성

  예시: "밝고 경쾌한 팝, 어쿠스틱 기타 & 피아노, 120BPM, [가사]"

- 음악 생성: "Generate" 버튼 클릭

- 확인 & 편집: 생성된 음악 듣고 수정 또는 재생성

- 저장 & 공유: 완성된 음악 저장 및 공유

꿀팁:

- 상세한 프롬프트 작성 = 원하는 결과물!

- 다양한 프롬프트 실험으로 나만의 스타일 찾기

- 앱 내 튜토리얼 참고하여 효과적인 사용!

- 다른 음악 편집 프로그램 활용하여 추가 작업 가능

Suno AI로 쉽고 빠르게 나만의 음악을 만들어 보세요!

## 실습 완성 듣기

https://suno.com/song/7ebee632-664d-4c95-b99b-0616ac05d19e

그 외 실습 제작을 위해서는 각 AI 모델의 공식 웹사이트나 깃허브 저장소를 참고하는 것이 좋다. 다음은 각 모델의 출처와 활용 사례이다:

## 1. Jukebox (OpenAI)

- 공식 웹사이트: https://openai.com/blog/jukebox/
- 깃허브 저장소: https://github.com/openai/jukebox
- 주요 기능: 가사와 멜로디를 함께 생성하는 음악 생성 모델
- 활용 사례: 사용자 입력 기반 음악 생성 웹 애플리케이션, 가사 작사 도구, 멜로디 작곡 도구

출처: Jukebox application

## 2. DDSP (Google Magenta)

- 공식 웹사이트: https://magenta.tensorflow.org/ddsp
- 깃허브 저장소: https://github.com/magenta/ddsp
- 주요 기능: 음색 합성 및 변환 모델
- 활용 사례: 실시간 오디오 이펙트 플러그인, 음성 변조 도구, 악기 음색 변환 도구

제2부 미디어 유형별 콘텐츠 프롬프트 디자인

05. 텍스트 미디어 콘텐츠 프롬프트 디자인

06. 이미지 콘텐츠 프롬프트 디자인

07. 영상 미디어 콘텐츠 프롬프트

08. 사운드 미디어 콘텐츠 프롬프트

09. 멀티모달 AI 미디어 콘텐츠 프롬프트

출처: DDSP plugin

### 3. GANSynth (NVIDIA)

- 공식 웹사이트

  https://research.nvidia.com/publication/2019-05_GANSYNTH%3A-Adversarial-Neural

- 깃허브 저장소: https://github.com/nv-tlabs/GANSynth

- 주요 기능: 다양한 악기 음색 생성 모델

- 활용 사례: 신디사이저 프리셋 생성 도구, 음색 탐색 및 디자인 도구

### 4. WaveNet (DeepMind)

- 공식 웹사이트

  https://deepmind.com/blog/article/wavenet-generative-model-raw-audio

- 깃허브 저장소: https://github.com/ibab/tensorflow-wavenet

- 활용 사례: 텍스트를 입력받아 고품질의 음성으로 변환하는 TTSText-to-Speech 시스템 개발

### 5. MuseNet (OpenAI)

- 공식 웹사이트: https://openai.com/blog/musenet/

- 깃허브 저장소: https://github.com/openai/musenet

- 주요 기능: 다양한 스타일의 음악 생성 및 변주 모델
- 활용 사례: 작곡 보조 도구, 음악 스타일 변환 도구, 음악 즉흥 연주 도구

이러한 모델들을 활용하여 실제 프로젝트를 진행할 때는 각 모델의 라이선스와 이용 약관을 반드시 확인하고 준수해야 한다. 또한, 생성된 음악이나 사운드를 상업적으로 활용할 경우 저작권 문제를 고려하여 적절한 조치를 취해야 한다.

프롬프트 디자인 실습을 통해 생성된 사운드를 다양한 분야에 활용할 수 있다. 예를 들어 영화나 게임의 배경음악, 광고나 UCC의 사운드 이펙트, 음악 제작의 참고 자료 등으로 활용할 수 있다. 이를 통해 창의적이고 효율적인 사운드 디자인이 가능하다.

## 마무리. AI 음악 생성의 현재와 미래

AI 기술의 발전은 음악 창작 분야에 혁신적인 변화를 가져오고 있다. 생성형 AI 모델을 활용한 음악 제작은 창작자들에게 새로운 영감과 도구를 제공하며, 음악 제작 과정의 효율성과 다양성을 높이고 있다. 특히 프롬프트 디자인은 AI 음악 생성에 있어 창작자의 의도와 스타일을 반영하는 핵심 기술로 자리 잡았다.

현재의 AI 음악 생성 기술은 창작자와의 협업을 통해 더욱 발전하고 있으며, 미래에는 AI와 인간 창작자의 경계가 더욱 모호해질 것으로 예상된다. 창작자의 감성과 개성을 이해하고 반영하는 AI 모델의 등장은 음악 창작의 지평을 더욱 확장할 것이다. 동시에 AI 생성 음악의 저작권, 윤리 등 새로운 쟁점들도 부각될 것으로 보인다.

### (1) 창작자의 역할과 과제

AI 음악 생성 기술의 발전 속에서도 창작자의 역할은 여전히 중요하다. AI는 창작자의 도구이자 협력자로서, 창작자의 예술적 감각과 미적 판단력을 완전히 대체할 수는 없기 때문이다. 창작자는 AI 기술을 적극적으로 활용하되, 자신만의 음악적 정체성과 스타일을 확립

하고 유지하는 것이 중요하다.

이를 위해 창작자는 AI 모델과 프롬프트 디자인 기술에 대한 이해를 갖추는 동시에, 음악 이론과 작곡 기법 등 전통적인 음악 역량도 지속적으로 함양해야 한다. 또한, 기술 발전에 따른 음악 산업의 변화에 민감하게 대응하고, 새로운 기회를 모색하는 유연한 자세도 필요하다.

### (2) 음악 교육과 산업의 변화

AI 음악 생성 기술의 발전은 음악 교육과 산업 전반에도 변화를 가져올 것이다. 음악 교육 과정에서 AI 기술과 프롬프트 디자인에 대한 교육이 필요해질 것이며, 창의력과 기술 활용 능력을 겸비한 인재 양성이 중요해질 것이다. 음악 산업에서는 AI 기술을 활용한 새로운 비즈니스 모델과 서비스가 등장할 것이며, 창작자와 기술 전문가의 협업이 더욱 활발해질 것으로 예상된다.

AI 음악 생성 기술과 프롬프트 디자인은 음악 창작의 미래를 바꿔 나가는 중요한 동인으로 작용하고 있다. 기술의 발전과 창작자의 예술적 감각이 조화를 이룰 때, 우리는 기존에 경험하지 못했던 혁신적인 음악을 만나게 될 것이다. 창작자와 음악 산업 종사자들은 이러한 변화의 흐름을 이해하고, 적극적으로 대응함으로써 새로운 시대의 음악 창작을 이끌어나가야 할 것이다.

## 【선다형 문제】

1. 다음 중 사운드 미디어 콘텐츠 생성형 AI의 고유한 기능으로 가장 적합한 것은 무엇인가?
   (난이도 하)
   ① 기존 사운드 파일의 정확한 복제
   ② 대규모 사운드 데이터베이스의 효율적 관리
   ③ 입력 데이터로부터 창의적이고 새로운 사운드 패턴 생성
   ④ 사운드 파일의 보안 및 접근 제어 강화

정답: ③

해설: 사운드 미디어 콘텐츠 생성형 AI는 입력된 데이터를 분석하고 학습하여 기존에 존재하지 않
는 새로운 사운드 패턴을 생성하는 기능을 갖추고 있다. 이는 단순한 복제나 데이터 관리와
는 달리, AI가 창의적으로 새로운 콘텐츠를 만들어 내는 능력에 중점을 둔다.

2. 다음 중 사운드 미디어의 생성형 AI GAN의 구성 요소가 아닌 것은? (난이도 하)
   ① 생성자
   ② 판별자
   ③ 변환기
   ④ 데이터베이스

정답: ③

해설: GANGenerative Adversarial Network은 두 개의 주요 신경망으로 구성된 인공지능 모델이다.
   생성자Generator : 새로운 데이터를 생성한다. 예를 들어 새로운 사운드 클립을 만들어 낸다.
   판별자Discriminator : 생성된 데이터가 진짜 데이터인지 가짜 데이터인지 구분한다.
   이 두 신경망은 경쟁하면서 성능을 개선하며, 변환기Transformer는 GAN의 구성 요소가 아

제2부 미디어 유형별
콘텐츠 프롬프트 디자인

05. 텍스트 미디어 콘텐츠
프롬프트 디자인

06. 이미지 콘텐츠 프롬프트
디자인

07. 영상 미디어 콘텐츠
프롬프트

08. 사운드 미디어 콘텐츠
프롬프트

09. 멀티모달 AI 미디어 콘텐츠
프롬프트

니다. 데이터베이스는 GAN의 핵심 구성 요소가 아니지만, 모델 훈련에 필요한 데이터를 저장할 수 있다.

**3. 다음 중 사운드 미디어의 생성형 AI Transformer 모델에서 주로 사용되는 메커니즘은 무엇인가? (난이도 하)**

① 합성

② 어텐션

③ 예측

④ 분류

정답: ②

해설: Transformer 모델은 주로 시퀀스 데이터예: 텍스트, 사운드 등를 처리하는 데 사용되는 인공지능 모델이다. 이 모델의 핵심은 어텐션 메커니즘Attention Mechanism이다.

어텐션Attention: 시퀀스 데이터의 중요한 부분에 집중한다. 예를 들어 긴 문장에서 특정 단어에 집중하거나, 긴 사운드 클립에서 특정 음에 집중하는 방식이다.

Transformer 모델은 어텐션 메커니즘을 사용하여 입력 시퀀스의 중요한 부분을 선택하고, 이를 바탕으로 정확한 출력을 생성한다. 이 메커니즘 덕분에 시퀀스 내에서 장기적인 의존성을 효과적으로 학습할 수 있다.

합성, 예측, 분류는 Transformer 모델의 일반적인 메커니즘이 아니며, 주로 어텐션 메커니즘이 중심이 된다.

**4. 사운드 콘텐츠에서 생성형 AI가 제공하는 주요 혜택은 무엇인가? (난이도 하)**

① 데이터 손실

② 제작 시간 증가

③ 창의성 향상

④ 음질 저하

정답: ③

해설: 생성형 AI는 창작자의 효율성을 높이고 새로운 아이디어를 제공함으로써 창의성을 향상시킨다.

5. 사운드 미디어 콘텐츠 프롬프트 디자인 시 중요한 요소가 아닌 것은? (난이도 하)

① 명확성

② 구체성

③ 장황함

④ 일관성

정답: ③

해설: 프롬프트는 명확하고 구체적이며 일관성이 있어야 한다. 장황한 프롬프트는 AI 모델의 성능을 저하시킬 수 있다.

6. 사운드 미디어 콘텐츠 프롬프트 디자인의 주요 역할은 무엇인가? (난이도 하)

① 사용자 의도 전달

② 데이터 분석

③ 하드웨어 관리

④ 보안 강화

제2부 미디어 유형별
콘텐츠 프롬프트 디자인

05. 텍스트 미디어 콘텐츠
프롬프트 디자인

06. 이미지 콘텐츠 프롬프트
디자인

07. 영상 미디어 콘텐츠
프롬프트

08. 사운드 미디어 콘텐츠
프롬프트

09. 멀티모달 AI 미디어 콘텐츠
프롬프트

정답: ①

해설: 프롬프트 디자인은 AI 모델에 사용자의 의도를 명확히 전달하는 역할을 한다. 이는 AI가 올바른 사운드 콘텐츠를 생성하도록 도와준다.

7. 사운드 미디어 콘텐츠 생성형 AI에서 다감각 경험이 중요한 이유는 무엇인가? (난이도 하)

① 시각 효과를 증가시키기 위해

② 사용자 몰입도와 참여도를 높이기 위해

③ 청각 자극을 줄이기 위해

④ 데이터 저장을 늘리기 위해

정답: ②

해설: 다감각 경험은 사용자 몰입도와 참여도를 높이며 정보를 더 효과적으로 기억하게 한다. 이는 사운드 미디어에서 매우 중요한 요소이다.

8. 사운드 제작을 위한 프롬프트를 구성할 때 고려해야 할 중요한 요소는 무엇인가?

(난이도 하)

① 템포와 리듬

② 데이터 압축

③ 메타데이터 저장

④ 파일 형식

정답: ①

해설: 사운드 제작에서는 템포와 리듬이 음악의 분위기와 스타일을 결정하는 데 중요한 역할을 한다. 이러한 요소들은 원하는 느낌과 효과를 정확히 표현하는 데 필수적이다.

**9. 다음 중 인터랙티브 사운드 미디어의 예가 아닌 것은? (난이도 하)**

① 대화형 오디오 드라마

② 비디오 튜토리얼

③ 음성 인식 기반 어플리케이션

④ 팟캐스트

정답: ②

해설: 비디오 튜토리얼은 일방향 정보 전달에 초점을 맞추며, 실시간 상호작용이 제한적이다.

**10. 생성형 AI의 작동 원리에 포함되지 않는 것은? (난이도 하)**

① 데이터 학습

② 실제 데이터 생성

③ 데이터 분석

④ 데이터 저장

정답: ④

해설: 생성형 AI는 데이터 학습과 생성, 분석을 포함하지만, 데이터 저장은 기본적인 기능이 아니다.

**11. 사운드 생성형 AI가 광고 제작에 활용될 때의 주요 장점은 무엇인가? (난이도 중)**

① 광고의 시각적 효과를 향상시킨다.

② 청취자의 구매 결정을 분석한다.

③ 브랜드 메시지에 맞는 음악과 효과음을 신속하게 생성한다.

④ 광고의 길이를 자동으로 조절한다.

정답: ③

해설: 사운드 생성형 AI는 광고의 브랜드 메시지에 맞는 음악과 효과음을 빠르게 생성하여 광고의 완성도를 높일 수 있다.

**12. 사운드 생성형 AI가 게임 사운드트랙 제작에서 활용되는 이유는 무엇인가? (난이도 중)**

① 플레이어의 점수를 자동으로 계산한다.

② 게임의 그래픽을 개선한다.

③ 게임의 분위기에 맞는 맞춤형 배경음악을 자동으로 생성한다.

④ 게임의 난이도를 조절한다.

정답: ③

해설: 사운드 생성형 AI는 게임의 분위기에 맞는 배경음악을 자동으로 생성하여 게임 경험을 향상시킨다.

**13. 사운드 생성형 AI가 영화 제작에서 사용될 수 있는 방법은 무엇인가? (난이도 중)**

① 영화의 시나리오를 작성한다.

② 배우의 연기를 평가한다.

③ 영화의 장면에 맞는 사운드트랙과 효과음을 생성한다.

④ 영화의 편집을 자동으로 수행한다.

정답: ③

해설: 사운드 생성형 AI는 영화의 특정 장면에 맞는 사운드트랙과 효과음을 생성하여 영화의 분위기를 극대화할 수 있다.

제2부 미디어 유형별 콘텐츠 프롬프트 디자인

05. 텍스트 콘텐츠 프롬프트 디자인

06. 이미지 콘텐츠 프롬프트 디자인

07. 영상 미디어 콘텐츠 프롬프트

08. 사운드 미디어 콘텐츠 프롬프트

09. 멀티모달 AI 미디어 콘텐츠 프롬프트

## 14. 사운드 생성형 AI 프롬프트 디자인의 장점이 아닌 것은? (난이도 중)

① 명확한 지시 제공

② 청취자 참여 유도

③ 과도한 정보 제공

④ 콘텐츠 구조화

정답: ③

해설: 과도한 정보 제공은 사운드 생성형 AI 프롬프트 디자인의 장점이 아니다. 오히려 정보가 과도하면 청취자가 혼란스러워질 수 있다.

## 15. 사운드 생성형 AI에서 Transformer 모델의 주요 특징은 무엇인가? (난이도 중)

① 시퀀스 데이터의 단기 의존성 학습

② 시퀀스 데이터의 장기 의존성 학습

③ 이미지 생성

④ 데이터 저장

정답: ②

해설: 사운드 생성형 AI에서 Transformer 모델은 시퀀스 데이터의 장기 의존성을 학습하는 데 뛰어난 성능을 보인다. 이는 모델의 자기주의 메커니즘 덕분이다.

## 16. 생성형 AI의 음악 생성에서 중요한 요소가 아닌 것은? (난이도 중)

① 장르

② 스타일

③ 음질

④ 데이터양

정답: ③

해설: 음악 생성에서 중요한 요소는 장르, 스타일, 데이터양이다.

## 17. 인터랙티브 사운드 미디어의 구성 요소가 아닌 것은? (난이도 중)

① 사용자 인터랙션

② 실시간 반응

③ 다감각 자극

④ 고정된 콘텐츠

정답: ④

해설: 인터랙티브 사운드 미디어는 고정된 콘텐츠가 아닌 실시간 상호작용이 중요하다.

## 18. 사운드 생성형 AI가 오디오북 제작에 미치는 긍정적인 영향은 무엇인가? (난이도 중)

① 작가의 글쓰기 속도를 향상시킨다.

② 다양한 음색과 감정을 표현하여 더 몰입감 있는 오디오북을 만든다.

③ 독자의 독서 속도를 조절한다.

④ 책의 내용을 자동으로 편집한다.

정답: ②

해설: 사운드 생성형 AI는 다양한 음색과 감정을 표현하여 오디오북을 더 몰입감 있게 만들어 준다.

19. 사운드 생성형 AI가 인터랙티브 게임의 사운드 디자인에 어떻게 활용될 수 있을까?
(난이도 중)
① 게임의 그래픽을 자동으로 생성한다.
② 게임의 스토리를 자동으로 작성한다.
③ 게임 내 이벤트와 상황에 맞춰 실시간으로 사운드를 생성한다.
④ 게임의 난이도를 자동으로 조절한다.

정답: ③

해설: 사운드 생성형 AI는 인터랙티브 게임에서 이벤트와 상황에 맞춰 실시간으로 사운드를 생성하여 더욱 몰입감 있는 게임 경험을 제공할 수 있다.

20. 다음 중 사운드 미디어 콘텐츠 생성형 AI가 효과적으로 작동하기 위해 반드시 필요한 단계는? (난이도 중)
① 사운드 파일의 무손실 압축
② 고해상도 비디오 출력
③ 데이터 학습을 통한 패턴 인식
④ 정적 데이터 백업

정답: ③

해설: 생성형 AI는 방대한 양의 데이터를 학습하고, 이 데이터를 통해 패턴을 인식하여 새로운 사운드를 생성한다. 데이터 학습은 AI가 효과적으로 작동하기 위해 반드시 필요한 단계이다.

21. 사운드 미디어 콘텐츠를 생성할 때 생성형 AI가 가장 큰 장점을 발휘하는 상황은 무엇

인가? (난이도 중)

① 단순 반복 작업

② 고정된 규칙에 따른 작업

③ 창의적이고 독창적인 콘텐츠 생성

④ 데이터 정리 및 저장

정답: ③

해설: 생성형 AI는 학습한 데이터를 바탕으로 창의적이고 독창적인 콘텐츠를 생성하는 데 가장

큰 장점을 발휘한다. 이는 특히 음악, 사운드 디자인 등에서 유용하게 활용될 수 있다.

22. 사운드 콘텐츠에서 생성형 AI가 음악 작곡에 미치는 긍정적인 영향은 무엇인가?

(난이도 중)

① 창작 과정 단순화

② 전통적 작곡 기법 대체

③ 모든 음악 스타일 제한

④ 창의성 저하

정답: ①

해설: 생성형 AI는 음악 작곡의 창작 과정을 단순화하고 효율성을 높인다. 이를 통해 음악가들은

더 빠르고 쉽게 다양한 스타일의 음악을 작곡할 수 있다.

**23. 사운드 콘텐츠의 프롬프트 디자인에서 자연스러움을 유지하기 위한 고려 사항이 아닌 것은 무엇인가? (난이도 상)**

① 청취자에게 적합한 톤과 스타일을 사용한다.

② 프롬프트의 빈도와 길이를 적절하게 조절한다.

③ 프롬프트가 자연스럽게 콘텐츠에 녹아들도록 설계한다.

④ 모든 프롬프트를 일관되게 길게 작성한다.

정답: ④

해설: 자연스러움을 유지하려면 프롬프트의 빈도와 길이를 적절하게 조절해야 하며, 모든 프롬프트를 일관되게 길게 작성하는 것은 자연스러움을 해칠 수 있다.


**24. 사운드 콘텐츠 제작을 위한 생성형 AI 프롬프트 디자인에서 중요한 요소가 아닌 것은? (난이도 상)**

① 장르

② 분위기

③ 음색

④ AI 모델의 파라미터 수

정답: ④

해설: 프롬프트 디자인에서는 AI가 생성해야 할 콘텐츠의 특성을 명확하게 전달하는 것이 중요하다. 이를 위해 장르, 분위기, 음색 등의 요소를 포함해야 한다. 예를 들어 "신나는 분위기의 댄스 팝 음악을 만들어 줘. 템포는 120BPM이고, 신디사이저 리드 음색을 사용해 줘."라는 프롬프트는 AI에 명확한 지시를 제공한다. 반면 AI 모델의 파라미터 수는 모델의 내부 설정에 해당하며, 프롬프트 디자인과 직접적인 관련이 없다. 프롬프트는 AI가 이해하기 쉬운 명확하고 구체적인 요구 사항을 제공하는 것이 핵심이다.

**25. 사운드 생성형 AI가 ASMR(자율 감각 쾌락 반응) 콘텐츠 제작에서 사용될 때의 주요 장점은 무엇인가? (난이도 상)**

① 시각적 효과를 향상시킨다.

② 맞춤형 ASMR 사운드를 자동으로 생성하여 청취자에게 최적의 경험을 제공한다.

③ 청취자의 생체 신호를 분석한다.

④ 콘텐츠의 길이를 자동으로 조절한다.

**정답: ②**

**해설:** 사운드 생성형 AI는 맞춤형 ASMR 사운드를 생성하여 청취자에게 최적의 감각적 경험을 제공할 수 있다.

**26. 사운드 생성형 AI를 활용한 실시간 스트리밍 콘텐츠에서의 주요 활용 사례는 무엇인가? (난이도 상)**

① 시청자의 댓글을 자동으로 검열한다.

② 실시간으로 배경음악과 효과음을 생성하여 스트리밍 콘텐츠에 적용한다.

③ 스트리밍 서버의 성능을 향상시킨다.

④ 스트리밍 중 광고를 자동으로 삽입한다.

**정답: ②**

**해설:** 사운드 생성형 AI는 실시간으로 배경음악과 효과음을 생성하여 스트리밍 콘텐츠의 품질을 높일 수 있다.

**27. 사운드 콘텐츠에서 프롬프트 디자인의 주된 역할은 무엇인가? (난이도 상)**

① 콘텐츠 흐름 안내

② 데이터 저장

③ 하드웨어 성능 향상

④ 사용자 데이터 수집

정답: ①

해설: 프롬프트 디자인은 콘텐츠의 흐름을 안내하고 사용자의 이해를 돕는 역할을 한다.

28. 프롬프트 디자인이 사운드 콘텐츠 생성에서 중요한 이유는 무엇인가? (난이도 상)

① AI 모델의 학습 속도를 느리게 한다.

② 사용자 의도를 AI에 명확하게 전달하여 원하는 사운드를 생성한다.

③ AI 모델의 메모리 사용량을 줄인다.

④ AI가 전통적 작곡 기법을 자동으로 학습한다.

정답: ②

해설: 프롬프트 디자인은 AI가 사용자의 의도를 정확히 이해하고 그에 맞는 고품질의 사운드를 생성할 수 있도록 돕는다. AI 모델의 학습 속도나 메모리 사용량은 프롬프트 디자인의 주요 목적이 아니다.

29. 프롬프트에 "우주 공간을 표현하는 앰비언트 사운드를 만들어줘. 깊고 웅장한 드론 소리와 무작위로 출현하는 신호음을 포함시켜 줘."라고 입력하면 AI가 생성할 사운드는? (난이도 상)

① 신나는 댄스 팝 음악

② 우주 공간을 연상시키는 앰비언트 사운드

③ 클래식 피아노 연주

④ 자연의 새소리

정답: ②

해설: 프롬프트에서 명시한 우주 공간의 분위기와 특정 사운드 요소깊고 웅장한 드론 소리와 무작위로 출현

하는 신호음를 반영하여 AI는 앰비언트 사운드를 생성한다.

## 30. 생성형 AI의 발전이 사운드 콘텐츠 산업에 미치는 주요 결과는? (난이도 상)

① 창의성 감소

② 새로운 비즈니스 모델 창출

③ 데이터 손실 증가

④ 전통적 기술의 종말

정답: ②

해설: 생성형 AI의 발전은 사운드 콘텐츠 산업에 새로운 비즈니스 모델과 가치 창출 기회를 제공

한다.

제2부 미디어 유형별
콘텐츠 프롬프트 디자인

05. 텍스트 미디어 콘텐츠
프롬프트 디자인

06. 이미지 콘텐츠 프롬프트
디자인

07. 영상 미디어 콘텐츠
프롬프트

08. 사운드 미디어 콘텐츠
프롬프트

09. 멀티모달 AI 미디어 콘텐츠
프롬프트

Chapter
09

# 멀티모달 AI 미디어 콘텐츠 프롬프트

## 제1절  멀티모달 AI 콘텐츠의 생성형 AI 개요

멀티모달 AI 미디어 콘텐츠 생성은 텍스트, 이미지, 오디오, 비디오 등 다양한 모달리티의 데이터를 통합적으로 학습하고 활용하는 첨단 AI 기술이다. 이를 통해 기존에는 어려웠던 창의적이고 실감나는 미디어 콘텐츠를 자동으로 생성할 수 있게 되었다.

콘텐츠 생성 프로세스는 다음과 같다. 먼저 텍스트 설명과 시각/청각 참조 데이터를 프롬프트로 입력한다. 여기에는 콘텐츠의 주제, 스토리, 장르는 물론 이미지, 영상, 오디오 등의 데이터가 포함된다. 다음으로 멀티모달 AI 모델이 이 프롬프트를 학습하여 새로운 이미지, 애니메이션, 영상, 오디오 등의 콘텐츠를 생성해 낸다. 마지막으로 사용자의 피드백에 따라 반복적으로 콘텐츠를 수정, 보완할 수 있다.

이 기술은 영화, 드라마, 애니메이션 등 스토리텔링 콘텐츠 자동 생성은 물론 가상/증강현실VR/AR 콘텐츠, 인터랙티브 게임, 메타버스 구축 등 다양한 분야에서 활용이 가능하다. 또한, 광고, 마케팅, 교육용 미디어 제작에도 적용할 수 있다.

멀티모달 AI 미디어 콘텐츠 생성 기술은 기존 제작 프로세스의 인력과 비용을 대폭 절감할 수 있을 뿐 아니라, 다양한 실험과 반복 수정이 용이해 제작 효율성을 향상시킬 수 있다는 장점이 있다. 무엇보다 이전에는 구현하기 어려웠던 창의적이고 혁신적인 아이디어를 시각적으로 구현할 수 있으며, 상호작용이 가능한 인터랙티브 콘텐츠 제작도 가능해진다.

현재 이 기술은 급격히 발전하고 있으며, 머지않아 미디어 산업에 혁신적인 변화를 가져올 것으로 기대되고 있다. 창작과 기술의 융합을 통해 보다 창의적이고 몰입감 있는 콘텐츠 제작 시대가 도래할 것이라는 전망이다.

## 제2절  멀티모달 AI 콘텐츠 제작에서의 프롬프트 디자인 활용

### 1. 멀티모달 AI 프롬프트 디자인의 정의와 개념

프롬프트란 AI 모델에게 의도와 지시 사항을 전달하는 수단이다. 자연어 기반 프롬프트와 구조화된 프롬프트의 형태가 있다. 프롬프트의 목적은 AI가 사용자의 요구 사항을 정확히 이해하고 바람직한 결과물을 생성하도록 하는 것이다.

### 2. 멀티모달 AI 프롬프트 디자인의 중요성

프롬프트의 품질은 AI가 생성하는 결과물의 품질에 직접적인 영향을 미친다. 효과적인 프롬프트 디자인을 통해 AI의 창의성과 효율성을 높일 수 있다. 반면 부적절한 프롬프트는 부정확하거나 바람직하지 않은 결과물을 초래할 수 있다.

# 3. 멀티모달 AI 콘텐츠 제작에서의 프롬프트 디자인 역할

멀티모달 AI 콘텐츠는 텍스트, 이미지, 오디오, 비디오 등 다양한 모달리티 데이터를 통합하여 생성한다. 프롬프트 디자인에서는 각 모달리티의 특성을 고려해야 한다.

## 1) 텍스트: 어휘, 문체, 분량, 주제 등 언어적 요소가 중요한다.

### (1) 어휘(Vocabulary)

- **정확성**: 정확한 단어 선택이 중요하다. 잘못된 단어 선택은 모델이 잘못된 방향으로 학습하거나 결과물을 생성하게 만들 수 있다.
- **적합성**: 특정 주제나 콘텐츠에 적합한 어휘를 사용하는 것이 필요하다. 예를 들어 기술적 주제에서는 전문 용어를 사용하는 반면, 일반적인 주제에서는 일상적인 용어를 사용하는 것이 좋다.
- **다양성**: 다양한 어휘를 사용하여 모델이 풍부한 언어적 표현을 학습할 수 있도록 한다.

### (2) 문체(Style)

- **톤과 분위기**: 텍스트의 톤과 분위기를 설정하는 것이 중요하다. 예를 들어 유머러스한 콘텐츠는 가벼운 톤을, 전문적인 보고서는 진지한 톤을 가져야 한다.
- **형식**: 프롬프트가 어떤 형식을 따르는지 명확히 해야 한다. 예를 들어 기사 형식, 대화 형식, 설명문 형식 등 다양한 형식이 있을 수 있다.
- **연속성**: 문체의 일관성을 유지하는 것이 중요하다. 한 프롬프트 내에서 일관된 문체를 유지함으로써 모델이 일관된 결과물을 생성할 수 있도록 한다.

### (3) 분량(Length)

- **적절한 길이**: 프롬프트의 길이는 콘텐츠의 목적과 성격에 맞게 조절되어야 한다. 짧은 지시는 간결하고 명확하게 전달해야 하며, 긴 설명은 상세하고 체계적으로 작성되어야 한다.

- **균형**: 너무 짧거나 너무 긴 텍스트는 모델의 성능에 영향을 줄 수 있다. 따라서 적절한 길이를 유지하는 것이 중요하다.

## 2) 이미지: 색상, 구도, 스타일, 세부 묘사 등 시각적 디테일이 필수적이다.

### (1) 색상(Color)
- **심리적 영향**: 색상은 감정과 분위기에 큰 영향을 미친다. 예를 들어 빨간색은 열정과 에너지를, 파란색은 차분함과 안정감을 나타낸다.
- **일관성**: 이미지 내 색상의 일관성을 유지하여 통일된 느낌을 준다. 색상 팔레트를 미리 정해 사용하는 것이 좋다.
- **대비**: 색상 간의 대비를 통해 중요한 요소를 강조할 수 있다. 예를 들어 밝은 색상과 어두운 색상을 조화롭게 배치한다.

### (2) 구도(Composition):
- **균형**: 이미지 내 요소들이 균형을 이루도록 배치한다. 대칭적 구도나 비대칭적 구도를 활용할 수 있다.
- **초점**: 주요 요소에 시선이 집중되도록 초점을 설정한다. 주요 요소는 중심에 배치하거나, 제3의 법칙을 활용하여 중요한 위치에 배치한다.
- **시각적 흐름**: 시선의 자연스러운 흐름을 유도하는 구도를 설정하며, 선형 구도나 삼각형 구도를 활용하여 시선이 이미지 내에서 자연스럽게 이동하도록 한다.

### (3) 스타일(Style)
- **일관된 스타일**: 이미지의 스타일을 일관되게 유지한다. 예를 들어 사실적 스타일, 추상적 스타일, 미니멀리즘 등 특정 스타일을 선택하고 그에 맞게 이미지를 디자인한다.
- **적합성**: 콘텐츠의 주제와 목적에 맞는 스타일을 선택한다. 예를 들어 교육용 콘텐츠는 명료하고 깔끔한 스타일이 좋고, 예술적 표현이 필요한 콘텐츠는 창의적인 스타일이 좋다.

## (4) 세부 묘사(Detailing)

- **디테일 수준**: 이미지의 디테일 수준을 콘텐츠의 필요에 맞게 조절한다. 상세한 묘사가 필요한 경우 세부 요소들을 명확히 표현하고, 간결한 표현이 필요한 경우 불필요한 디테일을 줄인다.
- **텍스처**: 이미지에 질감이나 패턴을 추가하여 현실감을 높이며, 텍스처는 시각적 흥미를 더하고 이미지의 깊이를 증가시킨다.
- **대비**: 명암 대비를 통해 입체감을 표현하고, 빛과 그림자를 활용하여 이미지의 깊이와 현실감을 더할 수 있다.

## 3) 오디오: 음색, 볼륨, 리듬, 효과음 등 청각적 특성을 반영해야 한다.

- **톤**: 오디오 톤은 콘텐츠의 분위기 및 목적과 일치해야 한다. 예를 들어 따뜻한 톤은 환영하는 분위기를 조성할 수 있는 반면, 날카로운 톤은 긴급함을 나타낼 수 있다.
- **볼륨**: 명확성을 보장하고 청취자가 부담을 느끼지 않도록 볼륨을 조절하며, 강조할 때는 크게, 배경에서는 작게 하는 등 상황에 따라 볼륨을 조정한다.
- **리듬**: 리듬은 시각적 요소를 보완하고 일관된 흐름을 유지해야 한다. 꾸준한 리듬은 차분한 효과를 줄 수 있고, 역동적인 리듬은 흥분을 더할 수 있다.
- **음향 효과**: 시각적 요소를 보완하는 음향 효과를 추가한다. 예를 들어 번화한 도시 장면을 표시하는 경우 교통 소리, 대화 소리, 도시 분위기를 포함하는 것이 좋다.

## 4) 비디오: 프레임 전환, 편집, 자막 등 시청각 요소를 통합해야 한다.

또한, 여러 모달리티 데이터 간의 정합성과 일관성을 유지하는 것이 중요하다. 주제, 상황, 의미 측면에서 모달리티 간 연계성이 있어야 하며, 이를 프롬프트에 반영해야 한다.

제2부 미디어 유형별 콘텐츠 프롬프트 디자인

05. 텍스트 미디어 콘텐츠 프롬프트 디자인

06. 이미지 콘텐츠 프롬프트 디자인

07. 영상 미디어 콘텐츠 프롬프트

08. 사운드 미디어 콘텐츠 프롬프트

09. 멀티모달 AI 미디어 콘텐츠 프롬프트

# 4 프롬프트 디자인을 통한 창의성 및 효율성 향상 사례

프롬프트 디자인 전략에 따라 AI 생성 결과물의 품질이 크게 향상된 대표적인 사례들이 있다.

## 1) 언론 분야

### (1) 뉴스 기사 작성에 프롬프트 디자인 활용

• 보도자료, 취재 메모 등을 프롬프트로 활용하여 기사 생성:
기존 자료를 기반으로 프롬프트를 설계하여 AI가 기사를 작성하도록 유도한다.

• 핵심 키워드, 5W1H 정보 등을 프롬프트로 명시하여 품질 향상:
기사 작성 시 누가, 무엇을, 언제, 어디서, 왜, 어떻게 등의 정보를 프롬프트에 포함하여 AI가 보다 정확하고 완성도 높은 기사를 작성할 수 있도록 한다.

• 전문성과 객관성 부족한 기계 생성 기사의 한계 보완:
프롬프트를 통해 기사 작성의 방향성을 제공함으로써 AI가 작성한 기사의 전문성과 객관성을 강화한다.

### (2) 사례: 로이터통신, 블룸버그 등 주요 통신사에서 AI 기자 실험 중

• 정제된 프롬프트로 객관성과 사실성 있는 기사 생성:
프롬프트 디자인을 통해 신뢰성과 정확성이 높은 기사를 생성하고 있다.

• 반복 작업 자동화로 기자의 생산성과 효율성 향상:
기자들이 반복적인 작업을 AI에 맡기고 보다 창의적이고 복잡한 업무에 집중할 수 있도록 하여 생산성과 효율성을 높이고 있다.

## 2) 광고 분야

### (1) 광고 콘셉트, 카피라이팅에 프롬프트 활용
- 목표 타깃, 제품 특징, 광고 톤앤매너 등을 프롬프트로 설계
- AI 창의성을 활용해 다양한 아이디어 실험 가능

### (2) 사례: 맥도날드, 펩시, 애플 등 글로벌 브랜드 AI 마케팅 활용
- AI가 생성한 다양한 광고안 중에서 우수안 선정
- 기존 인력 대비 50% 이상 제작 기간 단축

## 3) 엔터테인먼트 분야

### (1) 영화, 드라마, 게임 콘텐츠 생성에 프롬프트 활용
- 장르, 주제, 인물 설정 등을 프롬프트로 입력하여 스토리라인 생성
- 배경, 대사, 액션 시퀀스 등의 프롬프트를 추가하여 세부 콘텐츠 생성

### (2) 사례: 마블, 디즈니, 넷플릭스 등 AI 스토리라인/콘티 생성 실험
- 다양한 소재와 시나리오 발굴에 AI 창의성 활용
- 새로운 아이디어와 콘텐츠 개발 시간 단축 효과

이처럼 언론, 광고, 엔터테인먼트 등 다양한 분야에서 효과적인 프롬프트 디자인은 AI의 창의성과 생산성을 극대화하여 혁신적인 결과물 창출에 기여하고 있다.

프롬프트에 다양한 모달리티 데이터를 통합하되, 각 모달리티의 전문적 특성을 반영하고 모달리티 간 정합성을 확보하는 것이 중요하다. 이를 통해 일관되고 높은 품질의 멀티모달 AI 콘텐츠를 생성할 수 있다.

제2부 미디어 유형별 콘텐츠 프롬프트 디자인

05. 텍스트 미디어 콘텐츠 프롬프트 디자인

06. 이미지 콘텐츠 프롬프트 디자인

07. 영상 미디어 콘텐츠 프롬프트

08. 사운드 미디어 콘텐츠 프롬프트

09. 멀티모달 AI 미디어 콘텐츠 프롬프트

## 제3절 멀티모달 AI 미디어 생성 모델의 종류 및 특징

멀티모달 AI 미디어 생성 모델은 여러 유형의 데이터를 동시에 처리하고 결합하여 다양한 형태의 출력을 생성할 수 있는 모델을 의미한다. 주요 멀티모달 AI 미디어 생성 모델의 종류와 특징은 다음과 같다. 또한, 다양한 분야에서의 멀티모달 AI 융합 사례를 통해 그 활용도와 중요성을 인식할 수 있다.

## 1. 멀티모달 AI 미디어 생성 모델 종류와 특징

### 1) GPT-4
- **종류**: 텍스트-이미지, 텍스트-텍스트
- **특징**: OpenAI의 GPT-4는 텍스트와 이미지를 동시에 처리할 수 있는 모델로, 이미지 설명 생성, 이미지 기반 질문 응답 등을 수행할 수 있다. 자연어 처리와 이미지 이해 능력을 결합하여 더욱 정교한 결과를 제공한다.

### 2) DALL-E 2
- **종류**: 텍스트-이미지
- **특징**: OpenAI의 DALL-E 2는 텍스트 설명을 기반으로 이미지를 생성하는 모델로, 창의적인 이미지 생성에 매우 유용하며, 예술적 스타일, 특정 객체, 복잡한 장면 등을 텍스트로 설명하면 해당 설명에 맞는 이미지를 생성한다.

### 3) CLIP
- **종류**: 텍스트-이미지
- **특징**: OpenAI의 CLIP은 텍스트와 이미지 간의 관계를 학습하여 텍스트와 이미지의 일치성을 평가할 수 있다. 이 모델은 이미지 검색, 이미지 분류 등의 작업에서 뛰어난 성

능을 발휘한다.

## 4) VQ-VAE-2

- **종류**: 텍스트-이미지

- **특징**: Variational Autoencoder 기반의 VQ-VAE-2는 텍스트를 기반으로 이미지를 생성하거나 이미지를 텍스트로 설명하는 모델이다. 생성된 이미지의 품질이 높고, 다양한 텍스트 설명을 이미지로 변환할 수 있다.

## 5) Imagen

- **종류**: 텍스트-이미지

- **특징**: 구글에서 개발한 Imagen은 고품질 이미지를 생성하는 텍스트-이미지 생성 모델로, 정밀한 텍스트 설명을 기반으로 매우 현실적이고 정교한 이미지를 생성할 수 있다.

## 6) T5(Text-to-Text Transfer Transformer)

- **종류**: 텍스트-텍스트

- **특징**: Google의 T5는 다양한 텍스트 생성 작업에 사용할 수 있는 모델로, 입력 텍스트를 다양한 형식의 출력 텍스트로 변환할 수 있다. 예를 들어 요약, 번역, 질문 생성 등의 작업에 유용하다.

## 7) AudioGPT

- **종류**: 텍스트-오디오

- **특징**: 텍스트 입력을 받아 이를 기반으로 오디오를 생성하는 모델이다. 텍스트를 음성으로 변환하거나 음악을 생성하는 등 다양한 오디오 관련 작업을 수행할 수 있다.

## 8) Vid2Vid

- **종류**: 비디오-비디오

- **특징**: NVIDIA에서 개발한 Vid2Vid는 하나의 비디오를 입력으로 받아 이를 변환하여

새로운 비디오를 생성할 수 있는 모델이다. 예를 들어 비디오 스타일 변환, 애니메이션 생성 등이 가능하다.

### 9) Flamingo

- **종류:** 텍스트-이미지, 텍스트-비디오
- **특징:** DeepMind의 Flamingo는 텍스트와 이미지, 비디오 데이터를 통합하여 처리하는 멀티모달 모델로, 다양한 입력 모달리티를 결합하여 복잡한 질문에 대한 답변을 생성할 수 있다.

### 10) Perceiver IO

- **종류:** 멀티모달 (텍스트, 이미지, 오디오, 비디오)
- **특징:** DeepMind의 Perceiver IO는 다양한 형태의 데이터를 통합하여 처리할 수 있는 유연한 모델이다. 텍스트, 이미지, 오디오, 비디오 데이터를 결합하여 다양한 형태의 출력 결과를 생성할 수 있다.

### 11) SORA

- **종류:** 텍스트-이미지, 텍스트-오디오
- **특징:** SORA는 멀티모달 AI 모델로, 텍스트를 기반으로 이미지와 오디오를 생성할 수 있다. 고품질 콘텐츠 생성과 다양한 크리에이티브 작업에서 활용될 수 있다.

### 12) Meta의 LLaMA (Large Language Model Meta AI)

- **종류:** 텍스트-텍스트, 텍스트-이미지
- **특징:** Meta의 LLaMA는 대규모 언어 모델로, 텍스트 생성, 이미지 설명, 대화형 AI 등에 사용된다. 높은 정확성과 다양한 응용 가능성을 제공한다.

### 13) Google의 DeepDream

- **종류:** 텍스트-이미지

- **특징**: Google의 DeepDream은 이미지를 기반으로 새로운 이미지를 생성하거나 이미지를 변형하는 모델이다. 독특한 시각적 스타일과 창의적인 이미지 생성이 특징이라고 할 수 있다.

### 14) Apple's Create ML

- **종류**: 멀티모달 (텍스트, 이미지, 오디오)
- **특징**: Apple의 Create ML은 텍스트, 이미지, 오디오 데이터를 처리하여 다양한 형태의 AI 모델을 생성할 수 있는 도구이며 사용자가 쉽게 모델을 학습시키고 활용할 수 있는 인터페이스를 제공한다.

### 15) Adobe's Sensei

- **종류**: 텍스트-이미지, 텍스트-비디오
- **특징**: Adobe Sensei는 AI 및 머신러닝을 사용하여 이미지를 편집하고, 비디오 콘텐츠를 생성하며, 다양한 크리에이티브 작업을 자동화할 수 있는 플랫폼이다. Adobe Creative Cloud와 통합되어 사용된다.

이러한 멀티모달 AI 모델들은 각각의 특성과 강점을 가지고 있으며, 다양한 응용 분야에서 활용될 수 있다. 예술, 엔터테인먼트, 마케팅, 교육 등 다양한 산업에서 혁신적인 콘텐츠를 생성하고, 사용자 경험을 향상시키는 데 중요한 역할을 하고 있다.

## 2. 멀티모달 AI 미디어 콘텐츠 프롬프트 활용 사례

### 1) 헬스케어(Azure AI Vision)

- **활용 사례**: 환자의 전자 건강 기록과 의료 영상을 분석하여 상세한 진단 보고서를 생성한다. 이를 통해 의료진은 더 정확한 진단과 치료 계획을 수립할 수 있다.
- **프롬프트 예시**: "환자의 MRI 스캔과 전자 건강 기록을 분석하여 상세한 진단 보고서를

제2부 미디어 유형별 콘텐츠 프롬프트 디자인

05. 텍스트 미디어 콘텐츠 프롬프트 디자인

06. 이미지 콘텐츠 프롬프트 디자인

07. 영상 미디어 콘텐츠 프롬프트

08. 사운드 미디어 콘텐츠 프롬프트

09. 멀티모달 AI 미디어 콘텐츠 프롬프트

생성하세요."

- 출처: B12, Microsoft

## 2) 리테일(Meta ImageBind)

- **활용 사례:** 제품 설명을 바탕으로 홍보 비디오와 이미지를 생성하여 맞춤형 마케팅 캠페인을 제작할 수 있다. 이를 통해 소비자에게 더욱 매력적인 마케팅 콘텐츠를 제공한다.
- **프롬프트 예시:** "제공된 제품 설명을 바탕으로 신제품 출시를 위한 홍보 비디오와 이미지를 생성하세요."
- **출처:** Meta, Techopedia

## 3) 교육(Google Gemini)

- **활용 사례:** VR/AR을 활용하여 몰입형 교육 경험을 제공하는 인터랙티브 및 적응형 학습 모듈을 개발하며, 이를 통해 학생의 학습 스타일과 속도에 맞춘 맞춤형 교육이 가능하다.
- **프롬프트 예시:** "역사 교육 데이터를 사용하여 학생의 반응과 학습 속도에 맞춘 인터랙티브 VR 모듈을 생성하세요."
- **출처:** B12, Techopedia

## 4) 금융(Runway Gen-2)

- **활용 사례:** 거래 및 통신 데이터를 분석하여 사기 행위를 감지하고 이에 대한 경고 및 상세한 보고서를 생성하며, 이를 통해 금융기관은 보다 신속하게 사기 행위를 탐지하고 대응할 수 있다.
- **프롬프트 예시:** "최근 거래와 통신을 분석하여 잠재적인 사기 행위에 대한 보고서를 생성하세요."
- **출처:** B12, Techopedia

## 5) 고객 서비스(GPT-4o)

- **활용 사례:** AI 생성 개인화 응답 및 멀티미디어 제품 가이드를 통해 고객 지원을 강화하며, 이를 통해 고객의 문의에 신속하고 정확하게 대응할 수 있다.
- **프롬프트 예시:** "개인화된 제품 가이드 비디오를 생성하고 멀티미디어 요소를 사용하여 고객 문의에 응답하세요."
- **출처:** Winbuzzer, B12

## 6) 제조(Azure AI Vision)

- **활용 사례:** 제조 라인의 실시간 데이터를 모니터링하고 분석하여 잠재적인 문제와 이상을 감지한다. 이를 통해 생산 공정의 효율성을 높이고 불량률을 줄일 수 있다.
- **프롬프트 예시:** "제조 라인의 실시간 데이터를 분석하여 잠재적인 문제와 이상을 감지하세요."
- **출처:** B12, Microsoft

## 7) 엔터테인먼트(Meta ImageBind)

- **활용 사례:** 텍스트 설명을 바탕으로 애니메이션 비디오 클립을 생성하거나 영화 예고편을 제작 가능하며, 이를 통해 더욱 창의적이고 매력적인 엔터테인먼트 컨텐츠를 제공한다.
- **프롬프트 예시:** "제공된 시놉시스를 바탕으로 애니메이션 비디오 클립을 생성하세요."
- **출처:** Meta, Techopedia

## 8) 부동산(Google Gemini)

- **활용 사례:** 건물 도면과 사진을 분석하여 가상 투어를 생성하고 시각적 보고서를 작성한다. 이를 통해 잠재 고객에게 더욱 생생한 부동산 정보를 제공할 수 있다.
- **프롬프트 예시:** "건물 도면과 사진을 사용하여 가상 투어를 생성하고 시각적 보고서를 작성하세요."
- **출처:** B12, Techopedia

제2부 미디어 유형별 콘텐츠 프롬프트 디자인

05. 텍스트 미디어 콘텐츠 프롬프트 디자인

06. 이미지 콘텐츠 프롬프트 디자인

07. 영상 미디어 콘텐츠 프롬프트

08. 사운드 미디어 콘텐츠 프롬프트

09. 멀티모달 AI 미디어 콘텐츠 프롬프트

## 9) 여행(Runway Gen-2)

- **활용 사례:** 여행지 설명을 바탕으로 홍보 비디오와 이미지를 생성하여 관광객을 유치하고 홍보 효과를 극대화할 수 있다.
- **프롬프트 예시:** "여행지 설명을 바탕으로 홍보 비디오와 이미지를 생성하세요."
- **출처:** B12, Techopedia

## 10) 법률(GPT-4o)

- **활용 사례:** 법률 문서를 분석하고 요약하여 멀티미디어 프레젠테이션을 생성한다. 이를 통해 복잡한 법률 정보를 쉽게 이해할 수 있다.
- **프롬프트 예시:** "법률 문서를 분석하여 요약하고, 프레젠테이션을 위한 멀티미디어 자료를 생성하세요."
- **출처:** Winbuzzer, B12

이와 같이 당양한 분야에서 멀티모달 AI 기술은 다양한 데이터 유형을 통합하여 더 혁신적이고 유용한 솔루션을 제공할 수 있는 강력한 도구이다. 주요 플랫폼들이 지속적으로 발전하면서, 이 기술은 다양한 산업에서 더 큰 역할을 할 것으로 기대된다. 지속적인 연구와 개발을 통해 멀티모달 AI는 더 나은 사용자 경험과 더 높은 비즈니스 가치를 제공할 것이다.

# 제4절 멀티모달 AI 미디어 콘텐츠 프롬프트 작성 기법

## 1. 멀티모달 AI 콘텐츠 프롬프트 작성 기법

### 1) 상세한 설명과 컨텍스트 제공

• 원하는 결과물에 대해 구체적이고 명확한 설명 제공

• 예: "해변에서 일몰을 바라보는 젊은 여성" 대신 "황금빛 모래사장에서 주황색 하늘을 배경으로 긴 갈색 머리를 휘날리며 일몰을 바라보는 20대 여성"

• 예: "미래 도시의 공중 정원"을 "2150년 네온 불빛으로 가득한 메가시티의 100층 높이에 위치한, 첨단 기술로 유지되는 생태 공중 정원"으로 구체화

### 2) 스타일과 참조 이미지 결합

• 원하는 아트 스타일, 시대, 분위기 등을 명시

• 특정 아티스트나 스타일을 언급하고, 참조 이미지 URL 제공 가능한 경우

• 예: "르네상스 스타일의 유화로 그린", "1980년대 복고풍 일러스트레이션"

• 예: "반 고흐의 '별이 빛나는 밤' 스타일로, 현대적 도시 풍경 그리기"

### 3) 구조화된 프롬프트

• 주제, 스타일, 세부 사항 등을 구조화하여 작성

• 예: [주제: 풍경], [스타일: 수채화], [세부 사항: 가을, 단풍나무, 호수]

• 예: "1. 미래 도시 배경 생성 2. 공중에 떠 있는 정원 플랫폼 추가 3. 정원 내 다양한 식물과 나무 배치 4. 정원을 둘러싼 투명 돔 추가"

### 4) 네거티브 프롬프트 활용

• 원하지 않는 요소를 명시하여 제외

• 예: "사람 없는", "현대적 요소 제외"

05. 텍스트 미디어 콘텐츠 프롬프트 디자인

06. 이미지 콘텐츠 프롬프트 디자인

07. 영상 미디어 콘텐츠 프롬프트

08. 사운드 미디어 콘텐츠 프롬프트

09. 멀티모달 AI 미디어 콘텐츠 프롬프트

### 5) 파라미터 조정

• 해당 AI 모델에서 제공하는 파라미터를 적절히 조정

　즉 해상도, 화면 비율, 카메라 각도 등 기술적 세부 사항 명시

• 예: "8K 해상도, 21:9 와이드 화면 비율, 드론 시점에서 내려다본 풍경"

## 제5절  멀티모달 AI 프롬프트를 활용한 미디어 콘텐츠 최신 동향

## 1. 생성 품질의 비약적인 향상

• 고해상도 이미지/비디오 생성: 과거에는 저해상도 이미지 생성에 그쳤으나, 현재는 4K, 8K 등 고해상도 이미지 및 비디오 생성이 가능해졌다. 이는 실사에 가까운 품질의 콘텐츠 제작을 가능하게 하여 영화, 게임 등 다양한 분야에서 활용되고 있다.

• 정교한 스타일 제어: 단순한 스타일 모방을 넘어 다양한 스타일을 융합하거나 세밀하게 조절하는 것이 가능해졌다. 예를 들어 특정 화가의 화풍을 모방하면서도 현대적인 감각을 더하거나, 여러 애니메이션 스타일을 혼합하여 새로운 스타일을 창조하는 등 창의적인 표현이 가능해졌다.

## 2. 텍스트-이미지 생성 모델의 대중화

• 오픈 소스 모델: Stable Diffusion, DALL−E 2 등의 오픈 소스 모델이 공개되면서 멀티모달 AI 기술의 접근성이 크게 향상되었다. 이는 개인 크리에이터, 소규모 스튜디오 등에서도 적극적으로 활용되고 있으며, 콘텐츠 제작의 민주화를 이끌고 있다.

- **웹 기반 플랫폼 및 서비스 확산**: 텍스트-이미지 생성 모델을 활용한 다양한 웹 기반 플랫폼 및 서비스가 등장하고 있다. 사용자 친화적인 인터페이스와 간편한 기능을 제공하여, 전문 지식 없이도 쉽게 이미지를 생성하고 편집할 수 있다.

## 3. 3D 콘텐츠 생성 및 메타버스 연계 강화

- **NeRF**Neural Radiance Fields **기반 3D 모델 생성**: 2D 이미지를 기반으로 3D 모델을 생성하는 NeRF 기술이 발전하면서, 멀티모달 AI는 3D 콘텐츠 생성 분야에서도 두각을 나타내고 있다. 이는 메타버스 플랫폼 구축, 가상/증강현실 콘텐츠 제작 등에 활용되며 현실과 가상 세계의 경계를 허물고 있다.

- **텍스트-3D 모델 생성 모델 연구 활발**: 텍스트 프롬프트만으로 3D 모델을 생성하는 연구가 활발하게 진행되고 있다. 아직 초기 단계이지만, 향후 3D 콘텐츠 제작 방식을 혁신할 잠재력을 가지고 있다.

## 4. 윤리적 문제 및 저작권 논란

- **딥페이크, 허위 정보 생성 등 악용 가능성**: 멀티모달 AI 기술은 딥페이크, 허위 정보 생성 등에 악용될 수 있다는 우려가 제기되고 있다. 이에 따라 기술 개발과 함께 윤리적인 가이드라인 마련 및 사회적 논의가 필요하다.

- **AI 생성 콘텐츠 저작권 문제**: AI가 생성한 콘텐츠의 저작권 소유 및 활용 범위에 대한 논란이 지속되고 있다. 관련 법규 및 제도 정비가 필요하며, 창작자와 AI 개발자 간의 협력을 통한 해결책 모색이 요구된다.

## 5. 향후 전망

- **멀티모달 초거대 AI 모델 등장:** 텍스트, 이미지, 음성, 비디오 등 다양한 형태의 데이터를 통합적으로 처리하는 멀티모달 초거대 AI 모델이 등장할 것으로 예상된다. 이는 더욱 정교하고 복잡한 콘텐츠 생성을 가능하게 하며, 미디어 산업의 패러다임을 바꿀 것이다.

- **개인 맞춤형 콘텐츠 생성 및 추천:** 사용자의 취향, 관심사, 상황 등을 고려하여 개인 맞춤형 콘텐츠를 생성하고 추천하는 서비스가 확대될 것이다. 이는 콘텐츠 소비 경험을 혁신하고 새로운 비즈니스 모델을 창출할 것으로 기대된다.

## 6. 멀티모달 AI의 영역 확장

- **음악 및 오디오 생성:** 텍스트 설명을 기반으로 음악 작곡, 효과음 생성, 음성 합성 등 다양한 오디오 콘텐츠 생성 분야에서도 멀티모달 AI가 활용되고 있다. 특히 저작권 문제 없이 자유롭게 사용 가능한 음악 및 효과음 생성은 콘텐츠 제작자들에게 새로운 가능성을 열어주고 있다.

- **텍스트-코드 생성:** 텍스트 설명을 바탕으로 프로그래밍 코드를 생성하는 모델이 등장하면서 개발자들의 생산성 향상에 기여하고 있다. 단순 반복 작업 자동화, 코드 작성 시간 단축 등 개발 효율성을 높여 주는 도구로 활용되고 있다.

## 7. 산업별 활용 사례 증가

- **엔터테인먼트:** 영화, 드라마, 애니메이션 등에서 시각 효과, 배경 생성, 캐릭터 디자인

등에 멀티모달 AI가 활용되고 있다. 특히 시간과 비용이 많이 소요되는 작업을 자동화하여 제작 효율성을 높이고 있다.

- **광고 및 마케팅**: 광고 이미지, 제품 디자인, 마케팅 콘텐츠 등을 생성하는 데 멀티모달 AI가 활용되고 있다. 타깃 고객층의 취향에 맞는 맞춤형 콘텐츠 제작이 가능해져 마케팅 효과를 극대화하고 있다.

- **교육**: 교과서 삽화, 교육용 비디오, 학습 자료 등을 생성하는 데 멀티모달 AI가 활용되고 있다. 시각적으로 풍부하고 흥미로운 콘텐츠를 제공하여 학습 효과를 높이는 데 기여하고 있다.

- **의료**: 의료 영상 분석, 진단 보조, 수술 시뮬레이션 등에 멀티모달 AI가 활용되고 있다. 특히 딥러닝 기반 이미지 분석 기술은 질병 진단 정확도를 높이고 의료 서비스 질 향상에 기여하고 있다.

## 8. 멀티모달 AI의 미래

- **창의성 증진 도구**: 멀티모달 AI는 단순히 콘텐츠를 생성하는 도구를 넘어, 인간의 창의성을 증진시키는 도구로 발전할 것이다. AI와의 협업을 통해 새로운 아이디어를 발굴하고, 기존에 없던 독창적인 콘텐츠를 만들어낼 수 있을 것이다.

- **새로운 직업군 등장**: 멀티모달 AI 프롬프트 엔지니어, AI 콘텐츠 큐레이터, AI 기반 스토리텔러 등 새로운 직업군이 등장할 것으로 예상된다. 이는 AI 기술 발전과 함께 인간의 역할 변화를 의미하며, 새로운 형태의 협업 모델을 만들어 낼 것이다.

- **AI 윤리 및 책임 강조**: 멀티모달 AI 기술의 발전은 윤리적 문제와 책임에 대한 논의를

더욱 중요하게 만들 것이다. AI가 생성한 콘텐츠의 진위 여부, 편향성, 악용 가능성 등에 대한 사회적 논의와 함께, 책임 있는 AI 개발 및 활용 방안 마련이 필요하다.

멀티모달 AI 프롬프트 기술은 미디어 콘텐츠 산업뿐만 아니라 다양한 분야에서 혁신을 이끌고 있다. 앞으로 기술 발전과 함께 윤리적 문제 해결, 사회적 합의 도출 등 다양한 과제를 해결해 나가면서 인간과 AI가 함께 성장하는 미래를 만들어 나가야 할 것이다.

제2부 미디어 유형별 콘텐츠 프롬프트 디자인

05. 텍스트 미디어 콘텐츠 프롬프트 디자인

06. 이미지 콘텐츠 프롬프트 디자인

07. 영상 미디어 콘텐츠 프롬프트

08. 사운드 미디어 콘텐츠 프롬프트

09. 멀티모달 AI 미디어 콘텐츠 프롬프트

# 【선다형 문제】

### 1. 멀티모달 AI 콘텐츠에서 텍스트와 이미지를 동시에 사용하는 이유는?

① 정보 전달의 효율성을 높이기 위해

② 콘텐츠 제작 비용을 줄이기 위해

③ 텍스트만으로는 정보 전달이 어렵기 때문에

④ 시각적 효과를 극대화하기 위해

정답: ①

해설: 텍스트와 이미지를 함께 사용하면 정보 전달의 정확성과 속도가 향상되며, 이해를 돕는 데 효과적이다.

### 2. 다음 중 멀티모달 AI 프롬프트에서 사용되지 않는 요소는?

① 텍스트

② 이미지

③ 오디오

④ 프로그래밍 코드

정답: ④

해설: 멀티모달 프롬프트는 주로 텍스트, 이미지, 오디오, 비디오 등 다양한 미디어 형식을 결합하여 사용한다.

### 3. 이미지와 텍스트를 결합한 콘텐츠에서 가장 중요한 디자인 원칙은?

① 대칭성

② 대비

③ 반복

④ 조화

정답: ④

해설: 조화는 텍스트와 이미지가 상호 보완하며 자연스럽게 어우러지도록 하는 디자인 원칙이다.

### 4. 오디오 콘텐츠를 제작할 때 가장 중요한 요소는?

① 음량

② 음질

③ 배경 음악

④ 녹음 장비

정답: ②

해설: 고품질의 음질은 청취자에게 명확하고 깨끗한 오디오 경험을 제공하는 데 필수적이다.

### 5. 멀티모달 콘텐츠에서 인터랙티브 요소를 포함하는 이유는?

① 사용자 참여를 유도하기 위해

② 콘텐츠 제작 시간을 줄이기 위해

③ 디자인을 단순화하기 위해

④ 비용을 절감하기 위해

제2부 미디어 유형별 콘텐츠 프롬프트 디자인

05. 텍스트 미디어 콘텐츠 프롬프트 디자인

06. 이미지 콘텐츠 프롬프트 디자인

07. 영상 미디어 콘텐츠 프롬프트

08. 사운드 미디어 콘텐츠 프롬프트

09. 멀티모달 AI 미디어 콘텐츠 프롬프트

정답: ①

해설: 인터랙티브 요소는 사용자가 콘텐츠에 적극적으로 참여할 수 있도록 유도하여 몰입감을 높인다.

6. 멀티모달 프롬프트의 주요 구성 요소가 아닌 것은?

① 사용자 피드백

② 텍스트

③ 이미지

④ 오디오

정답: ①

해설: 사용자 피드백은 콘텐츠 제작 후의 요소이며, 멀티모달 프롬프트의 주요 구성 요소는 아니다.

7. 텍스트와 비디오를 함께 사용할 때 주의해야 할 점은?

① 텍스트의 양

② 비디오의 길이

③ 자막의 가독성

④ 배경음악의 볼륨

정답: ③

해설: 비디오에 텍스트(자막)를 포함할 때, 자막이 쉽게 읽히도록 가독성에 주의해야 한다.

8. 멀티모달 콘텐츠에서 시각적 콘텐츠를 선택할 때 고려해야 할 가장 중요한 요소는?

    ① 해상도

    ② 파일 형식

    ③ 파일 크기

    ④ 내용의 적합성

정답: ④

해설: 시각적 콘텐츠는 메시지와 주제에 적합한 이미지를 선택하는 것이 가장 중요하다.


9. 다음 중 멀티모달 AI 프롬프트에서 피해야 할 실수는?

    ① 너무 많은 정보를 한 번에 제공하는 것

    ② 다양한 미디어를 사용하는 것

    ③ 단일 미디어에 의존하는 것

    ④ 사용자 경험을 고려하는 것

정답: ①

해설: 과도한 정보 제공은 사용자에게 부담을 줄 수 있으며, 정보 전달의 효율성을 떨어뜨릴 수 있다.


10. 멀티모달 AI 콘텐츠에서 사용자 경험(UX)을 향상시키기 위한 방법은?

    ① 일관된 디자인 유지

    ② 복잡한 인터페이스 제공

    ③ 높은 데이터 사용량

    ④ 길고 복잡한 설명

정답: ①

해설: 일관된 디자인은 사용자가 콘텐츠를 쉽게 이해하고 사용할 수 있도록 도와준다.


## 11. 멀티모달 AI 프롬프트의 목적은?

① 다양한 감각을 자극하여 정보 전달을 강화

② 단일 매체의 한계를 극복

③ 사용자의 상호작용을 유도

④ 위의 모든 것


정답: ④

해설: 멀티모달 프롬프트는 여러 감각을 자극하여 정보 전달을 강화하고, 상호작용을 유도하며,
단일 매체의 한계를 극복한다.


## 12. 멀티모달 AI 콘텐츠에서 비디오를 사용할 때 가장 중요한 고려 사항은?

① 파일 크기

② 재생 시간

③ 품질

④ 포맷


정답: ③

해설: 비디오의 품질은 시청 경험에 큰 영향을 미치므로, 콘텐츠의 의도를 명확히 전달하기 위해
중요하다.

제2부 미디어 유형별 콘텐츠 프롬프트 디자인

05. 텍스트 미디어 콘텐츠 프롬프트 디자인

06. 이미지 콘텐츠 프롬프트 디자인

07. 영상 미디어 콘텐츠 프롬프트

08. 사운드 미디어 콘텐츠 프롬프트

09. 멀티모달 AI 미디어 콘텐츠 프롬프트

13. 다음 중 멀티모달 AI 프롬프트 제작 시 가장 효과적인 도구는?

① 워드 프로세서

② 비디오 편집 소프트웨어

③ 통합 멀티미디어 편집 소프트웨어(예: Adobe Creative Suite)

④ 그래픽 디자인 소프트웨어

정답: ③

해설: 통합 멀티미디어 편집 소프트웨어는 텍스트, 이미지, 비디오, 오디오 등 다양한 미디어 형식을 한 플랫폼에서 편집하고 통합할 수 있어 멀티모달 AI 제조에 가장 많은 영향을 미친다. 이러한 도구는 다양한 미디어 요소를 원활하게 결합할 수 있는 기능을 제공하여 다양한 멀티모달 콘텐츠 생성을 용이하게 한다.

14. 멀티모달 AI 콘텐츠의 접근성을 높이기 위한 방법은?

① 텍스트에 대체 텍스트(alt text)를 추가

② 고해상도 이미지 사용

③ 고속 인터넷 연결 요구

④ 복잡한 디자인 사용

정답: ①

해설: 대체 텍스트는 시각 장애인을 위한 접근성을 높이며, 검색 엔진 최적화SEO에도 기여한다.

15. 멀티모달 콘텐츠에서 상호작용성을 강화하기 위한 방법은?

① 클릭 가능한 링크 추가

② 단순 텍스트 사용

③ 정적 이미지 사용

④ 오디오 파일만 제공

정답: ①

해설: 클릭 가능한 링크는 사용자가 콘텐츠에 직접 참여할 수 있는 기회를 제공한다.

16. 멀티모달 프롬프트에서 비디오와 오디오를 동시에 사용할 때 가장 중요한 고려 사항은?

① 동기화

② 파일 형식

③ 파일 크기

④ 재생 시간

정답: ①

해설: 비디오와 오디오가 잘 맞춰져야 콘텐츠의 메시지가 효과적으로 전달된다.

17. 멀티모달 콘텐츠에서 텍스트를 선택할 때 중요한 점은?

① 폰트 크기와 스타일

② 색상

③ 문장 길이

④ 언어

정답: ①

해설: 적절한 폰트 크기와 스타일은 가독성을 높이고, 메시지를 명확하게 전달하는 데 중요하다.

제2부 미디어 유형별 콘텐츠 프롬프트 디자인

05. 텍스트 미디어 콘텐츠 프롬프트 디자인

06. 이미지 콘텐츠 프롬프트 디자인

07. 영상 미디어 콘텐츠 프롬프트

08. 사운드 미디어 콘텐츠 프롬프트

09. 멀티모달 AI 미디어 콘텐츠 프롬프트

**18. 멀티모달 프롬프트에서 사용되는 주요 색상 이론은?**

① 색상 대비

② 색상 조화

③ 색상 명도

④ 색상 톤

정답: ②

해설: 색상 조화는 시각적 콘텐츠의 일관성과 아름다움을 유지하는 데 중요하다.

**19. 멀티모달 콘텐츠의 품질을 평가할 때 고려해야 할 가장 중요한 요소는?**

① 제작 비용

② 사용자 피드백

③ 파일 크기

④ 사용된 소프트웨어

정답: ②

해설: 사용자 피드백은 콘텐츠가 실제로 효과적이고 목적에 부합하는지 평가하는 데 중요한 역할을 한다.

**20. 멀티모달 콘텐츠에서 사용자의 몰입도를 높이기 위한 요소는?**

① 상호작용성

② 정적 이미지

③ 긴 텍스트

④ 단순한 그래픽

정답: ①

해설: 상호작용성은 사용자가 콘텐츠에 더 몰입하고 적극적으로 참여하게 한다.

21. 멀티모달 AI 기술이 엔터테인먼트 산업에서 활용될 수 있는 주요 방식은 무엇인가?

① 맞춤형 영화 추천 시스템

② 대규모 데이터 분석

③ 환경 모니터링

④ 건축 자재 시뮬레이션

정답: ①

해설: 멀티모달 AI는 사용자의 시청 기록과 선호도를 분석하여 맞춤형 영화나 TV 프로그램을 추천하는 데 활용될 수 있다.

22. 멀티모달 AI 콘텐츠가 전자상거래 분야에서 활용될 수 있는 주요 이점은 무엇인가?

① 제품 추천과 사용자 경험을 개인화할 수 있다.

② 제품의 생산 비용을 절감할 수 있다.

③ 오프라인 상점의 매출을 증가시킬 수 있다.

④ 물류 시스템의 복잡성을 줄일 수 있다.

정답: ①

해설: 멀티모달 AI는 고객의 구매 기록과 관심사를 분석하여 맞춤형 제품 추천과 개인화된 쇼핑 경험을 제공할 수 있다.

제2부 미디어 유형별 콘텐츠 프롬프트 디자인

05. 텍스트 미디어 콘텐츠 프롬프트 디자인

06. 이미지 콘텐츠 프롬프트 디자인

07. 영상 미디어 콘텐츠 프롬프트

08. 사운드 미디어 콘텐츠 프롬프트

09. 멀티모달 AI 미디어 콘텐츠 프롬프트

## 23. 멀티모달 AI를 활용한 헬스케어 콘텐츠에서 중요한 프롬프트 디자인 방법은?

① 환자 상태에 맞춘 개인화된 콘텐츠 제공

② 모든 환자에게 동일한 콘텐츠 제공

③ 텍스트 중심의 정보 제공

④ 의료 전문가의 의견을 배제한 콘텐츠 제작

정답: ①

**해설:** 환자의 상태와 요구에 맞춘 개인화된 콘텐츠는 더 나은 의료 정보를 제공하고 환자의 이해도를 높이는 데 효과적이다.

## 24. 멀티모달 AI를 이용한 관광 정보 콘텐츠에서 중요한 요소는?

① 시각적 자료와 함께 제공되는 다국어 지원

② 텍스트 기반의 정보 제공

③ 오디오 설명 생략

④ 특정 언어에만 집중

정답: ①

**해설:** 관광 정보는 다양한 언어로 제공되어야 하며, 시각적 자료와 결합하여 정보 전달의 효율성을 높여야 한다.

## 25. 멀티모달 AI 프롬프트 디자인에서 사용자 피드백을 반영하는 주요 이점은 무엇인가?

① 콘텐츠의 품질을 개선할 수 있다.

② 콘텐츠 제작 시간을 단축할 수 있다.

③ 사용자 참여를 제한할 수 있다.

④ 디자인의 복잡성을 줄일 수 있다.

정답: ①

해설: 사용자 피드백을 반영하면 콘텐츠의 품질을 개선하고 사용자 경험을 향상시킬 수 있다.

## 26. 멀티모달 AI 프롬프트에서 상호작용 요소를 포함하여 사용자 참여를 유도하는 방법은?

① 퀴즈와 폴을 추가하여 사용자가 직접 응답할 수 있도록 한다.

② 모든 콘텐츠를 단순 텍스트로 제공한다.

③ 비디오를 자동 재생한다.

④ 정적 이미지만을 제공한다.

정답: ①

해설: 퀴즈와 폴 같은 상호작용 요소는 사용자가 콘텐츠에 참여하도록 유도하며, 이를 통해 참여도와 몰입감을 높일 수 있다.

## 27. 멀티모달 AI 프롬프트에서 비디오와 자막을 함께 사용할 때 접근성을 높이기 위한 중요한 디자인 원칙은?

① 자막에 다양한 언어 옵션을 제공한다.

② 자막을 비디오와 겹치게 배치한다.

③ 자막을 비디오 아래에 작게 표시한다.

④ 자막의 색상을 비디오와 비슷하게 한다.

정답: ①

해설: 다양한 언어 옵션을 제공하는 것은 더 많은 사용자가 콘텐츠에 접근할 수 있게 하여 접근성을 높인다. 이는 글로벌 사용자를 고려한 디자인 원칙으로, 언어 장벽을 낮추고 콘텐츠의 이해도를 높이는 데 기여한다.

05. 텍스트 미디어 콘텐츠 프롬프트 디자인

06. 이미지 콘텐츠 프롬프트 디자인

07. 영상 미디어 콘텐츠 프롬프트

08. 사운드 미디어 콘텐츠 프롬프트

09. 멀티모달 AI 미디어 콘텐츠 프롬프트

28. 멀티모달 AI를 활용한 스마트 시티 관리에서 중요한 이점은?

① 실시간 데이터 분석을 통한 효율적인 자원 관리

② 건축 자재의 비용 절감

③ 공공 정책의 자동화

④ 도시 디자인의 표준화

정답: ①

해설: 멀티모달 AI는 실시간으로 도시의 다양한 데이터를 분석하여 자원의 효율적인 관리와 의사 결정을 지원할 수 있다.

29. 멀티모달 AI 기술이 교육 분야에서 중요한 이유는?

① 다양한 학습 스타일에 맞춘 맞춤형 교육 제공

② 교육 비용을 절감

③ 단일 교재 사용을 장려

④ 교육 시간 단축

정답: ①

해설: 멀티모달 AI는 학습자의 선호와 스타일에 맞춰 다양한 형태의 교육 콘텐츠를 제공하여 학 습 효율성을 높인다.

30. 복잡한 멀티모달 AI 지원 프레젠테이션을 만들려면 프롬프트에 어떤 요소를 포함해야 하는가?

① 기본적인 슬라이드쇼 프레젠테이션을 만든다.

② 고해상도 이미지, 관련 비디오 클립, 대화형 차트를 포함하는 기업 전략 회의용 멀티모 달 프레젠테이션을 디자인한다.

③ 텍스트와 이미지만을 사용한 간단한 프레젠테이션을 제작한다.

④ 오디오 내레이션이 포함된 동영상 프레젠테이션을 만든다."

정답: ②

해설: 이 프롬프트는 AI가 콘텐츠, 형식 및 사용 목적을 명확하게 정의하여 포괄적이고 응집력 있는 프레젠테이션을 만들도록 안내한다. 고해상도 이미지, 비디오 클립, 대화형 차트 등 다양한 멀티모달 요소를 포함하고 있으며, 기업 전략 회의라는 구체적인 상황을 명시하여 AI가 적절한 콘텐츠와 스타일을 선택할 수 있게 한다.

제2부 미디어 유형별 콘텐츠 프롬프트 디자인

05. 텍스트 미디어 콘텐츠 프롬프트 디자인

06. 이미지 콘텐츠 프롬프트 디자인

07. 영상 미디어 콘텐츠 프롬프트

08. 사운드 미디어 콘텐츠 프롬프트

09. 멀티모달 AI 미디어 콘텐츠 프롬프트

# 저자소개

**노규성**

한국생성형AI연구원 원장

한국소프트웨어기술인협회 회장

前 한국생산성본부 회장

前 선문대학교 경영학과 교수

**김홍민**

사단법인 한국통신판매사업자협회 회장

서울벤처대학원대학교 교수

前 신사업창업사관학교 교수

**박경혜**

충남대학교 경영학부 교수

한국정보기술응용학회 부회장

前 정보통신산업진흥원(NIPA) 이사

**박정아**

숭실대학교 베어드학부대학 컴퓨터그래픽 ADOBE ACP 겸임교수

글로벌사이버 대학교 글로벌 문화예술대학 겸임교수

前 아미가알앤씨 콘텐츠기획제작 본부장 / 제이콤CM Planner/PD

**이기호**

백석예술대학교 영상학부 교수(영상학박사)

한국융합영상예술학회 회장

前 국가경영전략연구원(NSI) 디지털콘텐츠개발기획팀장

## 현우진

우송대학교 겸임교수

글로벌사이버대학교 겸임교수

미래자원연구소 소장

前한국방송통신전파진흥원 콘텐츠담당 및 방송스튜디오 기획팀장

AI를 알아야 최고가 될 수 있다

# 미디어 콘텐츠 AI
# 프롬프트 디자인

초판 1쇄 인쇄    2024년    9월    5일
초판 1쇄 발행    2024년    9월    15일

저자        한국생성형AI연구원
펴낸이      박정태
편집이사    이명수              감수교정      정하경
편집부      김동서, 박가연
마케팅      박명준, 박두리        온라인마케팅        박용대
경영지원    최윤숙

펴낸곳      **주식회사 광문각출판미디어**
출판등록    2022. 9. 2 제2022-000102호
주소        파주시 파주출판문화도시 광인사길 161 광문각 B/D 3층
전화        031-955-8787      팩스        031-955-3730
E-mail      kwangmk7@hanmail.net
홈페이지    www.kwangmoonkag.co.kr

ISBN        979-11-93205-32-7    93000
가격        28,000원

※ 정오표 등 오류 정보는
QR 링크로 확인 가능합
니다.